评价理论视域下的语言特征研究

刘国兵　著

STUDY OF
LANGUAGE
FEATURES

APPRAISAL THEORY
PERSPECTIVES

中国社会科学出版社

图书在版编目（CIP）数据

评价理论视域下的语言特征研究 / 刘国兵著 . —北京：中国社会科学出版社，
2023.3

ISBN 978 - 7 - 5227 - 1933 - 7

Ⅰ.①评…　Ⅱ.①刘…　Ⅲ.①语料库—语言学—研究　Ⅳ.①H0

中国国家版本馆 CIP 数据核字（2023）第 085596 号

出　版　人	赵剑英
责任编辑	夏　侠
责任校对	杨　林
责任印制	王　超

出　　　版	中国社会科学出版社
社　　　址	北京鼓楼西大街甲 158 号
邮　　　编	100720
网　　　址	http://www.csspw.cn
发　行　部	010 - 84083685
门　市　部	010 - 84029450
经　　　销	新华书店及其他书店

印　　　刷	北京君升印刷有限公司
装　　　订	廊坊市广阳区广增装订厂
版　　　次	2023 年 3 月第 1 版
印　　　次	2023 年 3 月第 1 次印刷

开　　　本	710 × 1000　1/16
印　　　张	15
字　　　数	243 千字
定　　　价	85.00 元

凡购买中国社会科学出版社图书，如有质量问题请与本社营销中心联系调换
电话：010 - 84083683

目　　录

第一章 评价理论简介

1.1 引言

人的社会属性产生了人与人之间使用语言符号进行交际的需求，这种交际需求使人与人之间彼此关联、相互联系，共同构筑了社会这一复杂网络关系。由于每个人都是社会中独立的个体，具有不同的身份、职业和地位，所以在人际交往过程中所使用的语言也各具特色。换言之，人的社会属性产生人际交往的需求，而在交际过程中，不同的人发表观点、表达态度、表明立场、传达情感时所使用的语言具有不同的特征。这一过程，我们称之为评价（evaluation），并将这一过程中所使用的语言称为评价语言（evaluation language）。

评价自产生以来便受到语言学界的广泛关注，且已成为语言学家们研究语言的焦点问题。目前，语言学家们从不同层面和视角出发对评价性语言展开了一系列研究，且研究成果层出不穷。值得一提的是，Halliday 的人际元功能和 Martin 的评价理论对语言评价性研究的贡献尤为突出。Halliday 以系统功能语言学为理论框架，聚焦于语篇分析，对评价语言进行了解释性研究（explanatory research）。Halliday（1994）提出人际元功能的概念，将人际功能视为发生在交际双方即话语参与者之间的一种互动关系。这种互动关系的激发主要借助语篇中的词汇——语法资源，如语气、语调、情态等。在系统功能语言学理论框架下，人际功能、概念功能和语篇功能并称为语言的三大纯理功能。人际功能，亦称人际元功能，促进人与人之间互动关系的建构；概念功能是话语参与者对客观世界的经历和体验的内在反映；语篇功能是人际功能与概念功能的统一体，三者共同参与语篇构建。

以 Halliday 为代表的系统功能语言学家对语言的评价性研究主要从结构和功能视角出发，忽视了语言的评价语义（semantic of evaluation）。为弥补系统功能语言学派在语言评价性研究方面的不足，Martin（1992）从交换结构（exchange structure）视角出发对人际功能予以新的解释。该视角下的人际功能聚焦于话语参与者语言背后所隐藏的情感体验，即话语参与者对客观世界的主观判断、体验和感觉。基于此，Martin 的评价理论应运而生。Martin 的评价理论，亦被称为评价系统，是在系统功能语言学的基础上发展起来的，该系统从不同视角阐释了话语的人际功能，包括态度系统、介入系统和级差系统三个子系统，其中态度系统网络又可被细分为判断系统、情感系统和鉴赏系统三个次子系统。评价理论的问世对语言学家进行话语分析具有一定启发意义，为后人开展系统性评价语言研究提供了新视角和新路径。

本章将重点介绍评价及评价理论的产生背景、主要内容、发展过程及应用实践，具体包含以下四个部分：一是评价理论的产生背景；二是评价理论的主要内容；三是评价理论的研究综述；四是我国评价理论发展脉络。第一部分从评价意义视角重点梳理了评价理论的发展历程，以期帮助读者了解评价理论产生的背景，宏观把握评价理论的相关概念。第二部分具体介绍了评价系统框架下的三个子系统，即态度系统、介入系统和级差系统。第三部分是对评价理论相关研究的文献综述，主要从理论探讨、述评、综述、具体应用和实践几个方面对文献进行了梳理。通过梳理文献，我们希望帮助读者宏观地把握评价理论或语言评价性研究在国内的研究现状，进而探索评价理论的主要应用领域和发展前景，并发现当前评价理论研究存在的问题和不足之处，以期对后人开展评价性语言研究，尤其是基于语料库的评价性语言研究具有一定的借鉴意义。

1.2　评价理论产生的背景

评价理论（Appraisal Theory），或称评价系统（Appraisal System），是在系统功能语言学的理论基础上发展而来的。该系统以语义研究为基础，致力于发现和探索话语参与者表情达意的方式与手段，即发话者是如何运用语言表达评价意义的。根据 Biber 和 Finegan 的观点，"传信性"（evidentiality）和"情感"（affect）是影响评价意义表达的两个重要因素（Biber & Finegan，1989）。"传信性"主要是从语言表达的可信度方面研究语言的评价意义，也即从话语参与者发表态度的充分性出发对其语言进行评价性分析；"情感"关注的焦点是话语参与者内在个人情感、体验、认识和态度的外在反映。学者们对评价意义展开了大量研究，并且取得了突出的成绩。前人对语言评价意义的研究，为评价理论的发展注入了活力。评价理论也正是在不断吸收、继承前人对评价意义的研究成果的基础之上逐步发展完善起来的。因此，本小节我们将重点从评价意义的研究视角出发，探讨评价理论的缘起，以期帮助读者了解该理论产生的背景。

评价意义是话语参与者对客观世界的主观认识、个体情感、经验价值和意识形态在语言层面上的真实反映。换言之，评价意义是客观世界在话语参与者主观世界内在表现的外在反映。因此，研究者对语篇评价意义的分析过程是客观的，而评价意义自身的表达具有一定的主观性。西方意识形态重"客观"而轻"主观"，重"理智"而轻"情感"，推崇使用理性思维模式发现隐藏在客观世界背后的事实与真理。因此，西方意识形态学者在一定程度上忽视了对个体情感体验的表达和对个人主观意识的关注。现代语言学早期，西方各语言学流派深受该意识形态的影响，致力于对语言本体结构的研究，尝试探讨语言符号排列组合的客观规律，努力发现语言形式与其所表达的意义之间的关系。比如，被誉为"现代语言学之父"的著名语言学家索绪尔曾提出"能指"和"所指"的概念。他认为，任何语言符号均是由"能指"和"所指"构成的，并用"意指作用"这一术语对两者做了区分——他将"意指作用"中用以表示具体事物或抽象概念的语言符号的声音形象称为"能指",而把语言符号所表示的具体事物或抽象概念称为"所指"。因此,我们可以认为,"所指"即为"意指作用"所要表达的意义。索绪尔还指出,语言符号的"能指"和"所指"之间没有任何必然的、内在的联系。换言之,两者之间的关系是任意的。也就是说,某一具体语言符号所表示的意义是约定俗成的,声音符号与意义之间没有必然的联系。索绪尔对语言符号意义的论述,是现代语言学研究史上的里程碑,但是并未从评价层面对语言的意义进行分析。虽然 Bühler(1934)、Halliday(1978)、Jakobson(1964)、Stankiewicz(1964)等人的研究涉及语言的评价意义,他们支持语言具有表情功能的观点,即语言不仅可以客观地表达命题式的思想,还可以表达言语主体即说话人的观点、情感和态度,但是这些语言学家关注的重点是话语参与者的心理认知机制或言语主体所使用的语言的事实功能,对话语参与者主观情感的表达关注度不够,也并未对言语主体的评价性语言做具体分析。总体而言,早期语言学家们对意义研究的焦点聚焦于一些相对客观的语言事实,尽管研究具有一定的实证性,却忽视了语言的评价意义。

随着研究的不断深入,语言学家们逐渐将语境因素纳入语义研究的范畴。美国结构主义学派语言学家们在语义研究的过程中充分考虑了情景因素对词汇意义的影响,不足之处在于侧重研究语言单位的结构关系和词汇意义,而忽视了对语篇整体意义的分析探讨,且研究的重心是话语参与者的语言能力而非话语参与者自身的言语行为。结构生成学派的研究聚焦于单个句子的意义,他们把句子意义看作句子中各个单词意义的简单叠加,忽视了其他影响因素对语义的作用。随后,人类文化学派在语义研究的过程中考虑了社会文化因素。著名语言学家 Ogden & Richards(1923)对语言符号的指称功能和情感功能做了重要区分,并在此基础上区分了语言的概念意义和情感意义,对后人在评价意义方面的研究具有一定借鉴意义。他们认为,概念意义是指语言在概念层面的意义,抑或是语言的象征意义,这种意义属于描述性的,通常用于描述词汇所指称的对象;情感意义,亦被称为交际意义,常用于表达并唤起话语参与者的情感和态度(Ogden & Richards,1923)。概念意义可以不依赖于任何语境而存在,即读者在没有任何语境信息的情况下也可以获取词汇的指称意义;而人际意义以交际为目的，是话语参与者在某种情境下的具体言语行为，所以必须依靠具体的语境才能获取对方交际的意图。由此，在语用学和言语行为理论的双重背景下，语言学家们将语境因素纳入语义研究范畴，语义研究由纯粹的词汇意义研究和句子意义研究开始转向话语参与者的言语行为意图研究。此时，语义研究的重心由语言本身变为言语主体自身的情感态度表达，语言学家们开始关注语言的评价意义研究。

此后数年间，评价意义研究取得了突飞猛进的进展。研究者们从结构主义语言学、语篇分析、语用学、会话分析、功能语言学、认知语言学等视角对评价意义展开了系统研究。研究层面涉及语音、音系、形态、词汇、句法、语篇等领域（宋成方、李祥云，2014）。在结构主义语言学视角下，Stankiewicz（1964）从语音、音系、形态和词汇等层面出发，归纳整理了言语主体使用语言表达情感意义的主要方式和手段。Kuno（1987）在前人的基础之上，对句子结构的"移情"（empathy）功能进行了充分研究。此外，一些学者将语料库的方法应用于评价语言研究，探讨了评价性词汇的句法模式（Hunston & Sinclair，2000；Bednarek，2008）。在语篇分析视角下，Leech（1974）提出"情感意义"（affective meaning）的概念，推动了后人对评价意义的研究。在 Leech 的研究基础之上，Martin & White（2005）区分了语篇中评价意义的类别；也有一些语言学家探讨了语篇中评价意义的分布特征（Labov，1972；Hoey，1983）。此外，著名语言学家 Dressen（2003）探讨了不同语篇中评价意义的区别性特征。在话语分析的视角下，Pomerantz（1984）探讨了"评价性"（assessment）话轮的转换模式。Jefferson（1988）对会话中表达"抱怨"情感的机制进行了描述。总体而言，研究者们在这一阶段对语义的研究更加重视言语主体个人情感的表达，语义研究的重心已经转向对语言情感意义、言语主体态度表达或语言行为的探讨上。

系统功能语言学家致力于分析个体情感态度的表达机制。Halliday 以系统功能语言学为理论框架，聚焦于语篇分析，对评价语言进行了解释性研究（explanatory research）。1994 年，Halliday 提出人际元功能的概念，将人际功能视为发生在交际双方即话语参与者之间的一种互动关系。这种互动关系的产生主要依靠语篇中的词汇——语法资源，如语气、语调、情态等。在系统功能语言学理论框架下，语言学家们提出了语言的三大纯理功能，即人际功能、概念功能和语篇功能。人际功能，即人际元功能，其作用是建构参与对话的双方人员之间的互动关系。此外，该功能还对会话过程中话轮的转换起着至关重要的作用。人的社会属性产生了人与人之间使用语言符号进行交际的需求，人际功能的另一个作用便是帮助说话者或者作者在交际过程中使用评价性语言发表个人观点、表达个人态度、表明个人立场、传达个人情感，使之与听话者或者读者彼此关联、建立联系，进而共同构筑社会这一复杂的网络关系。因此，人际功能被视为语言最为重要的社会功能。Halliday 的概念功能与 Jakobson 的元语言功能和 Bühler 的描述功能所表达的内容相近，指语言可以用于描述言语主体在客观世界中经历或体验的客观事实的功能。该功能反映了言语主体的"意义潜势"。所谓语篇功能，指的是语言使自身前后连贯并与语域发生联系的功能。具体来说，语篇功能兼顾语篇的"完整性"（integrity）、"一致性"（consistency）与"衔接性"（cohesion）。因此，该功能同时兼顾语言的概念功能和人际功能。在语篇建构的过程中，作者在考虑"意义潜势"、言语主体的态度、情感与判断的同时还需要关注主述位结构、信息结构、衔接系统等影响语篇功能发挥的重要因素。简言之，人际功能促进了人与人之间互动关系的建构；概念功能反映了话语参与者对客观世界的经历和体验；语篇功能将人际功能与概念功能融为一体，三者共同参与语篇构建。

系统功能语言学对语言的评价性研究主要从结构和功能视角出发，忽视了语言的评价语义（semantic of evaluation）研究。随后，从交换结构（exchange structure）视角出发，Martin（1992）重新阐释了语言的人际功能，聚焦于发现话语参与者语言背后所隐藏的情感体验——话语参与者对客观世界的主观判断、体验和感觉。根据 Martin 的观点，系统功能语言学忽视了话语参与者的情感表达，未深入探讨话语参与者对客观世界的经验价值判断，亟待进一步完善（Martin，2000）。因此，Martin 的评价理论（appraisal theory）应运而生。研究者们用该理论分析各种体裁语篇中作者的情感表达。最初的研究对象主要是记叙体裁的语篇，后来随着研究的不断深入，研究对象逐渐延伸至广告语、学术论文、新闻报刊、演讲稿等类型的语篇。Martin 的评价理论，亦可称之为评价系统，是在系统功能语言学的基础上发展起来的，该系统从不同的视角阐释了话语的人际功能，包括态度系统、介入系统和级差系统三个子系统，其中态度系统网络又可被细分为判断系统、情感系统和鉴赏系统三个次子系统。该评价理论的问世对语言学家进行话语分析具有一定启发意义，为后人开展系统性评价语言研究提供了新视角和新路径。

1.3　评价理论的主要内容

评价理论（appraisal theory），亦称评价系统（appraisal system），该系统试图探讨言语主体"表情达意"的方式与手段，即考察言语主体是如何借助评价语言来发表观点、表达情感、表明态度、做出判断的。因此，评价理论以言语主体的评价语言为研究对象，聚焦于发现隐藏在评价语言表层意义后的深层意义，即评价意义。经过前人的不懈努力，该理论得以不断发展完善，目前已经形成一套完备而系统的评价运作机制。

评价系统包含三大次系统——态度系统（attitude system）、介入系统（engagement system）、级差系统（graduation system）（Martin，2000）。态度系统（attitude system）密切关注言语主体对存在于客观世界的各种事实、现象的价值判断、情感表达以及鉴赏过程，可进一步划分为三个次子系统——判断系统（judgment system）、情感系统（affect system）、鉴赏系统（appreciation system）（Martin，2000）。介入系统（engagement system）是指导研究者们探索、发现、分析态度资源来源的次系统。它关注的焦点是言语主体发表观点、表明态度的方式与手段，即言语主体是如何运用评价语言对事物做出判断、进行鉴赏、表达情感的。Martin（2000）认为，发表态度的常见手段有自言（monogloss）和借言（heterogloss）两种形式。其中，自言包括断言（assertion）和假设（presumption）两个重要形式；借言主要有投射（projection）、情态（modality）和让步（concession）三种方式。级差系统（graduation system）则将言语主体的态度分为不同的等级，常用于分析言语主体态度的强弱。可进一步划分为语势（force）和聚焦（focus）。其中，语势又有强势（raise）和弱势（lower）之分。聚焦可进一步划分为明显（sharpen）和模糊（soften）（Martin，2000）。

1.3.1　态度系统

态度（attitude）是言语主体对外界事物的评价和行为倾向，它植根于言语主体的世界观和价值观。换言之，态度是言语主体对客观世界的内在体验、情感、意向的外在表现。态度中的内在感受是言语主体对客观事物存在的价值或必要性的认识，可以通过影响言语主体行为的世界观、价值观、人生观、道德观等形式表现出来。态度中的情感是一种形式较为复杂而又稳定的评价和体验，它的产生与人的社会属性紧密相连，既包括喜欢、开心、高兴、热爱等积极情感，又包括厌恶、憎恨、生气、发怒等消极情感。意向是指言语主体对待或处理客观事物的行为、活动，即言语主体内在的愿望、欲望、希望、意图等心理活动的反应或行为倾向。

作为考察言语主体态度表现形式的理论机制，态度系统（attitude system）是评价系统，即评价理论的重要组成部分。另外两大评价次系统，即介入系统（engagement system）和级差系统（graduation system），均是基于态度系统发展而来的。介入系统聚焦于探索态度表达的方式和手段，级差系统试图对态度的强弱进行等级划分，虽然两系统关注的焦点不同，但两者的运作机制均是围绕"态度"这一原点展开的。因此，我们可以认为态度系统是整个评价系统最核心的部分。研究者们对态度系统展开了大量研究，且研究成果层出不穷，使得该评价次系统得以不断发展完善。根据现有的研究成果，态度系统自身可进一步划分为判断系统（judgment system）、情感系统（affect system）和鉴赏系统（appreciation system）三个评价次子系统。判断系统作为评价语言的重要资源，常用于解释言语主体基于道德规范、法律法规、伦理约束等行为准则对客观世界中具体的人、事物或事件进行的价值判定，即分析探讨言语主体如何借助语言符号对某一客观事实发表肯定或否定的评价，如说话者和作者根据具体的规章条例评判某人的盗窃行为是否符合法律规范；情感系统关注言语主体的情感表达，有积极和消极之分，此外，我们还可以根据情感的性质类别，将其划分为品质情感（quality affect）、过程情感（process affect）和评注情感（comment affect）三种具体表现形式；鉴赏系统主要用于解释言语主体根据特定的评价标准对具体的人、事件或者事物进行的美学鉴赏。这里需要注意的是，鉴赏的领域不同，评价的标准亦会有所不同。此外，鉴赏系统可进一步划分为反应系统（reaction system）、构成系统（composition system）和价值系统（valuation system）三个子系统（Martin & Rose, 2003）。总体而言，我们可以将上述三个子系统概述为"情感表达（affect），道德判断（judgement）和美学鉴赏（appreciation）"的评价语言分析资源（Martin, 1995）。在本小节，我们将对上述态度系统的三个子系统，即判断系统、情感系统和鉴赏系统的运作机制展开具体介绍。

（1）判断系统

作为评价语言的重要资源，判断系统常用于解释言语主体基于道德规范、法律法规、伦理约束等行为准则对客观世界中具体的人、事物或事件进行的价值评判，即分析言语主体如何借助语言符号对某一客观事实发表肯定或否定的评价，如说话者或作者可根据学校颁布的学生纪律条例评判某学生的作弊行为是否符合校规校纪。上述评价过程在一定程度上可以影响行为主体的言行，起到约束、规范人们行为、活动的作用。因此，研究者们可以借助判断系统来考察言语主体使用语言对具体的人、事物或事件进行的评判活动。目前，研究者们以判断系统为理论指导展开了大量评价研究，研究对象涉及不同体裁、不同文本类型的语篇，其中以新闻语篇居多。在前人研究成果的基础之上，语言学家们认为评判系统包括社会评判（social esteem）和社会约束（social sanction）两个重要组成部分（Martin, 1998; Halliday, 1994）。

作为判断系统的重要组成部分，社会评判系统常用于分析说话者或作者以社会道德规范为标准对评判对象进行的评价。因此，该判断子系统归属于"道德范畴"。在社会评判系统中，说话者或作者评价的内容主要包括评判对象的行为特点（normality）、处事能力（capacity）和道德品质（tenacity）三个方面。行为特点涉及评判对象待人接物的个人风格。风格因人而异，所以行为特点具有独特性。基于此，行为特点所要解答的问题便是"Is he/she special?"如：评判一个人的着装风格是紧跟时代潮流（fashionable）还是已经过时（dated）；评价一个人的行为是正常（normal）还是古怪（peculiar）；判断一个人是行动的先锋（avantgarde）还是总是拖后腿（retrograde）等。需要注意的是，有时候行为特点还会与评判对象的身世遭遇相关联，如：评判某个人的经历幸运（lucky）与否、评判某个人的命运悲惨（tragic）与否、评判某个人的家庭幸福（happy）与否等。处事能力（capacity）是说话者或作者对评判对象分析问题、解决问题的能力的评价，即评判某人是否具备某种行为能力。因此，处事能力所要分析的问题是"Is he/she capable?"，如：评断某人是否具备学习小提琴的天赋（gifted）、评判某人工作时是否精力充沛（vigorous）、评判某人规划未来时是否具有远见（visionary）、评判某人处事时是否具有洞察力（insightful）等。道德品质（tenacity）是说话者或作者从思想品质视角对评判对象进行的评价，通常用于评判一个人的行为是否符合道德规范以及评判一个人是否具有优良的品质。因此，道德品质所要探讨的问题是"Is he/she dependable?"，如：评判某个人是否值得信赖（dependable）、评判一个人遇到困难是勇敢的（brave）还是懦弱的（cowardly）、评判一个人是否不屈不挠（tireless）、评判一个人处事是否坚决果断（resolute）等。基于上文的介绍，我们可以发现，社会评判的三个组成部分，无论是人的行为特点，还是人的处事能力，抑或是人的道德品质均有好坏之分，均具有两重性。简言之，社会评判可以划分为积极的（positive）和消极的（negative）两个方面。言语主体对评判对象的积极评价具有褒奖意味，是对评判对象的行为活动的肯定；与之相反，消极评价具有批评意味，是对评判对象的行为活动的否定，但这种否定仅停留在道德层面，尚未上升至法律层面。为便于观察，我们用表1-1表示社会评判系统。

表1-1　　社会评判系统（social esteem）（Martin，1995；2000）

Social Esteem	Definition	Positive	Negative
Normality	Is he/she special?	happy, lucky, normal, interesting, fashionable, etc.	tragic, unlucky, odd, peculiar, boring, dated, etc.
Capacity	Is he/she capable?	clever, vigorous, gifted, robust, insightful, etc.	stupid, weak, slow, whippy, flaky, insane, etc.
Tenacity	Is he/she dependable?	brave, reliable, tireless, diligent, persistent, etc.	cowardly, indolent, unreliable, dissolute, etc.

社会约束系统（social sanction）通常用于分析说话者或作者对评判对象的行为的真实可靠性（veracity/truth）和正当性（propriety/ethics）所展开的评价。不同于社会评判，基于社会约束所展开的评价活动属于"法律范畴"。真实可靠性涉及评判对象的行为的可信度，即评判行为主体的行为是否可信。因此，真实可靠性所要解答的问题是"Is he/she honest?"，如：评判某人是否存在欺诈行为（deceitful）、评判某人是否具有信用（credible）、评判某人是否坦诚（frank）等。正当性是指说话者或作者对评判对象行为活动正确性或合法性的评价，它所关注的问题是"Is he/she beyond reproach?"，如：评判某官员是否作风腐败（corrupt）、评判某人的做法是否公正（fair）、评判某人是否遵纪守法（law abiding）。基于社会约束所展开的评价同样具有两面性，即积极性（positive）和消极性（negative）。这里的积极性评价具有赞美性，是说话者或作者对行为主体的正面肯定；消极性评价具有谴责性，是说话者或作者对行为主体的负面否定，且已超过道德层面，具有一定的法律效应。下面，我们用表1-2来描述社会约束系统。

表1-2　　　社会约束系统（social sanction）（Martin，1995；2000）

Social Sanction	Definition	Positive	Negative
Veracity/Truth	Is he/she honest?	honest, credible, genuine, frank, real, etc.	dishonest, fake, deceitful, glitzy, deceptive, etc.
Propriety/Ethics	Is he/she beyond reproach?	moral, ethical, fair, sensitive, just, caring, etc.	immoral, evil, corrupt, unfair, unjust, etc.

（2）情感系统

情感（emotion）属于心理学范畴，是态度的一个重要组成部分，是个体对外在世界较为复杂而又稳定的评价与体验。《心理学大辞典》对情感定义为"情感是人对客观事物是否满足自己的需求而产生的态度体验"。Martin & White（2005）认为，情感的先天性决定了其在三种态度评价资源中的中心地位，即情感资源、道德资源和美学资源。在评价理论体系下，语言学家们用"affect"来代替"emotion"，用以表示"情感"，并用情感系统来观测说话者或作者的情感表达。

在观测说话者或作者的情感表达时，首先要解决的问题便是分辨表达资源中情感的类别，唯有如此，研究者们才能准确把握说话者或作者的情感意图。因此，情感系统对情感（affect）进行了细致的分类。在分类过程中，语言学家们将以下几个因素纳入考虑范畴：第一，所表达的情感是否有悖对话所发生的社会文化环境，是否符合对话的情景语境，即评判某情感是积极的还是消极的，是正面的还是负面的，从而给予其肯定的或否定的评价；第二，说话者或作者在运用语言符号表达情感的过程中，是否运用表情、动作、体态等副语言，副语言有三种常见类型：一是表情语，二是动作语，三是服饰语；第三，说话者或作者之所以表达情感，是因为接受了某刺激物的短暂刺激，还是由于持久情感体验的自发流露，简言之，就是寻找说话者或作者情感表达的诱因或表达对象；第四，按照说话者或作者所表达的情感的强弱，对情感进行等级划分，即情感分级；第五，观察说话者或作者的情感表达是否与其某种行为意图（intention）相关联；第六，对说话者或作者所表达的情感进行分类时，需要考虑以三组对照变量：一是高兴（happiness）/不高兴（unhappiness），二是安全（security）/不安全（insecurity），三是满意（satisfaction）/不满意（dissatisfaction）。在评价系统理论框架下，情感系统将情感划分为三个类别：品质情感（affect as quality）、过程情感（affect as process）和评注情感（affect as comment）。

顾名思义，品质情感所涉及的内容与人的品质或事物的性质有关，是指说话者或作者使用品质词汇或品质短语所传递的情感（Halliday，1994）。该情感模式常用于分析说话者或作者运用具体的语言表达形式对评判对象的品质进行的评价。用于评价品质的语言有以下几种常见的表达：一是以副词为中心词的副词短语；二是疑问词 how+品质副词；三是品质形容词+中心名词。此外，用于描述品质的语言表达还有很多，这里我们不再一一列举。基于上面的介绍，我们用一个具体的例子来解释说明品质情感，如：a brave soldier。在例句中，形容词"brave"代表人的"勇敢"品质，用于修饰行为主体"soldier"，并将"brave"这一属性赋予行为主体"soldier"，由此我们可以判定"The soldier is brave."。这里我们称例句中的"brave"为品质形容词，这一评价过程为品质情感表达的过程。

　　品质词可以表示两种含义，肯定含义和否定含义。表达肯定含义的品质词所传达的情感是积极的、向上的、正面的；与之相反，表达否定含义的品质词所传达的含义则是消极的、落后的、负面的。例如，在 a brave soldier 和 a cowardly soldier 中，品质形容词"brave"所传达的含义具有褒奖赞美的意味，而"cowardly"所传达的含义则具有负面的意味。值得一提的是，无论是表达肯定含义的品质词还是蕴含否定含义的品质词，我们均可根据其所传达情感的强度，对其进行等级划分，即情感分级，如：品质动词"like""love"和"adore"所表达的态度均具有积极的"喜欢"含义，但"喜欢"的程度却依次增高。

　　过程情感是说话者或作者运用表示过程的语言所表达的情感，常见的情感过程有两种：心理过程（mental process）和行为过程（behavioral process）。心理过程涉及行为主体的心理变化，是心理层面的情感表达；行为过程涉及行为主体的具体行为表现，是行为层面的情感表达。例如：a. The noise upset Jane。例句 a 是心理过程小句，该心理过程的诱因是"noise"。换言之，该心理过程指向外界事物"noise"；心理过程的"感觉者"（senser）是"Jane"。由此，我们认为，外界事物"noise"通过心理过程指向感觉者"Jane"，使"Jane"产生"upset"这一消极情感。下面，我们借用另一例句做进一步分析。例如：b. The story moved the old man and the old man wept tears。例句 b 由两个小句组成，为了便于区分，我们将位于"and"前面的小句命名为"小句 1"，将位于"and"后面的小句命名为"小句 2"。小句 1 为心理过程，因其运作机制与例句 a 相似，所以这里我们不再做具体解释；很显然，小句 2 是行为过程，"the old man"因"moved"而"wept tears"，这里我们称"the old man"是感觉者，"wept tears"是表达情感的具体行为。Halliday（1994）用两种语态对上述两种情感过程进行了区分，他将小句 1 中的过程标识为"影响态"（effective）；将小句 2 中的过程标识为"中动态"（middle）。

　　由过程所传达的情感具有两种类型："反应型"（reactive）和"欲望型"（desirable）。"反应型"情感与人对外界事物的反应有关，如：This girl treasures the gift very much。该例句描述了"this girl"对"the gift"所产生的"treasures"反应。情感反应不是凭空产生的,它依托于现实。也就是说,人们只有在面对现实存在的事物时才能产生情感反应。因此,"反应型"情感亦被称为"现实型"情感。不同于"反应型"情感,"欲望型"情感由人自身的期望、愿望、希望或欲望所激发,如:The boy hopes to get high marks in all the exams。该例句表达了"the boy"想要在每一次考试中都能"get high marks"的愿望。由于人的期望、愿望、希望或欲望均是尚未实现或达成的事物,所以"欲望型"情感又有"非现实型"情感之称。"非现实型"情感通常由外界事物所激发,如:由外物所引发的恐惧或欲望,它包括两个意义层面:上义层和下义层。上义层指代"非/倾向"(dis/inclination);下义层指"恐惧"(fear)和"欲望"(desire),如:当人恐惧时可能做出"shudder"这一行为,同时产生"fearful"的情感体验。

除品质情感和过程情感外,情感系统中还存在另外一种情感模式,即评注情感。评注情感是说话者或作者使用表品质的副词所表达的情感。虽然评注情感和品质情感均使用了品质副词,但两者存在一定差异。首先,在评注情感的表达过程中仅运用了一种表达品质的词——品质副词;而在品质情感表达过程中涉及多种品质词,如品质副词、品质形容词等。此外,表达评注情感的语言形式较为单一,通常为品质副词做情态状语(modal adjunct),如:Happily, the boy get a high mark。而表达品质情感的语言形式则较为丰富,如:以副词为中心词的副词短语、疑问词 how+品质副词、品质形容词+中心名词等。评注情感在句中常常充当"人际主位"(interpersonal theme)的角色,用以评注小句过程,如:在例句"Happily, the boy get a high mark."中,说话者或作者用"Happily"这一品质副词来评注"the boy get a high mark"这一过程。

(3)鉴赏系统

鉴赏(appreciation)是说话者或作者对存在于客观世界的事物的鉴定和欣赏,是说话者或作者在感受外界事物时所进行的理解、认识和评判活动。作为态度系统的一个重要组成部分,鉴赏系统(appreciation system)属于"美学范畴",通常用于解释言语主体是如何根据特定的评价标准对具体的人、事件或者事物进行鉴定和欣赏的。这里需要注意的是,随着鉴赏领域的变化，说话者或作者鉴定和欣赏的标准亦会发生变化，也就是说，说话者或作者的评判标准具有一定的不确定性。另外，说话者或作者的评判具有两重性，他们的评判可能是正面的、肯定的，也可能是负面的、消极的。

在评价理论框架下，鉴赏系统可进一步被划分为三个子系统，它们分别是反应系统（reaction system）、构成系统（composition system）和价值系统（valuation system）（Martin & Rose，2003）。反应系统关注的焦点是说话者或作者对外界事物的反应，如：外界事物能否抓住说话者或作者的注意力以及能否给说话者或作者带来愉悦的体验和感受。通常认为反应子系统包括印象（impact）和性质（quality）两个组成部分（Halliday，1994）。前者是指外界事物对说话者或作者的吸引程度；后者反映外界事物对说话者或作者感情的影响力。因此，反应子系统关注的问题是"Did it grab him/her?"和"Did he/she like it?"如：说话者或作者感觉某事物是吸引眼球的（fascinating）还是枯燥无味的（tedious）。

作为鉴赏系统的一个重要组成部分，构成系统直接指向说话者或作者所鉴赏的事物，如：观察事物内部各组成部分是否协调平衡、评判事物构成的复杂程度等。构成系统可被进一步划分为平衡（balance）和细节（detail）两个部分。平衡关注的焦点是事物内部构成的协调性，即事物内部各组成部分之间的关系是否平衡稳定；细节指向事物组成的复杂性，通常用细节来评判事物的复杂程度，然后，进一步判断该事物是否影响个人的认知体验。因此，构成系统所要回答的问题是"Did it hang together?"和"Was it hard to follow?"如：说话者或作者对某事物的评判是错综复杂的（intricate）还是简单易懂的（simple）。除反应系统和构成系统外，鉴赏系统的另一子系统为价值系统。价值系统关注的焦点是事物的重要性，具体而言就是说话者或作者依据特定的鉴定和欣赏标准来评判事物是否具有价值，这里的价值涵盖的范围较为广泛，如：事物的真实性、时效性、有用性和创新性，等等。为便于理解，Martin & White（2005）用表1-3描述鉴赏系统中三个子系统的话语表现形式。

表1-3 　　　　　　　　　　**鉴赏系统（Martin & White，2005）**

Appreciation System		Definition	Positive	Negative
Reaction	Impact	Did it grab he/she?	arresting, intense, engaging, moving, exciting, lively, notable, etc.	dull, boring, tedious, falt, dry, predictable, ascetic, etc.
Reaction	Quality	Did he/she like it?	okay, fine, good, lovely, beautiful, appealing, welcome, etc.	nasty, plain, ugly, repulsive, revolting, grotesgue, off-putting, etc.
Composition	Balance	Did it hang together?	balanced, shapely, harmonious, unified, logical, consistent, considered, etc.	unbalanced, irregular, uneven, flawed, contradictory, shapeless, distorted, etc.
Composition	Complexity	Was it hard to follow?	simple, clear, pure, elegant, lucid, precise, intricate, etc.	ornate, plain extravagant, arcane, unclear, woolly, etc.
Valuation		Was it worthwhile?	deep, profound, original, creative, unique, genuine, timely, etc.	shallow, dated, reductive, fake, prosaic, overdue, worthless, etc.

1.3.2 介入系统

从语言研究的视角出发，介入系统（engagement system）中的"介入"（engagement）指的是"态度"（attitude）层面的介入。在日常交际或写作过程中，说话者或作者表达立场、表明态度、传递情感的方式主要有两种：第一种是说话者或作者直抒胸臆，将自己的所思所想直接而纯粹地表达出来，这一过程不掺杂其他"声音"，即没有其他对话性观点的介入；第二种是说话者或作者通过引用等方式手段，借他人的话来表达自己的情感、观点、立场和态度，即借他人之言表自身之态，很显然，在这一过程掺杂了他人的"声音"，即有他人或其他态度或观点的介入。说话者或作者的上述两种表态方式共同构建了三大评价子系统中的介入系统，成为评价语言研究的重要态度资源。在评价系统框架中存在两种表态方式，一种是"自言自语"或"自说自话"，另一种是"借他人之言表自己之态"，语言学家们将前者命名为"自言"（monogloss），将后者命名为"借言"（heterogloss）（Martin，2000）。其中，"自言"包括断言（assertion）和假设

（presumption）两个重要形式；"借言"主要有以下三种方式和手段：一是投射（projection）；二是情态（modality）；三是让步（concession）。总体而言，介入系统关注的焦点是言语主体发表观点、表明立场、表达态度的方式与手段，即言语主体是如何运用评价语言对事物发表观点、表明立场、表达态度的。因此，在本小节，我们将重点从说话者或作者发表观点、立场和态度的手段入手介绍介入系统。该小节共包括两个部分，第一部分内容主要介绍介入系统的运作机制；第二部分内容涉及介入系统与话语的对话性、多语性的关系。

（1）介入系统框架

评价系统包括态度系统（attitude system）、介入系统（engagement system）、级差系统（graduation system）三大子系统（Martin，2000）。在上一个章节中，我们从判断系统（judgment system）、情感系统（affect system）和鉴赏系统（appreciation system）三个态度子系统的运作机制出发，对其予以了重点介绍。同样作为评价系统的重要组成部分，介入系统是在态度系统的基础上发展而来的，并反过来服务于态度系统，其目标是观察和研究说话者或作者在日常交际和创作过程中发表观点、表明立场、表达态度的方式与手段。在前面已经把握态度系统的主要内容基础之上，本节我们将重点介绍介入系统的运作机制，以期帮助读者全面把握评价系统框架。

作为三大评价子系统之一，介入系统（engagement system）关注的焦点是说话者或作者发表观点、表明立场、表达态度时所采用的言语策略，即说话者或作者是如何运用评价语言对事物发表观点、表明立场、表达态度的。在评价系统框架下，人们一般认为说话者或作者发表观点、表明立场、表达态度时主要采用以下两种语言策略：一是说话者或作者直抒胸臆，将自己的所思所想直接而纯粹地表达出来，这一过程不掺杂其他"声音"，即没有其他对话性观点的介入；二是说话者或作者通过引用等方式手段，借他人的话来表达自己的情感、观点、立场和态度，即借他人之言表自身之态，很显然，在这一过程中掺杂了他人的"声音"，即有他人或其他态度或观点的介入。我们称前者为"自言"（monogloss），即"自言自语"；后者为"借言"（heterogloss），即"借他人之言表自己之态"（王振华，2001、2003）。

"自言"是说话者或作者表情达意时所选择的一种重要语言策略。在说话者或作者"自言"的过程中，只涉及说话者或作者自身的观点，而未掺杂其他任何"声音"，即他人的观点。因此，我们认为"自言"不具有对话性，是说话者或作者单方面的"自言自语"。在介入系统框架下，"自言"又可被进一步划分为以下两种形式：一是"断言"（assertion）；二是"假定"（presumption）。断言是说话者或作者表情达意时所选择的一种表达方式，其中暗含了说话者或作者的观点、态度和立场，属于评价语言的一种。换言之，断言并非不发表任何观点，而是带有一定的评价性质。说话者或作者通常会在以下两种情形中采取"断言"这一语言策略：一是说话者或作者所持的观点或立场是合情合理的，交际双方都能理解，因而不需要再引用其他的观点加以证明；二是说话者或作者认为所陈述的命题完全不合情理，丝毫没有再做证实的价值。例如：

a. Notre-Dame de Paris was seriously damaged in the fire.

b. It is alleged that Notre-Dame de Paris was seriously damaged in the fire.

例句 a 属于"自言"的范畴，说话者或作者将巴黎圣母院事件作为一个客观事实来陈述，认为该事件符合客观现实，不可能夹杂其他任何"声音"或观点。因此，直述即可，无须"借言"。不同于例句 a，例句 b 是典型的"借言"表达。在例句 b 中，通过"It is alleged that..."这一表达，我们可以推断针对巴黎圣母院事件，人们各抒己见，众说纷纭，说话者或作者所表述的观点只是众多观点中的一个。也就是说，针对同一事物，除说话者或作者的观点外，还存在其他观点。因此，说话者或作者所表述的观点具有不确定性，其真实性有待进一步考证。需要注意的一点是，断言论证的对象是当下对话的论点，即断言所提供的命题通常服务于眼下最为重要的对话主题。假定并非毫无根据地假想，它是说话者或作者根据客观现实或自身已有的经验对某事物所做出的假设，该假设具有一定的可能性。因此，说话者或作者借助假定手段表达态度时在一定程度上降低了所陈述的命题的争议性（arguability），因而使命题符合情理，具有一定的合理性（rationality）（White，2005）。

"借言"是指说话者或作者借用他人的话来阐明自己的观点和立场。由于在"借言"过程中有他人观点的介入，所以"借言"具有对话性。"借言"的对话性决定了其实现方式的复杂性和多样性。说话者或作者实现"借言"的方式有多种，其中最为重要的三个手段分别为投射（projection）、情态（modality）和让步（concession）。下面我们用几个具体的例子来解释说明上述三种"借言"手段。例如：

①习近平总书记曾把郑板桥的诗改动过几字，来表达他上山下乡、奋斗自强的体会，他说："深入基层不放松，立根原在群众中；千磨万击还坚劲，任尔东西南北风。"

②习近平总书记对青少年寄予殷切期望，他嘱咐青少年："应当多向英雄模范人物学习，热爱党、热爱祖国、热爱人民，用实际行动把红色基因一代代传下去。"

③面对反腐倡廉工作取得的突出成绩，北京科技大学廉政研究中心主任宋伟表示："腐败存量显著减少，腐败增量有效遏制。信访、纠'四风'、民意等多方面数据变化都印证了这一点。但是，一些地方、一些领域、一些环节仍然存在腐败风险，反腐斗争形势依然严峻复杂。"

上述三个例句均属"借言"范畴。在例句①中，习近平总书记借用郑板桥的诗句来抒发自身的情感，将自己上山下乡、奋斗自强的心得体会映射到诗句之中，是典型的"投射"手法。在例句②中，习近平总书记在嘱咐青少年时使用了情态动词"应当"，以此鼓励青少年应该做什么，同时也传递了"不应该"的声音，即告诫青少年不应该做什么，该例句是典型的"情态"用法。需要说明的是，说话者或作者使用情态动词所表达的观点，仅代表说话者或作者自身的观点、态度和立场，并不能代表他人，也就是说，他人可以持其他观点，可支持、也可反对说话者或作者的观点。在例句③中，宋伟所表述的第一个命题和第二个命题关系紧密，但两者之间并非因果关系，而属于"转折"关系，这一点我们可以从"但是"这一"转折"词语处得到证实，"但是"在句中的语篇功能是"反期望"（counter-expectancy）。简言之，第一个命题借助表示"转折"的词语引出第二个命题，第二个命题反过来传达了第一个命题的另一个声音。

（2）介入系统与对话性

对话性（dialogism）是语言的一个重要特征。苏联语言学家巴赫金曾对语言的对话性进行过深入探讨。他指出，对话是身处特定社会文化环境中的交际双方所使用的言语发生相互作用的产物；语言组织和表达的重心并非在于言语主体的内部世界，而在于言语主体所身处的外部环境，即对话所发生的情景语境。换言之，对话的实现过程深受交际双方个人意识形态的影响，且与交际双方的生活环境密不可分（巴赫金，1998）。在评价系统框架下，介入系统与话语的对话性特征有着密切联系。在上一个章节我们提到介入系统包括"自言"和"借言"两种主要形式，其中，"自言"只是说话者或作者自身观点的纯粹表达，不存在任何其他观点加入的潜势，所以不具有"对话性"；而"借言"在传递说话者或作者"声音"和观点的同时，通常还会掺杂着他人的"声音"和观点，表现为"多声"（heteroglossic），所以具有对话性。因此，在本小节我们对话语的对话性特征予以重点介绍，然后再从"借言"的对话性视角出发，呈现介入系统和话语的对话性之间的关系。

语言学家们通常用以下两个视角来解读语言的对话性：一是狭义的视角；二是广义的视角。从狭义视角来看，语言的对话性只是单纯地指交际双方直接的、面对面的语言交流，是交际双方的言语发生相互作用的结果。从广义视角来看，语言的对话性涉及的言语行为类型较为广泛，不仅包括交际双方直接的、面对面的语言交流，而且涵盖任何形式的言语互动行为，如：报纸、书籍、杂志、广告语等语用行为均具有对话性质（Voloshinov，1995）。广义视域下的对话性语言均具有一个共同特点，那便是话语或语篇中有多个"声音"并存，即话语或语篇具有同时表达多个观点的潜势，这些并存的观点以这样或那样的关系相互联系，如相互对立、相互支持等。在前人研究的基础之上，Chafe（1982）、Tannen（1986）等人探讨了话语的参与策略。根据 Chafe 的描述，说话者或作者在表达自己的观点、态度和立场时，必然会通过采取某种言语策略而与交谈者或读者建立联系，使交际双方都参与对话过程，这里的言语策略即为话语的参与策略（involvement）（Chafe，1982）。Tannen（1986）将话语的参与策略划分为以下两个方面：一是声音；二是对话。前者蕴含多种模式；后者可进一步被划分为辞格、省略、建构等方式手段。上述参与策略为交际双方创建了具体的对话环境，交际双方情感或态度的表达正是这种特定情境下发生的。

话语的对话性与介入系统关系紧密，一直以来都是评价研究探讨的一个重要内容。介入系统反映了某一话语场（discourse field）中说话者或作者的"声音"与对话中暗含的其他"声音"之间的互动关系，这种关系被语言学家们称为"主体间性"（intersubjectivity）。根据 Martin & White（2005）的观点，介入系统可用于分析某一话语涉及多种观点的现象，即话语的"多声性"（heteroglossic），也即我们在上一章节中提到的"借言"。根据话语的对话性特征，"借言"包括以下两种介入类型：对话性压缩（dialogic contraction）和对话性扩展（dialogic expansion）（Martin & White，2005）。"对话性压缩"和"对话性扩展"分别位于对话意义连续体的两端，是说话者或作者在处理其他"声音"和观点时所采取的两种不同的态度。前者是指说话者或作者在表达自己的观点、态度或立场时排斥、反对或者压制其他声音和观点存在的言语行为，可以进一步被划分为"否认"（disclaim）和"承认"（proclaim）；后者则是指说话者或作者对待其他"声音"或观点时的包容态度，换言之，说话者或作者在表达自己的观点、态度或立场的同时予以其他"声音"或观点一定的存在空间，允许话语场中并存其他"声音"或观点。"对话性扩展"可以通过"包容"（entertain）和"归属"（attribute）这两种话语策略来实现。简言之，区分"对话性压缩"和"对话性扩展"的首要因素是在同一话语场中说话者或作者对待其他"声音"或观点的态度是"压制"还是"包容"，即说话者或作者是否允许有其他"声音"或观点与自己的观点并存（Martin & White，2005）。例如：

a. Every person knew that Notre-Dame de Paris was on fire.

b. Jane held that Notre-Dame de Paris was on fire.

在例句 a 和例句 b 中，说话者在表达自身观点时均涉及外部态度的介入，所以两者同属于"借言"范畴。不同之处在于，例句 a 所属的介入类型为"对话性压缩",而例句 b 则属于"对话性扩展"。在例句 a 中,说话者对其他"声音"和观点持排斥态度,所以运用"Every person knew that…"压制了其他"声音"和观点存在的可能性,在一定程度上阻止了除说话者自身外其他观点的出现,是话语收缩的典型表现。因此,我们认为例句 a 所属的态度介入类型为"对话性压缩"。在例句 b 中,说话者对其他"声音"和观点持包容态度,这里说话者用了"held",表明话语所表述的内容只是"Jane"的个人之见,观点的真实性和正确性还有待进一步考证,并不代表大众的"声音"和观点,这便予以其他"声音"和观点一定的话语空间,即允许不同的"声音"和观点在同一话语中共存,所以例句 b 是典型的"对话性扩展"。

1.3.3　级差系统

由于态度具有等级性,所以我们可以根据态度的强弱将说话者或作者的态度划分为不同的等级,这也正是级差系统(graduation system)所要研究的内容。换言之,级差系统关注的焦点正是对话过程中说话者或作者所表达态度的强度。作为评价系统的重要组成部分,级差系统服务于态度子系统,同时又与介入子系统联系密切,二者共同作用于话语的对话性或主体间性模式。级差系统的运作机制涉及以下两个层面:一是语势(force);二是聚焦(focus)(Martin,2000)。语势子系统和聚焦子系统对态度程度的描述方式有所不同。前者主要是从程度强弱和数量多少两个维度来描述态度的强度;而后者则是从范畴的原型性特征或是精确性的视角出发描述态度。在本小节,我们将重点从语势和聚焦两个方面介绍级差子系统,以期帮助读者宏观把握级差子系统的运作机制。

语势子系统关注的焦点是介入态度的程度强弱或数量多少或大小。其中,态度程度的强弱是对客观世界中的人、事物或事件所具有的性质或品质的描述,如比较聪明、非常聪明,同样是形容人的聪明,但所表示的程度却有所不同,很显然,后者程度强于前者。语言学家们通常用"强势"(intensification)这一范畴来表述态度程度的强弱。除程度强弱外,我们还可以从数量的多少或大小来描述态度,如些许的悲伤、诸多的快乐、莫大的荣幸等，修饰语"些许的"和"诸多的"分别用于形容"悲伤"或"快乐"的多少，另一修饰语"莫大的"则用于表达"荣幸"的大小。不同于"强势"，学者们通常用"数量"（quantification）来表述态度的多少或大小这一范畴。下面，我们借用一篇短文，对上述两个范畴予以具体解释说明。具体如下：

"到那时，我国经济实力、科技实力将<u>大幅</u>跃升，跻身创新型国家前列；人民平等参与、平等发展权利得到<u>充分</u>保障，法制国家、法制政府、法制社会<u>基本</u>建成，各方面制度<u>更加</u>完善，国家治理体系和治理能力现代化<u>基本</u>实现；国家文化软实力<u>显著</u>增强……"

在上面的短文中，作者引用了党的十九大报告部分内容，借助介入系统中的"引用"扩宽了该话语场的话语空间。文中运用了五个程度修饰词，分别是"大幅""充分""基本""更加"和"显著"，其中"基本"一词出现两次。在上述五个程度修饰词中，"充分""基本""更加"和"显著"属于语势中"强势"（intensification）的范畴，用以形容"保障""建成""完善""实现"和"增强"的程度；而"大幅"则属于"数量"（quantification）的范畴，用于描述"跃升"的大小。简言之，作者通过"强势"（intensification）范畴和"数量"（quantification）范畴表述了话语场中各种态度的程度强弱。

聚焦子系统的运作机制不同于语势子系统，其运作基础是范畴的原型性特征或精确性程度，通常用于研究一些不可分级的范畴。聚焦子系统关注的焦点是某人、某事物或某事件的本质属性，如：①一位非常勇敢的英雄；②一位真正的英雄。例①表述了"英雄"所具有的"勇敢"这一品质，并对这一品质予以分级处理，用修饰语"非常"界定了该品质的程度，所以我们判定例①属于语势中的"强势"范畴。不同于例①，例②试图描述"英雄"这一概念的本质，通过观察该"英雄"是否符合英雄的本质性特征，进而判定其真假性，所以我们认为例②属于"聚焦"范畴。在级差系统框架下，"聚焦"可进一步被划分为以下两个部分：明显（sharpen）和模糊（soften）。前者对介入态度的表达起到加强作用；后者的作用与前者相反，对态度的表达具有削弱效果。

1.4　评价理论研究综述

态度子系统、介入子系统和级差子系统共同构建了评价系统运作机制，为语言学家们开展评价语言研究提供了新视角和新路径。为宏观把握评价理论研究现状，本小节将从以下两个方面对研究评价理论的相关文献进行梳理，即对评价理论自身的探讨与述评、对评价理论的应用，探索评价理论的主要应用领域和发展前景，进而发现当前评价理论研究存在的问题和不足之处，希望对后人开展评价语言尤其是基于语料库的评价语言研究具有一定的参考价值。

1.4.1　理论研究

2000 年，Martin 发表论文 *Beyond Exchange ：Appraisal Systems in English*，标志着"评价理论"的问世。评价理论（Appraisal Theory）在系统功能语言学的基础上发展而来，因此，亦被称为评价系统（Appraisal System）。该系统自创立以来，便受到学界的广泛关注，成为学者们研究的重要课题。他们对评价理论的运作机制开展了大量研究，成绩斐然。学者们对评价理论本身的深入探讨，使得该理论的框架得以一步步修正、发展和完善，进而趋于成熟。纵观近年来对评价理论的研究，它们主要集中在以下两个方面：一是对评价理论本身的研究；二是对评价理论应用的研究。在本小节，我们将重点介绍学者们对评价理论本身展开的相关研究。

在对评价理论整体的研究方面，根据 Martin（2000）的观点，评价理论可划分为以下三个子系统：态度系统、介入系统和级差系统。其中，态度系统可进一步划分为判断系统、情感系统和鉴赏系统；介入系统可进一步划分为"自言"和"借言"两种模式；级差系统可进一步划分为语势和聚焦。2001 年，国内学者王振华阐述了评价系统的产生背景，系统介绍了评价系统的三个子系统：情感系统、介入系统和级差系统，同时也指出评价系统框架的不足之处（王振华，2001）。根据 Martin & White（2005）的观点，评价理论从词汇层面完善了系统功能语言学视域下的人际元功能。Martin & White（2005）对评价理论展开的系统研究，推动评价理论向前迈进了一大步。Bednarek（2006）探讨了态度系统、介入系统和级差系统构建新闻语篇的协作模式。同年，张德禄、刘世铸（2006）探讨了具有不同目标和研究范围的四种语言研究的基本思路，比较了 Halliday 的系统功能语言学和 Martin 的评价理论，试图发现两者在研究目标和范围上的区别。随后，王振华、马玉蕾（2007）从创新意识、一致性、概括性和解释力几个方面阐述了评价理论的"魅力"，同时也指出评价理论的几点"困惑"，并提出了解决这些困惑的方法和路径。房红梅（2014）认为评价理论并不单纯是在评价性词汇层面对系统功能语言学的修补，所以从多个层面论述了评价理论对系统功能语言学的继承和发展。

在对评价理论三个子系统的研究方面，学者们通常选取三个评价子系统中的一个作为研究重点，开展了大量研究，推动了态度、介入和级差三个评价子系统的发展和完善。在态度系统研究方面，早期的一些语言学家将态度系统划分为情感系统、判断系统和鉴赏系统，但未对上述三个态度子系统做进一步划分。Martin & Rose（2003）认为前人对评价鉴赏系统的探讨不够深入，认为评价系统属于语篇语义范畴，所以将鉴赏系统进一步划分为反应系统、构成系统和价值系统三个子系统。随后，刘世铸（2006；2007）借鉴前人的研究成果对 Martin 的评价理论做了进一步的修正和完善。他不认可 Martin 对态度系统的"三分法"，将鉴赏系统从态度子系统中剔除；此外，他认为除态度、介入和级差三个子系统外，评价系统还包括另一个系统：评价标准子系统（刘世铸，2006、2007）。在介入系统研究方面，前人使用"自言"和"借言"来描述介入系统的运作模式。王振华（2003）未采用前人的观点，重新建构了介入系统框架，用"三声"描述介入系统的运作机制。王振华、路洋（2010）在前人研究的基础之上研究了介入系统的嬗变，分析了介入系统与对话性、多语性的关系，并从"借言"和"自言"出发探讨了介入系统的运作机制，描述了评价理论下介入系统的发展历程。从语法模式出发，张德禄（2019）探讨了评价理论的介入系统在语篇中的语法体现模式和特性，试图发现这些语法模式与介入系统中评价意义的关系。在级差系统研究方面，Martin & Hood

（2007）在级差系统框架下，分析了"语势"和"聚焦"两个级差子系统的运作机制。何中清（2011）探讨了"级差"范畴的理论来源和发展历程，他将"级差"范畴的发展过程划分为以下三个阶段：萌芽期、完善期和成熟期；将"级差"范畴的理论来源表述为分级、强化和模糊等层面。岳颖（2012）对评价理论中"级差"的语篇功能研究进行了概述。随后，岳颖（2014）对评价理论框架内级差系统的发展进行了综述性研究，探讨了级差系统的理论渊源与理论模式。王辰玲（2015）从 Halliday 的语法隐喻视角出发，分别探讨了级差系统中语势子系统和聚焦子系统在概念隐喻和人际隐喻中的表现方式。

此外，刘世铸（2010）对评价理论研究相关文献进行了系统梳理，分析了评价理论在国内的研究现状，指出评价研究中现存的优势和不足，对后人开展评价研究具有一定借鉴意义。徐玉臣（2013）对国内评价理论研究文献进行了更为细致的梳理，从理论研究和理论应用两个方面梳理了近十年间（2001 年至 2011 年）相关的研究文献，并对如何从理论、实践及研究方法等方面完善评价理论进行了展望。随后，刘兴兵（2014a）也对国内评价理论相关文献进行了分类整理，在指出评价理论研究现存问题的同时还分析了未来评价研究的发展方向。不同于前面的学者，朱炜（2017）从以下三个方面梳理了语言评价性研究的发展轨迹：语言评价性的非系统研究、系统功能语言学的一般性研究、评价理论的最新发展。总体而言，前人对评价理论本身展开了大量研究，促进了该理论的发展和完善，同时为后人开展相关研究具有一定的借鉴意义。

1.4.2　应用研究

评价理论自创立以来，便一直是学界研究的重要课题。研究者们对评价理论主要从评价理论本身与评价理论相关应用两方面进行了大量研究。在上一个小节中，我们已经梳理了研究评价理论本身的相关文献，所以本小节将重点探讨评价理论的应用实践。查阅大量文献后，我们发现，目前评价理论应用于以下几个领域：一是话语分析；二是翻译研究；三是跨文化交际；四是外语教学；五是一些其他领域，如：态度韵律、语篇建构等领域。下面我们从以下四个方面对文献进行梳理。

在话语分析研究方面，评价理论应用于以下两个方面：一是话语分析理论；二是话语分析实践。在话语分析理论上的应用主要体现在以下三个方面：评价理论对话语分析的文化模式的启示，如：李战子（2004）；评价理论对文体分析的启示，如：李战子（2006）；评价理论对语篇主题分析的启示，如：廖传风（2008），吴安萍、李发根（2009）（刘兴兵，2014a）。在话语分析实践上的应用，研究者们将评价理论应用于各种体裁、各种类型的语篇分析中，如：文学文本、新闻报刊、演讲稿/讲话稿、学术语篇、影音作品、官方声明、网络语言等。总体而言，话语评价理论在话语分析实践上的应用研究数量明显多于评价理论在其他领域的应用。在文学文本话语分析中的应用，戴凡（2005）从叙述学和文体学的视角，分析了《喜福会》中的人物话语和思想表达方式；肖祎、王扬、苏杭（2013）以《芒果街上的小屋》为例，探索了少数族裔作品中表达态度和立场的语义资源；韩颖（2014）以评价理论为理论指导，从态度和介入系统视角出发分析了《格林童话》中的态度资源等。在新闻报刊话语分析中的应用，张蕾（2007）聚焦于新闻报道语篇，从"系统功能语言学、社会认知模式和互文性研究"三个视角梳理了评价意义研究的相关文献，归纳总结了新闻报道中评价意义研究的四个趋势和特点；胡美馨、黄银菊（2014）以美军在利比亚的军事行动报道为例，以评价理论中的态度系统为理论指导，对比分析了《中国日报》和《纽约时报》运用的态度资源；许有平、张杨、李伟彬（2011）在评价理论系统框架下，从态度、介入和级差三个方面对比分析了《中国日报》和《纽约时报》关于上海世博会的报道，揭示了隐藏在新闻话语背后的意识形态，对提高读者的新闻评价性阅读意识具有借鉴意义。在演讲稿/讲话稿话语分析的应用，李伟（2016）将评价理论和话语分析有关理论相结合，以内贾德联大演讲为研究语料，探讨了文本解读的新路径；李琪（2017）基于自建语料库，对习近平主席讲话稿中的评价性特征进行了分析；刘歆韵和韩戈玲（2017）基于态度评价子系统，选取英国前首相特蕾莎·梅的就职演说作为考察语料，从情感、判断、鉴赏三个态度子系统出发对就职演说中态度词汇的选择策略进行了深入探讨。在学术语篇话语分析中的应用，李战子（2001）将评价理论与巴赫金的话语多声性相结合，发现学术话语中的认知型情态具有多重人际意义；陈令君（2012）基于评价理论和 Bednarek（2006）的评价参数模型，研究了学术书评中的评价参数系统；张大群（2011）对 Susan Hood 的《评估研究——学术写作中的评价》进行了述评。石琳（2015）以评价理论为理论框架，对历史学术语篇中作者表达态度、发表观点的方式和手段进行了探讨；李成陈和江桂英（2017）采用语料库的方法，对比分析了中英学术专著中态度资源的使用特征和分布特征。在影音作品话语分析中的应用，吴启竟、张蕾（2014）以情景喜剧《生活大爆炸》为例，运用评价理论解读了语篇荒谬所引发的幽默。在官方声明话语分析中的应用，庞超伟（2013）以评价理论为理论指导，基于语料库对比分析了拉克战争前后布什的话语，进而研究了布什重建战争合法性的方式和手段；李君（2017）从评价理论的介入视角出发，分析了突发事件中官方声明的态度。在网络语言话语分析中的应用，孟玲和孙铭徽（2019）以评价理论为理论框架，采用语料库的方法，研究了网友对"走饭"自杀事件有关评论的态度资源；黄芳（2019）基于评价理论，以 TED 官方网站上的英文评论和网易公开课网站上的中文评论为例，对比分析了中英文死亡主题网络评论的态度资源。

在翻译研究方面，评价理论主要应用于以下四个方面：一是探讨原作与译本评价意义的对等性；二是对原作或译文进行评价性分析；三是分析原作与译文评价意义不对等的原因；四是探讨评价意义对等的翻译策略（刘兴兵，2014a）。在原作与译本评价意义的对等性研究方面，苏奕华（2008）通过对小说《祝福》不同译文进行态度分析，探讨了各译文与原作在意义上的对等层次；王国凤（2017）选取《华盛顿邮报》和《参考消息》中关于钓鱼岛报道的英文稿和中文译文稿为语料，基于评价理论探讨了政治性新闻语篇的源语与目标语表达是否具有相等态度值；王雅琳（2019）以评价为理论支撑，以杨宪益夫妇、威廉·莱尔和蓝诗玲所译的鲁迅小说《呐喊》英译本为例，对比分析了上述三个英译本对原文本中文化负载词评价资源的等值实现情况。在原作或译文的评价性分析方面，徐珺（2011）将评价理论与商务翻译相结合，对社论语篇中态度资源的评价阐释、显性评价和隐性评价进行了分析；基于评价理论的态度系统，陈梅、文军（2013）以白居易 10 首叙事诗以及 Levy 的英译为研究对象分析了情感、判断、鉴赏三大子系统的评价资源分布特征；于丽（2019）基于评价理论，采用语料库的方法，对汉译英原文与译文和英译汉原文与译文进行了评价性分析。在分析原作与译文评价意义不对等的原因方面，钱宏（2007）以评价理论中的态度系统为指导，对四则国际品牌香水广告的英汉文本进行了描述、比较、分析和解释，考察了译文的"不忠实"现象及其背后的成因；刘晓琳（2010）以评价理论为指导分析比较了《红楼梦》的两个英译本和原文，探讨了译文对原文的忠实程度，并对不忠实于原文的原因进行了分析。在探讨评价意义对等的翻译策略方面，张先刚（2007）认为评价理论可以用于分析语篇中态度意义的表达情况；葛林（2013）从鉴赏资源、约定资源和级差资源三个方面出发，以联合国粮农组织文献翻译为例，探讨了专业语篇翻译中最大限度地传达评价资源的方式和手段；司显柱、庞玉厚（2018）基于评价理论分别从态度系统、介入系统和级差系统三个维度探讨了将评价意义从源语文本成功地转换到目的语文本的策略。

在跨文化交际方面，评价理论主要用于解读中西文化差异。孟勐（2007）从文化差异视角出发，采用语料库的方法，对中国作者和英语母语作者英文学术论文中评价语言的异同进行了系统分析，并且从中西文化差异视角阐释了产生差异的原因；刘丹（2013）基于评价理论中的介入系统，对英汉语论辩体裁的范文进行比较分析，通过比较分析范文中"自言"和"借言"的分布特征来探讨英汉论辩体裁写作中介入系统的跨文化差异；赵娜（2019）基于评价理论，以"Dealing with Death"与"怎样与孩子谈论死亡和生命"为例，对比分析了中美死亡教育语篇中态度资源的异同，解读了中美文化中人们对待死亡的态度差异；黄芳（2019）基于评价理论，选取中英文网络关于"死亡"话题的评论为语料，分析了中英评论中"死亡"概念态度资源的分布特征及其表达方式和手段的异同，同时探讨了隐藏在态度差异背后的中西社会文化语境因素。

在外语教学方面，马伟林（2007）探讨了评价理论对英语口语教学的启示；廖传风（2008）基于评价理论，提出一种解读语篇主题思想的新方法——评价意义分析法；李战子（2006）认为探讨评价和文体关系对外语教学有很大的启示意义，并有助于深入理解评价是如何建构文体的人际意义的；张伟年（2014）基于评价理论构建了英语教材评价的理论框架，其研究不仅对教学法具有一定的借鉴价值，而且为教学情境中的文化模式和语类知识的学习和教学提供了新的视角。

除上述研究外，研究者们还将评价理论应用于一些其他领域，但开展研究的数量较少，如在语篇建构、态度韵律等方面的应用。在篇章建构方面，胡壮麟（2009）开展了语篇评价研究，探讨了评价的体现方式，他认为评价研究有助于语篇的构建和理解；袁邦株与李雪（2013）在前人的研究基础之上归纳总结了语篇评价研究中的四个视角：功能语言学视角、语料库视角、专门用途英语视角和综合视角，促进了评价理论的发展与完善；孙铭悦与张德禄（2015）从语篇功能角度出发，探讨组织评价意义的组篇机制，尝试构建一个比较全面的评价组篇机制分析框架，为评价理论的发展提供了新的研究视角。在态度韵律研究方面，程微（2010）认为态度韵律具有整体性特征，从语类层面探讨了态度韵律的结构及特征，发现作为一个整体的态度韵律具有以下三个层次：目标、模式和结构；李君与张德禄（2010）以评价理论的介入子系统理论支撑，分析了电视新闻访谈介入特征的韵律性。也有少数学者将评价理论与局部语法相结合，如董敏（2017）以评价子语言为例，探讨了语料库驱动的局部语法与系统功能语法理论的互补性；刘国兵和王凡瑜（2019）将评价理论与局部语法相结合，探讨了局部语法型式的评价意义。

通过对前人研究文献的梳理，我们发现评价理论相关研究文献可以划分为以下两个方面：一是介绍、修正和完善评价理论本身；二是将评价理论运用于话语分析、翻译研究、外语教学、跨文化交际等领域。总体来看，研究者们已经对评价理论展开了大量研究，并且取得了丰硕的成果，其中在话语分析方面的成绩十分显著。尽管目前评价理论研究已经较为成熟，但是也不可否认评价理论研究仍存在一定的不足之处。首先，评价理论侧重词汇层面的态度研究，忽视了其他层面的态度影响因素，如：小句、语法、篇章等。其次，运用评价理论进行语篇语言的评价性分析时，研究者对评价资源的判定具有主观性。再次，对介入系统框架下"自言"子系统的研究还不够充分。最后，将态度子系统划分为情感、判断和鉴赏缺乏理据性。总体而言，评价理论本身已经较为完善，其应用也较为广泛，但该理论存在的一些不足也不容忽视，有待研究者们进一步探索和研究，推动评价理论研究的发展和完善。

1.5　国内评价理论发展脉络

1.5.1　数据来源

研究数据来源于中国知网（CNKI）数据库，具体分析步骤如下：（1）设置检索条件。将"主题"设置为"评价理论""评价系统""态度""情感""级差"与"介入"等与评价理论相关的术语，数据来源类别设为"核心期刊"和"CSSCI"，数据检索时间设为"2001—2019"①。（2）数据获取②。按照检索条件进行论文检索后筛选所有与系统功能语言学的评价理论相关的文献，不包括会议、通知等条目，共得到有效数据 207 篇。（3）数据保存。将这些有效来源文献检索信息全部以 xml 格式下载保存。信息包含：来源篇名、来源作者、期刊、发表时间等。（4）数据分析。对该 excel 表格内容进行年度发文量统计分析。

1.5.2　年度发文分布

国内第一篇有关评价理论的文章是 1998 年张德禄发表在《外语教学与研究》上的《论话语基调的范围及体现》。由于当时评价理论还不够成熟，文章发表后并未引起国内学者的关注。直到 2001 年王振华在《外国语》上发表《评价系统及其运作——系统功能语言学的新发展》一文。它是国内第一篇对评价系统的理论框架与应用进行了详细介绍的文献。之后，评价理论开始引起众多学者的关注与研究，同时，评价理论研究开始

---

① 经检索国内数据库发现，2001 年之后国内学者开始大量进行评价理论领域的研究，因此该研究时间为 2001—2019 年。

② 数据下载时间为 2019 年 10 月 13 日。

在国内得到发展并日益成熟。

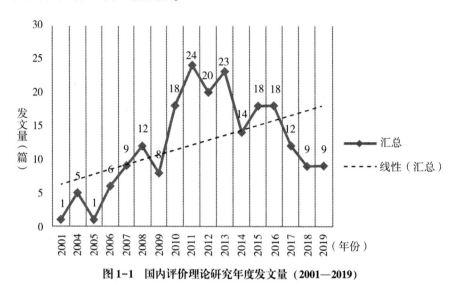

图1-1　国内评价理论研究年度发文量（2001—2019）

任何理论的发展都不是一帆风顺的，其发展趋势大致呈波浪式前进，评价理论的发展亦是如此。如图1-1所示，我们可以将国内评价理论研究大致划分为三个阶段：起始期（2001—2004年），发展期（2005—2013年）与深度拓展期（2014—2019年）。国内评价理论研究文献上升趋势明显区间体现在2005—2008年、2009—2013年和2014—2016年。其中，2009—2010年和2010—2011年相比其他相邻年份呈现快速上升趋势。2001—2004年为起始期。该时期为评价理论的介绍与学习期，这一时期发表的文献仅有一篇（王振华，2001），它对评价系统的产生背景、原因，理论框架与其应用做了详细介绍，奠定了国内评价理论发展的基础。2005—2013年为发展期，该时期研究内容主要包括以下几个方面：评价理论应用于各种体裁的分析、评价理论框架新发展的介绍、现代汉语评价体系形成、评价理论与翻译研究相结合及评价理论综述等。如杨汝福（2006）以喜剧小品《昨天今天明天》为语料，基于评价理论的态度子系统，对小品评价性语言中的态度资源分布做了系统的分析，探讨了喜剧小品的评价性语言的特点。曹军和王俊菊（2008）以评价理论中的态度子系统为理论框架，以20篇英语语言学书评为语料，对该语料中的态度资源进行分析，论述了书评中态度用语的人际功能。王振华和路洋（2010）阐述了介入系统的嬗变。刘慧（2011）基于系统功能语言学，提出了现代汉语评价系统，阐释了各层评价项的构成与特点。刘世铸（2012）以评价理论为分析框架，探讨了评价意义翻译过程中态度、介入、级差资源的识别、分析和传达，构建了评价意义的翻译过程模型。徐玉臣（2013）回顾了评价理论在中国从2001年至2011年十年的研究与发展。2014—2019年为深度拓展期。该时期评价理论主要被应用于中西评价手段的比较与分析，评价理论与认知、局部语法相结合的研究。如汪世蓉（2015）基于评价理论，从态度和介入层面对中美两国主流媒体的体育新闻报道进行了语篇对比与分析，探讨了其差异与社会文化的联系。魏晓龙和高原（2016）对美国当代英语语料库中的构式 X+BE+being+ADJ 做了语义和语用特征的分析，指出词汇并非评价资源的唯一手段，构式同样具有评价功能。董敏（2017）研究了评价子语言，探讨了语料库驱动的局部语法与系统功能语法理论的互补性。

1.6　小结

本章重点梳理了评价理论的产生背景、主要内容、发展脉络与具体应用，旨在帮助读者宏观把握评价理论的主要内容。评价系统包括态度系统、级差系统和介入系统三个子系统。其中，态度子系统又可进一步划分为三个子系统：判断系统、情感系统和鉴赏系统。介入系统子系统包括"自言"和"借言"，"自言"又包括"断言"和"假设"，实现"借言"的手段有投射、情态和让步等。级差子系统可进一步划分为"语势"和"聚焦"两个子系统。通过具体实例，本章除了具体介绍上述三个评价子系统的主要内容、重点阐释评价理论的系统运作机制外，还梳理了近年来评价理论或评价性语言相关研究文献，以期帮助读者宏观把握评价理论研究现状。就研究内容来看，近年来学者们对评价理论或评价性语言的研究大致可归为以下几个方面：一是对评价理论本身的介绍、修正和完善；二是对评价理论的具体实践应用；三是对评价理论相关研究进行的综述。通过梳理文献，我们发现评价理论主要应用于以下几个领域：话语分析、翻译研究、外语教学、跨文化交际、人际关系等。在大量应用研究中，将评价理论应用于话语分析的研究数量最多，且成绩斐然。就发展情况来看，评价理论在国内经历了起始期、发展期和深度拓展期三个阶段。其中，起始期为 2001—2004 年，该时期是评价理论的介绍与学习期；发展期为 2005—2013 年，该时期评价理论在国内得到了快速发展并日渐成熟，评价理论被广泛应用于各种体裁分析，并尝试与翻译实践相结合；深度拓展期为 2014—2019 年，该时期评价理论尝试与其他理论相结合，如与认知和局部语法的结合。目前学界对评价理论的研究已经较为成熟，但仍不可避免地存在一些问题和不足之处，有待研究者们进一步探索和研究，以推动评价理论研究的发展和完善。

第二章 评价理论与局部语法的结合：
理论与实践路径

2.1 引言

　　作为一门独立的学科，语料库语言学对自然语言进行分析和总结，并对已经产生的语言理论进行验证和改进，同时为语言研究提供新的视角。语料库驱动下的短语学研究，在语料库语言学亟待新研究方向的背景下应运而生。具有代表性的短语学研究包括：搭配（Sinclair，1991）、扩展意义单位（Sinclair，1996）、型式语法（Hunston & Francis，2000）、词束（Biber et al.，2004）、框架结构（Cheng et al.，2006）、意义转化单位（Sinclair，2008）、篇章性句干（张乐、卫乃兴，2013）、短语序列（Wei & Li，2013）等。其中局部语法（local grammar）的相关研究成为近年来语料库语言学研究的热点话题。与其他描写性语法相比，局部语法对语言意义和功能的描写更加系统和全面。目前在对局部语法的研究中，评价局部语法研究成果较为丰富。评价局部语法由评价模型和局部语法结合型式语法构成。鉴于此，本章从局部语法、评价模型、型式语法的理论阐释及其三者结合的实践路径等方面，探讨有关评价局部语法理论及方法层面的问题。

2.2 局部语法

局部语法作为过去 20 年间计算语言学领域新兴的研究方向，是一种崭新的语言描写和信息处理路径。接下来，本节将从理论来源、提出背景、定义和研究分类四个方面对局部语法进行概述。

2.2.1 局部语法的理论来源

局部语法以真实的文本为依托，探究语法体系中复杂且特殊的描写方式以及词汇—语法所构成的语言意义或结构功能。其理论来源要追溯到 Firth 的受限语言说和 Harris 的子语言说。

（1）Firth 的受限语言说

Firth（1968）的受限语言说是在其语境论的基础上发展而来的。Firth 的语境论受其老师 Malinowski 的影响。Malinowski 在其著作《珊瑚园及其魔力》（Malinowski，1935）中，阐释了"情景语境"这一概念："句子如果脱离了真实的情景语境，话语意义会变得不完整"（Langendoen，1968：31）。Firth 接受并发展了 Malinowski 情景语境的理论，指出"对话语及其语境和经验的研究才是语言学正当研究领域"（Firth，1930：15）。1950年，他在《人的性格与社会语言》（Firth，1957［1950］：182）一文中提出，情景语境包括 3 个范畴：

A. 参与者的相关特征：人物、个性。

   a. 参与者的语言行为。

   b. 参与者的非语言行为。

B. 相关物体。

C. 语言行为的效果（转引自姜望琪，2008：4）。

Firth 将自己提出的情景语境比作语言教科书，比如：向学习者提供餐厅的照片，告诉他们点菜时应该用什么词语、什么句式等，这跟语法规则类似，是以相关人员在有关社会里的重复性行为为基础的。Firth 举例说：

如果告诉听者下面的句子是伦敦方言，听者可能会为这句话设想一个情景语境，比如：会话共有几个人参与？发生地点可能在哪里？在一些非正式场合吗，酒吧？Bert 当时没有参与对话，那他在做什么？对话中提到的物体指什么？这句话的社会功能是什么等。

"Ahng gunna gi'wun fer Ber'."

(I'm going to get one for Bert.)（转引自姜望琪，2008：5）

通过分析 Firth 提出的语境论会发现，许多话语参与者、话语行为和非话语行为以及所产生的话语效果都是受限的（卫乃兴，2016）。故而，1955年，Firth 在自己的一篇论文中提出了"受限语言"（restrictive language）的概念，这是他从语言角度研究情景语境问题的另一种方式。随后，在1956年的三次学术会议上，Firth 对这一术语进行了详细解释，但论文出版于1968年，由其学生 Frank R. Palmer 整理并发表（Jacqueline Léon，2008）。Firth 提出"受限语言"包括以下三个方面的定义特征：

一是因为语言文本"受限"，所以话语形式以及文本内容"受限"，即具有专门化；

二是文本中的词汇、语法结构以及写作风格都具有一定的专门化；

三是结构和系统适用于微观语法和微观词汇的描述。

（Firth，1968：98，106，12，转引自卫乃兴，2016：269）

Firth（1968：106）认为描述语言学（descriptive linguistics）是语言理论下的应用之一，而受限语言与其相结合并非描述整个话语的语法体系，而是对有限的且易于处理的语言进行描写。Firth 提出的受限语言主要有三种类型：第一类：被描述语言（language under description），这是受限语言说的基础，所涉及的是自然情景中的语言，比如我们每天交谈时会用到的、听到的等，一般来说，被描述语言会以书面形式呈现；第二类：描述语言（language of description），包括术语、搭配、标记和数学公式等；第三类：翻译语言（language of translation），涉及源语言和目标语言，同时包括语言语法的定义和单语词典（Firth，1956：98）。之后，Firth 在科学、技术（科技、体育、商业、产业、军事、法律等）、政治（国内外政治议程等）、文体学（抒情诗等）、翻译和语言教学（侧重用专门化的受限语言对学习者进行训练）等领域开展了对受限文本的分析（Firth，1957；1968）。

在1956年之后的一系列研究成果中，Firth在原先的受限语言中添加了"语言变体"的概念，不同的国家，区域环境不同、文化背景不同、语言使用者有个体差异促使了这一变化（卫乃兴，2016）。

（2）Harris的子语言说

上文已经提到，Firth虽然在1955年就已经提出了"受限语言"这一概念，但他对于这一理论的阐释主要在学术会议中，并未以文字形式正式出版。直到1968年，他的学生Frank R. Palmer才将他的言论、论文等整理成论文集发表。因此外界很多人，甚至Firth的学生和同事Halliday也不太了解他具体的研究以及他思想的发展。Halliday于1964年提出的"语类说"（Halliday et al.，1964）其实属于受限语言说的范畴，这一理论的提出实际受Hymes社会语言观的影响，而Hymes正是受了Firth受限语言说的启发才提出了社会语言观（Hymes，1972）。Zelling Harris于1968年提出的"子语言说"（sublanguage）其实也囊括于受限语言的概念中。

所谓"子语言"指特定情境（特指科学文本）中出现的特定话语结构，例如：生物学家讨论某一专业问题所用的话语即为子语言。Harris在自己的讲座 *Language and Information* 中指出句子之间的关系从初始句开始环环相扣，初始句之后的句子是在它的基础上做加法或者减法，即为句子的子集，这一集合是由句子之间的关系相互牵引的。Harris在其著作中提到子语言的界定特征：

一是形成封闭子集的句子；

二是具有"封闭"（特定）的学科主题；

三是包括特定的词类，而且语法结构横切于整体语言语法，而非包括在内。

（Harris，1968：152，155；1988：278，转引自卫乃兴，2016：270）

通过观察语料库中的索引行，Harris发现科技领域的语言结构具有一定的一致性，尝试对这些具有规律性的语言结构进行描写，以便于计算机识别。与通用语法相比，Harris对语言的描写添加了特定学科领域的语义信息，提出了主题子语言（subject sublanguage），对不同学科领域（比如科学）中不同的子类、句子类型以及语法结构进行描写。随后不少学者将子语言说运用在自己的学科领域中，进一步验证子语言理论的有效性。Grishman & Kittridge（1986）搜集了一些关于子语言理论及其应用的文章。其中，Fitzpatrick et al.（1986）将海军电报通信子语言作为一个完整的系统进行了研究，指出子语言的语法机制是：一是独立于标准英语；二是相互依存。Walker & Amsler（1986）利用机器可读词典中的语义代码来确定报纸文章的主题，同时探索这一系统的改进方案。Friedman（1986）采用分布式技术建立子语言语法，利用文本结构数据化的方式处理医学叙事文本（临床记录等）的句子模式。Dunham（1986）利用子语言说研究了医学诊断证明中的句子结构，发现其结构具有电报式名词化的特征，而这一语义规则与当时所处的话语环境有关。除此之外，Sager（1987）对药理学以及脂质代谢等领域进行了子语言描述。我们通过这些研究可以得出，Harris 的子语言说适用于对生物医学领域的语法结构、语义规则等进行描写，所以它可作为 Firth 受限语言说的一个子类。后者主要聚焦于自然语言的意义，涵盖了科学、技术、文体等较广泛的学科领域，而前者更专注于语言结构处理和主题意义，特指在科学文本中的语言（卫乃兴，2016：270）。

Harris 子语言说的适用范围是科技文本，这一范围一方面可以证明子语言理论的有效性；另一方面也论证了讨论科技文本的重要性和合理性。子语言理论主要用于语言结构描写、语言模型建构、计算语言学的自然语言处理等。学界也利用这一理论构建了特定领域的局部语法（卫乃兴，2016：270），比如：Barnbrook（2002：73）指出 Harris 对子语言的描述与定义型词典（Collins Cobuild Student's Dictionary）的描述范围具有一定的相关性。因为词典编纂者利用现有定义策略使其适应词条的需要，而遇到特定的定义类型则需要对词条的内容进行重新整合，由此创建了满足这种情况的新定义。通过扩展，整个定义子语言可以对整个语言定义进行描写，这就是 Barnbrook 创建的定义局部语法（local grammar of definition）。

2.2.2　局部语法的提出

在局部语法产生之前，通用语法（普遍语法或普通语法）占主导地位，旨在寻求建立一种能够对整个语法系统进行描写的语法系统。但计算语言学在利用通用语法处理文本信息时发现，自然语言中存在着一些复杂且特殊的结构，比如习语，系统通常很难进行准确的描写。在这种情况下，Gross（1993）引入了"局部语法"这一概念。在研究中，Gross 通过有限状态自动机（finite state automata，也可称为"有限固定规则机制"）和置换规则（transformational ∕ permutations rules）对固定词组、与日期相关的副词词组等进行"局部"描写，以此阐释局部语法的描写规则。Gross 设计的初衷是让计算机程序自动识别局部语法中需要描写的要素。有限状态自动机指话语形成要素的图式，循线性排列规则；置换规则指引入等价关系调整有限自动机的转换规则，从而避免赘余。比如：

John flies into a rage.

John flies into a fury.

John goes into a rage.

利用有限自动机对例句进行分析，操作流程为：给定初始状态"Human"，下一步指向两个有限状态"<fly>"和"<go>"，接着指向状态"Prep"，之后"<fly>"指向状态"a"，"a"指向"rage，fury"；"<go>"指向状态"a"，继而指向状态"rage"。最后输出结果，完成有限状态自动机对上面三个例句的分析和生成过程。

Gross 提出的"局部语法"与普通语法互补，用来对普通语法中难以描写的特殊语法结构进行处理，成为一种新的语言描写方式。自 Gross 提出这一概念开始，局部语法在计算语言学领域发展迅速。然而，Gross 利用有限状态自动机构建局部语法，仅仅聚焦于表达相同语义的话语组成成分之间的形式和等价关系。其他一些局部语法研究对话语组成成分之间的功能和语义关系进行了更加详细的描写，比如 Hunston & Sinclair（2000）、

Barnbrook & Sinclair（2001）、Bednarek（2008）、Sui（2015）等。

对于普通语法与局部语法之间的关系，Hunston & Sinclair（2000）提到："局部语法对于语言功能和意义的描写更简洁化、清晰化和实用化"；Barnbrook & Sinclair（2001：241）认为"局部语法已经超过了普通语法，前者只关注话语的语法结构，而后者专注于对受限文本中话语的功能进行描写"。Hunston（2003）指出"局部语法较普通语法而言对语言的描写更加具有实用性"。比如：

"A glacier is an extremely large mass of ice which moves very slowly, often down a mountain valley."

（Collins Cobuild Student's Dictionary，1990：235）

普通语法只将"glacier"描写为句子的主语成分（subject），而局部语法可将其描写为本句的中心词（headword），这种描写对于句子意义和功能的理解更加有价值（Sui，2015）。

综上所述，通用语法是对整个语言语法现象进行描写的一般性规则，也是对其的基础描写。虽然通用语法有其可取性，但其缺陷显而易见。凡事无绝对，在对整个语言语法体系进行描写时，总会出现遗漏的情况，因为其涉及的是一般性描写，并不适用于特殊语法，然而局部语法能弥补这一缺陷。局部语法和通用语法互相补充，但同时可以说二者之间具有一定的独立性，互不依赖。前者在对自然语言进行描写时所涉及的语法范畴，与后者（较为简单）基本没有交集。

2.2.3　局部语法的定义

关于局部语法的概念及其功能，不同的学者有不同的论述，例如：

"In some cases, analysis using local grammars can be more simple, by using a limited number of terms; more precise, since each local grammar could be stated in its own terms; and more useful, due to its relation with discourse function."（Hunston & Sinclair，2000）

"A local grammar stays very close to the functions of the restricted language."（Barnbrook & Sinclair 2001：241）

"Local grammar is an alternative approach, as opposed to general grammars, to the description of language in use; it seeks to account for, not the whole of language, but one meaning only." (Hunston 2003: 178, 转引自 Su 2017b: 85)

"局部语法的特征有以下几点: (1) 每个局部语法只描述一个特定的语义领域 (one-semantic / meaning area); (2) 局部语法用功能成分取代传统的语法成分来分析和描述选定的语义现象; (3) 局部语法的分析和描述是以语言在实际语境中的交际功能为依据的, 因此局部语法属于功能范畴"(苏杭、卫乃兴, 2017)。

"局部语法是一种针对具体语言使用的语法描述路径, 采用语料库语言学及计算语言学方法, 描写各种文类、语类中典型的交际功能或特殊表达, 以应对大规模真实文本自动信息处理的需要"(张磊、卫乃兴, 2017)。

"语料库语言学局部语法研究描写和解释受限语言在共选关系中实现的局部功能; 尝试通过多套个性规则描写语言在具体语境中实现的局部功能"(刘运锋, 2018: 17)。

总体来看, 局部语法这一概念包括以下几个方面的界定特征。

(1) 局部语法重点关注受限语言文本, 对话语的特定语义以及交际功能进行描写, 这一点相对于普通语法来说, 对于语法体系的描写更加具体、精确, 同时能够更加真实地反映语言在具体语域中的呈现方式。

(2) 对语法体系进行描写时, 不同类型的局部语法对应不同的描写范畴, 如: 评价局部语法中, 描写范畴包括评价者 (evaluator)、评价对象 (things evaluated)、评价范畴 (evaluative category) 等 (Hunston & Sinclair, 2000); 请求局部语法中, 涵盖请求者 (requester)、请求对象 (requestee)、缓和语 (mitigator)、请求行为 (requested action) 等描写范畴 (Su, 2017a); 致谢局部语法中, 包含致谢者 (beneficiary)、致谢对象 (benefactor)、爱慕 (endearment) 等范畴 (Su, 2017b)。描写范畴不同, 所涉及的话语语用自然也不同。

(3) 局部语法旨在描写实际语境中的真实话语, 而非形式语言等非自然语言, 因此能够更真实地反映语言的本质特征。

（4）局部语法的研究是在语料库语言学以及计算语言学的研究下产生的。Gross（1993）提出的利用有限状态自动机构建的局部语法，是在计算语言学家使用通用语法处理自然语言时，发现其描写力匮乏的基础上产生的。

2.2.4 局部语法研究综述

目前对于局部语法的研究主要分为形式导向型的局部语法研究和功能导向型的局部语法研究（包括基于结构类集和基于型式语法的两类研究）（张磊、卫乃兴，2018a）。

（1）形式导向型局部语法

形式导向型局部语法以 Gross（1993）的有限状态自动机研究为代表，上文已经陈述过早期研究要点，这里不再赘述。除此之外，这类研究还有 Baptista（1998）对于专有名词的研究、Mason（2004）对于程序自动描写范围的研究、Ghoulam et al.（2015）对于临床报告中局部语法型式的研究等。

（2）功能导向型局部语法

功能导向型局部语法研究包括结构类集和型式语法研究两种。

①基于结构类集的局部语法

基于结构类集的研究包含 Barnbrook（2002）对定义局部语法的探讨。Barnbrook 在 其 研 究 中，用语法分析器（parser）分析 Collins COBUILD Student's Dictionary（CCSD）中的定义。他将 CCSD 中结构相似的定义句分为几个类型，从而构成"结构类集"。不同的类集分别用不同的分析器进行成分识别和功能分析。为了方便描写，Barnbrook 设置定义范畴，比如："定义者"（definiens）、"被定义事物"（definiendum）等，这与以往普遍语法（主语、谓语和宾语等）不同，这些范畴与线性序列上的结构成分相互匹配，用来描写各个成分对应的功能意义，从而形成局部语法。例如：

A gibbon is an ape with very long arms and no tail that lives in southern Asia.

表 2-1　　　　　　　　　传统语法对句子的分析

句法功能	S		V	C				
结构	article	noun	copula	article	modifier	modifier	noun	modifier（relative clause）
词汇	A	chinchilla	is	a	small	furry	animal	that...

表 2-2　　　　定义局部语法对句子的分析（Barnbrook，2002：65）

语用功能	定义对象	链接	定义内容				
语用功能	article	headword	hinge	matching article	discriminator 1	superordinate	discriminator 2
词汇	A	chinchilla	is	a	small furry	animal	that...

　　定义局部语法同时也是集文本信息、结构类集、语法结构和语义功能为一体的语法体系。Barnbrook 在其著作（2002：157）中用下图描述了定义句中四个要素的关系：

　　图 2-1 中显示，文本信息是定义局部语法的基础，为后续的语法描写理清思路。结构类集是关键，为成分识别和功能分析提供依据。语法是核心，与结构类集一起共同实现成分和功能的匹配。分析器/生成器是目标，通过这一步，对定义句中的结构进行提取，并且选择合适的结构类集进一步处理。

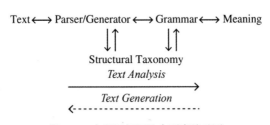

图 2-1　定义局部语法中要素关系图

　　②基于型式语法的局部语法

　　功能导向型局部语法研究还有一种是型式语法和局部语法相结合的研究，其中包含异同局部语法（Hunston，1999）、评价局部语法（Hunston & Sinclair，2000）、因果局部语法（Allen，2005）、情感局部语法（Bednarek，

2008）、评判局部语法（Su，2015）、变动局部语法（Sui，2015）、免责局部语法（Cheng & Ching，2016）、请求局部语法（Su，2017a）、致谢局部语法（Su，2017b）、致歉局部语法（Su & Wei，2018）等。这些研究的特点不是以句子结构，而是以共选关系形成的"型式"为出发点对目标文本进行描写，根据型式中不同的词，判定不同的评价语义。此类局部语法研究最具代表性的是对于评价局部语法的研究。

2.3　型式语法

1954 年，Hornby 在自己的研究中首次使用"型式"这一术语。2000 年，Hunston & Francis 正式提出"型式语法"这一概念。型式语法是在语料库驱动的方法下产生的短语学研究，主要针对"型式"，而非"词汇"进行描写。

2.3.1　型式语法的提出

型式语法的提出背景包含以下几个学者的研究：Hornby（1954）、Sinclair（1991）、Francis（1993、1995），最后 Hunston & Francis 于 2000 年正式提出型式语法这一概念。

（1）Hornby（1954）

1954 年，Hornby 出版了自己的著作 *A Guide to Patterns and Usage in English*，在本书的序言部分（1954：v），他指出，语言学者应该更加给予语言学习者更多实用方面的引导，而不是停留在理论层面一味地对语言现象进行分析。在书中，除了常见的动词型式，Hornby 还对名词和形容词型式以及不定代词和限定词等型式进行了探索，共对 25 个动词型式、4 个名词形式、3 个形容词型式和其他一些型式进行了描写。Hornby 对于型式这个概念及其应用的诠释对于 *Oxford Advanced Learner's Dictionary* 的编纂有较大影响。对于型式与意义的关系，Hornby 提出自己的看法："A knowledge of how to put words together is as important as, perhaps more important than, a knowledge of their meanings."（Hornby，1954：v）。他主张，型式大于意义，而且二者有明确的界限。对于"型式"（pattern）的概念，Hornby 提到：一个词的型式可以定义为与该词在组合关系和意义方面有规律性联系的结构。如果一个词组出现得相对频繁，而且依赖于选择一个特定的词汇，又具有明确的相关含义，则为一个"型式"（同上：37）。1954 年并未出现大型语料库，Hornby 对于型式分类的描述是当时最详尽的研究。尽管如此，Hornby 的研究也存在不足之处，其中之一是故意模糊了词汇和语法的关系。然而从 20 世纪 50 年代起，布鲁姆·菲尔德的结构主义以及乔姆斯基的大部分研究都偏重于将语法体系作为一个整体，即语法大于词汇。到了 70 年代，语言学家们开始倾向于把词汇作为整个句子的中心（同上：7）。语法与词汇之间的二元划分问题也是型式语法提出的背景之一。

（2）Sinclair（1991）

1991 年，Sinclair 在其著作 *Corpus Concordance Collocation*（1991）中利用语料库语言学的研究方法丰富和发展了"型式"这一概念。Hunston & Sinclair（2000：15）指出，Sinclair 的研究与前人的研究相比，有几个不同之处：①所观察所用语料均为真实语料。Sinclair（1991：39）提到：之前的词典编纂者仅仅依靠个人积累，将自己认为常用的词汇及其用法编写在词典上，这显然不合适。对语言更加精确的描述应该源于对大量真实语料的客观分析（同上：51）。②观察语料不是根据语言特征选择的。过去语言学家在日常生活和学术研究过程中，无论语言行为的数量有多大，都只能依赖于自己的直觉和有限的个人能力对文本进行分析。比如最大的英语词典（截止到1991 年）中的例句，全部都是通过人工评价的，没有其他的方法可以完成。然而这种人工处理的方法很可能会刻意强调语言中特殊的用法及结构，往往容易忽略常规的且单调的语法型式（Sinclair，1991：100），因为语言学家往往对于语言中不常出现的特例更感兴趣。但是它们一旦作为语料被使用，并不是因为其特殊用法或结构，而是因为其作为一种社会行为所产生的语言被采用（Hunston & Sinclair，2000：16）。③Sinclair观察的语料量相当大。尽管 Leech（1991：10）研究的语料量有 1 亿字，比之前大多数语言学家研究的都多，但是 Sinclair（1991）观察的语料量有 7 亿字（Bank of English，目前库容在 4.5 亿字左右）。Sinclair 认为 "bigger is always better"，当然这建立在语料质量的基础上（Sinclair，1991：4，18）。观察语料库并不仅仅是对特殊型式进行描写或分析，而且是对语言现象有一个整体的概念，语料量越大，出现的可能性越多，语言学家通过观察索引行，对语言现象的描述更加接近语言事实。④语料具有一定的系统组织性。Hunston & Sinclair（2000：18）作了一个比喻：语言研究者面对数亿单词的语料库就像"遨游"在英语书籍的图书馆里一样。可见，语料还是要有一定的系统组织性，这样语言学家才能更好地观察语料频率及其他特征。⑤语料不应以任何形式被标注。Sinclair 不提倡对自然语言文本进行标注。他认为，如果将自然语言文本用其他语言理论标注，这些标注将反映相应的语言理论，最后语言学家对语言描写和分析的结果也会映射这些语言理论，这样就不能真实地反映语言本身所存在的特征了。况且，标注可能会有错误，有时可能会带有标注者本身的主观偏好。相反，如果利用生语料（raw corpus，指没有经过标注的语料），对语言的描述会更加真实且客观一些。除了这些研究特征之外，Sinclair 在研究中还提到，意义和结构是相互关联的（1991：65）。如果一个词有多个意义用于多个型式中，那么每个型式中会使用该词的其中一个语义，而且这个语义使用的频率要高于其他语义。这样型式和意义之间有一个对应关系，也是相互关联的。

（3）Francis（1993；1995）

Francis（1993；1995）继承和发展了 Sinclair 的主张，其理论观点体现于《柯林斯 COBUILD 语法句型 1：动词》以及《柯林斯 COBUILD 语法句型 2：名词与形容词》中。Sinclair 对于语料的观察建立在这样的基础上——一个词的不同语义项可以通过其不同的型式特征来区分，而 Francis 更加注重型式对意义的选择，认为一个特定型式中出现的词可以分为一组有限的意义集，型式"选择"具有特定意义的词（Hunston & Francis，2000：29）。例如：1995 年，Francis 在其研究中注意到："it + link verb + adjective + clause" 中形容词的语义可以形成一组有限的意义群，这个群里包括"情态（modality）"、"能力（ability）"、"重要性（importance）"、"可预测性（predictability）"、"显然（obviousness）"、"价值（value）"、"恰当性

（appropriacy）"、"合理（rationality）"、"真理（truth）"等。形容词的每个语义都分别与一种型式（that 从句或 to-infinitive 等）共现（尽管有些形容词，比如可能性会与多个型式共现）。

2.3.2　型式语法的定义

对于型式语法的定义，我们先来回顾一下前人对其定义特征的陈述：

"Pattern grammar is an approach to the grammar of English that generalizes from the patterning of individual words as observed through concordance lines from a large corpus of general English."（Sinclair，1991；2004，转引自 Hunston & Su，2017：2）

"This approach（pattern grammar），based on phraseology，as observed in large corpora，avoids a distinction between lexis and grammar，represents a meeting-point between the concerns of pedagogy—what it is that learners need to know—and those of theory—how the English language can most satisfactorily be described."（Hunston & Sinclair，2000：36）

"Pattern grammar is a novel way of describing the syntactic structure of sentences. It does not assume a hierarchical structure，but instead is based on a sequential / linear model where patterns follow each other or even flow into each other."（Mason，2004：170）

"The basic theory of pattern grammar rests on two simple but powerful observations，both of which stem directly from the empirical analysis of large-scale corpus data. The first is that the different meanings of polysemous words are signaled by different patterns；and the second is that words which share aspects of the same meaning share the same pattern."（Groom，2005：259）

"型式语法是 Sinclair、Hunston、Francis 等人在 Cobuild 研究项目的基础上提出的描述英语词汇和语法的新方法，强调单词的实际使用。意义和型式相联系，词语与其型式相互依赖，语法和词汇密不可分"（王勇，2008：258）。

"型式语法认为型式和意义无法分割，词语一般都会出现在相对固定的型式之中。它的一个重要特征是，运用语料库驱动的研究方法，析取出现频率较高的型式及其分布信息，在观察语料库中大量实例的基础上直接归纳出型式……"（孙海燕，2013：68）

"型式语法是对 Cobuild 成果的全面总结。作为第一部语料库驱动的英语描写语法，它颠覆以往语言学家看待语言、获取语言知识的传统，给语言研究提供一个全新的视角"（陈功、梁茂成，2017：17）。

"型式语法的创设说明语法范畴与意义的区分紧密关联。型式语法只保留了一层语法范畴，即词性，摒弃了其他的语法范畴，如句法功能"（甄凤超、杨枫，2015：58）。

综上所述，型式语法具有以下的定义特征：

其一，型式语法是在 Cobuild 研究的基础上发展起来的，在语料库研究方法的驱动下，通过观察语料库中大量的语言实例（索引行），从而对语法"型式"进行描写。

其二，型式语法主张型式与意义、语法与词汇、词汇与型式相互联系、密不可分。

其三，型式语法中多义词的不同义项分别由不同的型式呈现；相同语义的词对应相同的型式。

其四，与传统的通用语法不同，型式语法描写时只保留了一层语法范畴，如：V it ADJ to-inf. 等。

2.3.3　型式语法的应用

一个理论的提出固然重要，这个理论对今后研究的影响也同样重要。型式语法的提出不仅是语法描写研究的一个新发展，同时也对之后的研究有一定的启发意义。Mukherjee（2001）研究了型式的选择与其意义的关系，结果发现二者有着显著相关性，除了意义这一相关因素之外，语用原则也会影响型式的选择。Hunston（2003）将型式语法研究与教学相联系，研究表明语法型式的教授有利于提高学习者的语言意识及语言的流利度和准确度。Mason & Hunston（2004：261-266）和 Mason（2004）对动词型式自动识别的可能性进行了探索，结果发现了一些阻碍这一可能性的因素，如：型式的意义和其中涉及的词义模糊；型式不规范；多个动词型式嵌套；赋码错误。Otero & López（2011）以型式语法和依存语法为理论基础，构建了 Dep Pattern 这一语法形式体系。Huang et al.（2011）将型式语法的研究方法运用于学习者语法检查系统"EdIt"中，测试结果显示，其查错结果要好于微软的 ESL Assistant 软件。

2.3.4　型式语法与构式语法

认知语言学中的构式语法理论同样关注形式和意义之间的关系。"构式"是包含形式和意义及语言功能的配对（Lackoff，1987；Goldberg，2003）。相对来说，构式语法的研究以定性方法为主，通过语言学家的"直觉"和"内省"分析语言现象，而局部语法与型式语法研究以定量方法为主，通过真实语料，提出和完善语言学领域的相关理论。总的来看，认知语言学采用的是一种自下而上，由理论到数据的研究方法，语料库语言学则是一种自上而下，从数据到理论的研究方法（胡健、张佳易，2012：61）。鉴于语料库语言学和认知语言学各有其优势，段芸等（2012：35-36）提出二者结合（认知语料库语言学）的一些可能性：一是对两种理论来说均为一种创新。认知语言学因缺乏可靠的数据支撑而不被当作科学的理论，与语料库语言学相结合，通过观察大量真实自然的语料，总结出的语言理论更具有真实性和说服性。二是可以验证认知语言学的一些理论主张。虽然作为语言理论，有完整的理论框架，可以阐释一些语言现象，但这些所谓的"理论"大多还是假设，还有待验证其心理真实性。学者可通过与语料库语言学的结合，验证、进而完善一些已有的语言理论，甚至提出新的理论，推动认知语言学的进一步发展。三是认知语言学与语料库语言学一样，以社会文化语境为依托，研究语言变异。综上所述，认知语料库语言学的产生是必要的，更是必然的。

2.3.5　型式语法与局部语法

型式语法和局部语法看似不同，其实同属于描写性语法型式，二者之间存在一定的共性。首先，二者的发展主要得益于语料库语言学的出现。学者可通过语料库索引技术，对大量语言实例进行观察和分析，从而发现语言本身的特点，归纳各种语言现象，完善语言学研究理论。此外，语料库中搜集的语言实例为自然语言，而非语言学家凭借生活经验和个人感受创造的"真实"语言，这一点对语言学界的研究可以说是一个巨大的"冲击"。其次，二者均对传统的普遍语法提出了挑战，型式语法对于"型式"的描写只保留词性这一语法范畴，局部语法对受限语言的描写关注语境和当下的交际功能，均比传统语法对语言的描写更加完善、具体、精确，且功能性更强。此外，借助语料库索引分析技术，型式语法和局部语法对于语言的描写较传统语言更能真实地反映不同语境下的语言现象。最后，二者均关注语言的意义，型式语法主张型式与意义不可分割，局部语法关注语言的特定语义下的交际功能。以上几点是二者的共性，当然也存在一些不同之处，比如描写对象不同且方式不同，型式语法主要通过词性范畴对语法"型式"进行描写，而局部语法更多是用功能范畴（评价者、评价对象、请求者、请求对象等）对语言的功能进行描写。

本章研究主要采用语料库语言学的方法，以局部语法、型式语法和评价语法为理论基础，探究多学科学术语言评价取向的异同。接下来是对评价理论的论述。

2.4　评价理论

评价，顾名思义，就是对自然语言的特征进行评价，这是语言的核心功能。人们用语言的评价功能维持正常的人际关系。研究的第三个理论基础——评价理论，是系统功能语言学的新发展，由 James Martin 于 20 世纪90 年代初提出。国内最早关于评价理论的文献是王振华教授 2001 年发表的论文《评价系统及其运作——系统功能语言学的新发展》。本书第一章已经对评价理论系统地介绍过，为了避免赘余，接下来主要从以下三个方面入手对评价理论进行介绍：评价系统中的态度系统、评价局部语法（功能标签）和评价语义。

2.4.1 评价系统中的态度系统

评价系统可分为介入（engagement）、态度（attitude）和级差（graduation）三个系统。局部语法与评价理论的结合主要涉及态度这一系统。态度包含对事物、人的性格以及感受的评价，涵盖三个子系统：判断（judgment）、情感（affect）和鉴赏（appreciation）（Martin，2000）。

情感与情绪反应和性情有关，通常通过心理反应过程和情感归属关系表现。Hunston（2003）最早将评价系统的分类与局部语法相结合，尝试探索情感局部语法。在 Hunston（2003）研究和框架语义学的理论基础上，Bednarek（2008）提出一系列功能标签（emoter，emotion，trigger 等），将情感局部语法发展完善。而对于判断和鉴赏子系统，其分别于局部语法相结合的区别在于被评价者是指人还是指物，所以研究对于评价局部语法（local grammar of evaluation）的构建，旨在将评判和鉴赏两个子系统结合起来，建立一个比较完善的描写语法，所用评价系统框架如图2-2所示：

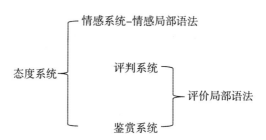

图 2-2 评价系统与局部语法结合框架

2.4.2 评价局部语法

评价局部语法是评价理论、局部语法和型式语法相结合的产物。局部语法对不同语域下受限语言的交际功能进行描写，型式语法对语言实例中的语法型式进行描写，语法型式有利于识别单一意义单位而被认为是局部语法研究的良好开端（刘国兵、王凡瑜，2019）。这两个描写性语法体系相结合，即为局部语法型式，主要是指运用局部语法对语法型式进行描写。上一小节中评价理论态度系统的分类，可以看作评价局部语法构建的语义基础。三个理论相结合，即评价局部语法，是指运用局部语法对具有评价性的语法型式的功能成分以及评价语义进行描写，属于描写性语法范畴。评价局部语法是对三个理论的发展和创新，它的出现为语料库语言学下的短语学研究提供了一种新的思路。

2.4.3 评价局部语法研究综述

评价局部语法事实上包括三个理论，局部语法、型式语法以及评价理论，旨在探究局部语法型式的评价功能。Martin 提出评价理论后，Hunston & Sinclair（2000）最早将其与局部语法相结合，提出评价局部语法的概念，其论述收录于 *Evaluation in Text：Authorial Stance and the Construction of Discourse*（Hunston & Thompson，2000）。鉴于通用语法的缺陷，局部语法应运而生。评价局部语法与定义局部语法不同的是，前者关注语言的评价意义，而后者聚焦于命题意义。Hunston & Sinclair 在其研究中提出一系列功能术语用于描写评价局部语法型式，如：评价者（evaluator）、被评价者（thing evaluated）、链接（hinge）、评价范畴（evaluative category）、评价载体（evaluative carrier）、评价回应（evaluating response）等。其研究的核心是形容词，通过评价性形容词，如 beautiful、nice、great、interesting、terrible、despicable、important 等，探索用评价局部语法的描写性以及评价型式与评价形容词的对应关系。这些形容词属于开放词类（open class），数目很难穷尽。观察索引行发现，一个词的语义项对应一个型式，语法型式相同的词，语义相同。

从 *Bank of English*（简称为 BOE）语料库中，Hunston & Sinclair 选取了索引行中表达评价意义最常见的 6 个形容词型式，分别是：型式 1：It + link verb + adjective group + clause（finite ∕ non-finite clause），在 Francis et al.（1998）中，这一型式可表示为：It v-link adj. that，It v-link adj. wh，It v-link adj. to-inf.，It v-link adj. v-ing，It v-link adj. about n. 等。出现在这一型式中的形容词几乎均为评价性形容词。除此之外，Hunston & Sinclair（2000：84）还提到型式串联（pattern concatenation）的概念，比如

interesting 出现在 It v-link adj. that 的型式中，那么它也可能同时出现在 V n. adj. 的型式中，"例句：I found it interesting that you have mentioned her name." 可以证实这一点。这一型式所涉及的评价功能主要包括评价范畴和被评价者，如：

表 2-3　　　　　　　Hunston & Sinclair（2000）型式 1 的例句

功能术语/ evaluative terms	链接/ hinge		评价范畴/ evaluative category	被评价者/ things evaluated
例句 1	It	is	essential	to isolate the wheat from the chaff
例句 2	It	is	obvious	that the OFDI firms with technology motivations are mainly concentrated in developed countries
例句 3	It	is	unclear	how the findings generalize to other systems of publication and reputation

型式 2：There + link verb + something / anything/ nothing + adjective group + about / in + noun group / -ing clause，这个型式一般用作主观判断事物的利弊、益害等，其中形容词前常有副词（rather、exactly 等）修饰，用来强调评价意义，大多用于这一型式中的形容词具有评价功能。在 BOE 语料库中，这类形容词数目极多，但大多数只出现一次或两次，很难分类统计。笔者从 *Collins Cobuild Advanced Learner's English-Chinese Dictionary* 和在线必应词典中，摘取这类型式的例句，并对其进行描写，见表 2-4：

表 2-4　　　　　　　Hunston & Sinclair（2000）型式 2 的例句

功能术语/ evaluative terms		链接/ hinge	评价范畴/ evaluative category	链接/ hinge	被评价者/ thing evaluated
例句 1	There	is something	a little peculiar	about	the results of your test
例句 2	There	isn't anything	interesting	in	today's newspaper
例句 3	There	was nothing	new	in	the letter

型式 3：Link verb + adjective group + to-infinitive clause，由两个句子构成，主句和不定式小句，主句的主语在小句中做主语，有时也作宾语。型式中的形容词在 BOE 语料库中被归纳为两种类型：评价范畴（evaluative category）或是评价者在某种情形下所做出的反应（personal response to a situation）。对于形容词充当评价范畴这一型式来说，往往其开头会有一个名词词组，做主句主语的同时也承担被评价者的角色，之后的形容词作评价范畴，不定式小句用来限制评价意义。例句见下表：

被评价者，型式 3 中主语除了可以承担被评价者，还可作为评价载体（evaluative carrier，同上 2000：87）。这种情况下形容词的语义为道德上的对、错或愚、智与否。评价载体对应的人物主体性格往往变换而非固定，可能好或坏、愚钝或聪颖等。

表 2-5　　　　　Hunston & Sinclair （2000）型式 3 的例句 （1）

功能术语/ evaluative terms	被评价者/ thing evaluated	链接/ hinge	评价范畴/ evaluative category	评价限制/ restriction on evaluation
例句 1	The results	is	terrible	to imager
例句 2	Hiring	is	slow	to follow an economic rebound

表 2-6　　　　　Hunston & Sinclair （2000）型式 3 的例句 （2）

功能术语/ evaluative terms	评价载体/ evaluative carrier	链接/ hinge	评价范畴/ evaluative category	被评价者/ thing evaluated
例句	You	are	wise	to follow the trend

在第三种情况下，型式 3 中的形容词表达个人的反应，Hunston & Sinclair 用评价回应（evaluative response）描写这种形容词，整个句子的主语承担评价者的角色：

表 2-7　　　　　Hunston & Sinclair （2000）型式 3 的例句 （3）

功能术语/ evaluative terms	评价者/ evaluator	链接/ hinge	评价回应/ evaluative response	被评价者/ thing evaluated
例句	The famers	were	anxious	to use chemical fertilizers

型式 4：Link verb + adjective group + that-clause，Hunston & Sinclair 将其中形容词的语义分为四类，对事态做出的反应、对事物的确定程度以及认知程度、对未来的态度、对事态的谈论方式。例句见下表：

表2-8   Hunston & Sinclair（2000）型式4的例句（1）

功能术语/ evaluative terms	评价者/ evaluative carrier	链接/ hinge	评价回应/ evaluative response	被评价者/ thing evaluated
例句	He	is	optimistic	that this will be his last

这种型式还有另一种描写方式，其中形容词的语义为期望或是正误：

表2-9   Hunston & Sinclair（2000）型式4的例句（2）

功能术语/ evaluative terms	评价载体/ evaluative carrier	链接/ hinge	评价范畴/ evaluative category	被评价者/ thing evaluated
例句	You	are	lucky	that they let you off all washing-up

型式5：Pseudo-clefts（假拟分裂句），用来描述陈述中的已知信息和新信息，其一般结构为：What + link verb + adjective group + link verb + noun group / clause，形容词词组之后可能会出现介词短语，通常这个介词为"about"。如："What's interesting about a product is how you got to it and how you're going to make it"。这里有一个疑问在于"interesting"修饰的主体是谁？Hunston & Sinclair（同上：89）给出答案，修饰的主体是后一个小句中的"how you got to it and how you're going to make it"（你如何想到它，打算如何完成它），而非前一个小句中的"a product"，about构成的介词短语被界定为评价语境（evaluating context），对这一型式的语法结构描述例句如下表：

表2-10   Hunston & Sinclair（2000）型式5的例句（1）

功能术语/ evaluative terms	链接/ hinge	评价范畴/ evaluative category	评价语境/ evaluating context	链接/ hinge	被评价者/ thing evaluated
例句	What's	interesting	about a product	is	how you got to it and how you're going to make it

型式5还有另外一种变体，what + noun group + verb group + adjective group + link verb + clause，例句如下表：

表 2-11　　　　　　　Hunston & Sinclair（2000）型式 5 的例句（2）

功能术语/ Evaluative terms	链接/ hinge	评价者/ evaluator		评价范畴/ evaluative category	链接/ hinge	被评价者/ thing evaluated
例句	What's	I	find	interesting	is	that I can only identify about ten of the processes as being ones that I think I asked for

型式 6：Patterns with general nouns，一般结构为：adj. + noun group + link verb + noun group / clause，其中第一个名词词组为普通名词（point、thing 等），后面常跟介词短语（如 about + ...）。例句及其对应的功能术语如表 2-12：

表 2-12　　　　　　　Hunston & Sinclair（2000）型式 6 的例句

功能术语/ Evaluative terms	评价范畴/ Evaluative category	评价语境/ evaluating context	链接/ hinge	被评价者/ thing evaluated
例句	The surprising thing	about this conference	is	that it is not just a two-day meeting

从 Hunston & Sinclair（2000）的研究理论上而言，它为评价模型提供了新的研究视角以及理论依据；而对于局部语法研究来说，它为其数据找到一个理论支撑点，可为今后更多相关研究提供有效且真实的数据论证。从实践角度看，两人开创的评价局部语法研究为今后提供了方法论的指导。虽然两人的研究有许多贡献，但同时也存在一些不足：一是研究中只描述了 6 组型式，评价局部语法涉及的语法型式远不止这些，所以仅为探索性工作，为今后研究开拓思路；二是 6 组型式中涉及的形容词并未区分是情感语义还是评价语义，Hunston & Sinclair 对于评价局部语法的研究与情感局部语法有交集，研究界限模糊（苏杭、卫乃兴，2017：29）。

之后国外学者对于评价局部语法的研究还有：Groom（2005）受 Hunston & Sinclair（2000）型式语法的影响，提出自己的假设：不同题材和学科背景下的语法型式分布之间均存在差异。他主要针对学术领域的语篇及题材进行分析，选用文学批评和历史学两个学科下的学术论文和书评两种题材验证自己的假设。Groom 参照 Francis et al.（1998：480-484，

494-498），实际分析了以下几种语义：充分性（adequacy）、合意性（desirability）、困难性（difficulty）、可预测性（expectation）、重要性（importance）和确定性（validity）等（Groom，2005：261）。他在语料库中主要对型式 It + link verb + adjective / noun group + that-clause / to-clause complementation 进行检索，数据分析时将这一型式细分为三类："It is adjective patterns" "It seems adjective patterns" 和 "It would be adjective patterns"。题材方面：（1）学者利用 "It is adjective patterns" 此型式在学术论文中表达确定性，在书评中表达困难性；（2）"It seems adjective patterns" 型式承担确定性；（3）"It would be adjective patterns" 承担合意性。学科方面：（1）文学批评学术论文中会出现 "It is adjective patterns" 这一型式表达确定性；（2）历史学书评中出现 "It seems adjective patterns" 这一型式时表达确定性，文学批评书评中出现时表达确定性和合意性；（3）"It would be adjective patterns" 常出现于两个学科的学术论文中表达确定性，又出现于文学批评学术论文中表达合意性。本书观点：表达意义的除了词，还有型式。不同题材和学科背景下的型式所传达的意义既有共性又有差别，这些差别说明不同题材和学科之间研究侧重点以及认知概念方面存在不同之处。

Charles（2006）对学术语篇中的引用进行了深入探讨。他从社会科学和自然科学中分别选取一个学科：政治/国际关系和材料科学为语料，以限定引述句+that-clause 为主要研究型式，探索不同学科学术文本中引用型式及动词之间的异同。所谓引述句，即引出间接引语的主句，比如 He argued that the tax-cut was ill-timed. 一句中，"He argued" 即为引述句，主句中的动词可称为转述动词，比如 accept、argue、find、show、suggest、predict、state、think 等。引述句可以作为学术论文引用的一个重要标志，所以 Charles 选择通过引述句这一型式对比分析两个学科的引用情况。引述句的型式方面，两个学科中出现频率最高的型式是人作主语的整体引用（政治/国际关系，语料中出现频率为 45.8，材料科学语料中出现频率为 42.7），其频率几乎是余下型式频率之和的三倍。在对这一型式进行分析时，Charles 将其中涉及的转述动词分为四类：ARGUE 类、THINK 类、SHOW 类和 FIND 类。两个学科中出现最多的是 ARGUE 类转述动词

（argue、suggest、assert 等），其中政治/国际关系学科中出现的频率要稍高些，主要用于引用以往研究论文中的论述。材料科学中使用 FIND 类和 SHOW 类的动词比例较政治/国际关系略高，作者主要通过这些动词引用之前研究中的研究数据或是研究结果。除此之外，文章中还论述了对这些转述动词时态的研究，现在时的频率在两个学科中均为最高。此外，材料科学中使用过去式的频率高于政治/国际关系。通过这一系列研究，作者将学术论文中最常用的引用型式归纳为：Integral citation + human subject + present tense（ARGUE verb + that）。Charles 的研究对学术写作教学有重要的影响意义。

Bednarek（2007）探究英国通俗小报（popular/tabloid newspaper）和正式报刊（quality/broadsheet newspaper）中评价性形容词型式使用频率及功能方面的异同。作者构建语料库时，为了保证可比性，所选取的各类大小报中的文章具有同一主题，且均为社会热点讨论话题。参考 Hunston & Sinclair（2000）总结的六种型式，Bednarek 观察索引行后共得出八种评价性形容词型式，前四种是对 Hunston & Sinclair 研究的继承（可参照前文对其研究分析），后四种是对其研究的创新。研究发现，两种报刊涉及的评价性形容词型式在频数方面并不存在明显差异，但在使用功能方面存在一定差异，小报更多地使用语气强烈和具有修饰性的形容词，倾向于报道人们的情绪和心理状态，而大报侧重报道的合理性。这一研究是对Hunston & Sinclair 评价局部语法的一次检验，证实了其存在的合理性和实用性。

Bednarek（2014）研究的文本是电视连续剧光盘后的简介，属于副文本（paratext，与艺术作品有关的材料）（Genette，1997）。研究发现，积极评价在这类简介中占了绝大多数的比例，其中一些与之关联较小的形容词也用来表达积极意义，指代电视剧中角色的特定品质。这一结果很大程度上取决于文本性质。光盘简介是一种产品推广手段，为了让受众喜爱并且为之消费，其中涉及的评价基本上为积极的。这一研究丰富了评价局部语法所能适用的文本类型。

Pontrandolfo & Goźdź-Roszkowski（2014）对比分析的是不同语言背景下同题材话语之间评价性形容词型式的异同。双语语料库中的语料分别来源于美国和意大利最高法院作出的刑事判决材料。对比的型式为：v-link +

adj. + that 和 v-link + adj. + to-inf. 。研究结果表明，两个子库中这些型式所表达的意义相似，型式 1 中的形容词型式倾向于表达有效性，而型式 2 更多地表达必要性和重要性，这一研究是评价局部语法应用于司法话语的一个重要探索，同时对跨语言研究也有一定的影响。

国内方面，吴安萍、钟守满（2010）主要为理论层面的研究，提出 7 种评价性模式，12 个次模式，指出各个模式中常出现的形容词，并对句子结构进行局部语法描写。如果其研究与真实语料相结合，会更加具有说服力。

吴志芳（2012）受 Hunston & Sinclair（2000）的启发，将评价局部语法应用于不同题材语篇对比分析方面。其主要考察四个型式（Hunston & Sinclair）提出的八个型式的前四个（参考"评价局部语法研究综述"的论述）分别在学术和新闻语篇中的差异，语料均来源于英国国家语料库（British National Corpus，简称 BNC）。结果显示，型式 1 使用最频繁，说明学术和新闻语篇都侧重于客观陈述，因此型式 2 使用的频数较低（偏重主观陈述）。总体而言，新闻语篇较学术语篇主观性更强，对社会伦理道德和个人情感等方面表达得更多，而学术语篇较为客观、严谨，对必要性、确定性等表述得相对多一些。作者的研究尽管很详尽，但对评价意义没有完整且系统的分类方式，造成文中出现的词语与作者所表达的语义并不能够清晰地对应。

接下来，张继东等开展了一系列不同学科下的评价局部语法研究，如：张继东、黄雅婷（2014：54-61）对医学学术文本中"be + to"型式的变化（具体表现为"be + adj. + to"和"be + v-ed + to"）和评价意义进行探究。刘萍等（2014：67-73）对社会科学领域学术文本中的"be + to"型式的功能特征加以分析。张继东、席龙井（2016：40-45）考察型式 it v-link adj. that/to-inf. 在 BNC 社会科学领域之下专业（医学、政治、法律、教育、社会和行为科学、人文科学）中评价语义的异同，其评价语义参考 Groom（2005）的分类（充分性、合意性、困难性、可预测性、重要性和确定性）。

董敏（2017）从子语言入手，陈述了局部语法的描写框架和实施方法，此外也介绍了评价局部语法与评价理论和系统功能理论的关系，这篇文章给现阶段的评价局部语法研究增加了理论深度。

卫乃兴等主要从中外学者对比的角度进行了评价局部语法研究。苏杭、卫乃兴（2017：28-35）主要阐述了评价理论、局部语法和型式语法相互结合的可能性，并且对前人相关研究做出评判。除此之外，提出了评价局部语法研究的主要术语（评价客体、评价主体、评价等）及其构成的常见型式。张磊、卫乃兴（2017：10-18）对比分析了中外法律学术语篇中高频形容词型式（n v-link adj. to-inf.、it v-link adj. to-inf. 和 it v-link adj. that）的频数、评价语义以及语义参量的异同。张磊、卫乃兴（2018b：93-99）将鲜有人研究的评价性名词型式作为研究对象，探究法律学术文本中三个名词型式下（there v-link n of、there v-link n in 和 n v-link of n）的高频局部语法型式。这一系列研究更加系统化，有专门的研究术语，且有真实的语料作为研究数据，研究结果更具有可信度。

刘国兵、王凡瑜（2019）尝试将评价局部语法应用于商学学术语篇中，探究中外学者使用两个评价局部语法型式 it v-link adj. that 和 it v-link adj. to-inf. 时所表达的评价语义。研究发现，中国学者和西方学者通过不同型式表达不同的意义，体现出同一学科下不同母语者之间存在知识观以及价值观等各方面的差异。

2.5 评价局部语法相关概念介绍

2.5.1 功能标签

功能标签（functional label）主要指在用局部语法对句子结构进行描写时所涉及的一些功能性的术语，参照前人的研究（Hunston & Sinclair, 2000；苏杭、卫乃兴，2017；张磊、卫乃兴，2017 等），对研究所用功能标签的诠释如下：

评价者（evaluator）：评价行为或事物的主体。比如：Hobart found it difficult to get her first book published. 一句中，"Hobart" 即为评价者，评价事物的困难程度。

被评价者（the evaluated）：被评价的行为或事物（也可以指人）。比如：He is cagey about what he was paid for the business. 一句中，"He" 即为被评价者，他不愿提及自己在这桩买卖中所得的报酬。

评价语义（evaluative meaning）：指句子中具有评价性的形容词所表达的语义，即为整个句子的评价意义。例如：I was honest about what I was doing. 一句中的形容词 "honest"（诚实的）即为评价语义，我对自己所做之事毫无隐瞒。

评价限制（evaluative restriction）：指在一定范围内评价某行为或事物。如：Chocolate sauce is always popular with youngsters. 一句中，"with youngsters" 即为本句评价时所限定的范围，巧克力酱一直深受年轻人喜爱。

行为（action）：被评价者所涉及的言语或动作等。如：Jenny was careless to let out the secret. 中 "to let out the secret" 即为 Jenny（被评价者）作出的行为。

受影响者（the influenced）：受影响的人或事物。如：Walking is extremely beneficial to your body shape. 一句中，"your body shape" 即为受 "Walking" 影响的事物。散步对身体塑形十分有好处。

链接（hinge）：这里参照苏杭、卫乃兴（2017：31），将链接用于描述两种句子成分。一是各个功能标签之间的连接词；二是句子中的指示成分。比如：They are likely to respond to positively to the President's request for aid. 中 "are" 即为链接；或是 What is important is to understand oneself in relationship with another. 句中的 "What" 和 "is" 等。

2.5.2　评价语义的分类

根据 Groom（2005）、Bednarek（2007）、张继东、席龙井（2016）、刘国兵、王凡瑜（2019）等学者的研究，研究将评价语义分为可能性、合意性、合理性、充分性、确定性、可预测性、必要性以及困难性，进一步对其进行阐释：

可能性（likelihood）：行为或事物实施或发生的可能程度，涉及的词汇有：probable、improbable、possible、impossible、likely、unlikely 等。例

句：The war of nerves seems likely to continue。

合意性（desirability）：事物或行为开展或实施的利弊或者是评价者所表达的态度，这一类形容词有：good、bad、beneficial、instructive、unsatisfied、harmful、envy 等。例句：Sleeping around seven hours per night is optimal for health。

合理性（reasonability）：事物或行为是否合乎常理以及法律，表达这一语义的形容词有：reasonable、unreasonable、rational、irrational、legal、illegal 等。例句：It seems reasonable to expect rapid urban growth。

充分性（adequacy）：事物或行为的出现是否有充足的理由，这一类词有：adequate、inadequate、sufficient、insufficient、enough 等。例句：The space available is not available for our needs。

确定性（certainty）：事物或行为是否确定出现。确定性可细分为"明显"和"正确"两类。如形容词：obvious、apparent、noticeable、evident 和 true、wrong、correct、incorrect 等。例句：They were accurate in their prediction。

可预测性（predictability）：事物或行为的发生是否与预期一样，可分为"惊奇""趣味"和"自然"三类。主要形容词有：surprised、amazed、strange、odd；interesting、appealing 和 ordinary、normal、natural 等。例句：It is only natural for youngsters to crave the excitement of driving a fast car。

必要性（necessity）：被评价事物存在的必要与否、其重要程度或是上下文存在的关联性。表达必要性的词有：necessary、essential、integral、important、significant、relevant 等。例句：Sanskrit is related very closely to Latin, Greek, and the Germanic and Celtic languages。

困难性（difficulty）：评价者对所发生的事物或行为困难程度的评判。这类形容词有：difficult、hard、tough、easy 等。例句：It's not difficult to get money for research。

2.6　评价局部语法的应用

以上 4 个小节分别阐述了局部语法、评价框架和型式语法三个理论，并对这三个理论结合的评价局部语法进行了详细介绍，包括其结合的可能性、相关研究、涉及术语等。接下来的研究以评价局部语法为理论基础，通过两个评价局部语法型式 it v-link adj. to-inf. 和 it v-link adj. that 对比分析教育学和化学中两个学科学术语篇的评价倾向。

2.6.1　语料库简介

自建学术文本语料库，主要包含两个子库：教育学库和化学库，每个库中包含 30 篇学术论文，均来源于其对应学科的英文核心期刊。教育学库选用的期刊为 *Higher Education*、*Educational Technology Research and Development*、*Research in Higher Education*、*Journal of Computing in Higher Education* 和 *Instructional Science*。化学库的论文来源于 *Analytica Chimica Acta*、*Journal of Computer-Aided Molecular Design*、*Journal of Radioanalytical and Nuclear Chemistry*、*Theoretical Chemistry Accounts* 以及 *Chromatographia*。为了研究便利，建立语料库时删除文本中的节标题、关键词项、图表、公式、尾注、脚注、参考文献、致谢、附录以及版权信息等内容。从每种期刊中抽取 2017—2019 年 6 篇学术论文，组成各学科子库。用 TreeTagger 软件对语料库进行词性赋码，得到两个赋码子库。

2.6.2　研究方法介绍

研究通过"功能标签"中所列的各项评价术语对语料库中索引行进行描写，参照"评价语义分类"中所列的评价语义探究教育学和化学两个学科语义倾向的异同。

具体研究步骤：（1）通过 PatternBuilder 软件编写 it v-link adj. to-inf.

和 it v-link adj. that 两个型式的正则表达式，并且经过内嵌赋码语料库的检验；（2）将整理好的赋码语料库导入 AntConc 3.5.8（2019）中，进行正则表达式检索；（3）将检索得到的索引行逐一进行语义分类，并统计各类频数、分析原因等。

2.6.3　结果分析

表 2-13　　　　　　　　　　　两个学科评价语义对比

| 评价取向 | it v-link adj. to-inf. | | | | it v-link adj. that | | | |
| | 教育学 | | 化学 | | 教育学 | | 化学 | |
	频数	频率（%）	频数	频率（%）	频数	频率（%）	频数	频率（%）
可能性	16	21.92	20	39.22	16	44.44	8	47.01
合意性	11	15.07	4	7.84	0	0	1	5.88
充分性	1	1.37	2	3.92	0	0	0	0
合理性	2	2.74	1	1.96	3	8.33	0	0
确定性	0	0	0	0	14	38.89	7	41.18
可预测性	3	4.11	3	5.88	2	5.56	1	5.88
必要性	26	35.62	15	29.41	1	2.78	0	0
困难性	14	19.18	6	11.76	0	0	0	0
总计	73	100	51	100	36	100	17	100

　　表 2-13 较为完整地呈现了评价性型式 it v-link adj. to-inf. 和 it v-link adj. that 在教育学和化学两个学科中的评价语义。我们通过观察统计数据可知，教育学学者使用 it v-link adj. to-inf. 型式倾向于表达必要性（35.62%）、可能性（21.92%）和困难性（19.18%）；化学学者通常使用这一型式表达可能性（39.22%）、必要性（29.41%）和困难性（11.76%）。而对于 it v-link adj. that 这一型式来说，教育学者使用其表达可能性（44.44%）和确定性（38.89%），化学学者利用该型式也更多地表达可能性（47.01%）和确定性（41.18%）。将表中数据整合，我们可得出教育学和化学学术文本中通过型式 it v-link adj. that/to-inf. 所表达的评价取向一致，即可能性、必要性、确定性以及困难性。教育学学术语篇

中通过对可能出现或是较为明显的教育现象和教育问题进行分析，从而指出教育教学中一定要注意的重要问题。除此之外，在教育政策的落实中，存在一定的困难性。然而化学学术文本通过对测试对象各种可能性的探索，阐释实验对于人们认识世界和改造世界的重要性。在实验中，有些因素的出现是确定的，或者说有些结果的出现是必定的，但尽管如此，实验中也会存在许多困难。虽然经过统计分析发现两个学科所表达的评价语义相同，但具体到各个语义类别还是有所不同。语义不同不仅存在于学科之间，同时也存在于两个型式之间。下面的小节将逐个对各个语义类别在两个学科和两个型式中的表现进行详细阐述，鉴于"评价语义分类"已经介绍了每个语义的定义，以下将不再赘述，只分析表2-13中的数据及其背后的原因。

（1）可能性

索引行中出现最多的表达可能性的词汇有 likely、possible、impossible。观察表2-13可知，教育学和化学学术语篇中使用可能性的频率均较高，分析句子语义发现，教育学文本中会根据当下的教育状况，指出教学中可能存在或已经出现的问题，从而提出解决问题的方案。而化学文本中使用可能性的情况一般为采用某种实验手段，得出可能的实验结果。例如：

a. As student autonomy is greater in MOOCs than in traditional courses, it is **likely** that SRL is even more important for achievement in MOOCs. （教育学）

b. Using only the topology of a macrocyclic structure, it is **possible** to identify sets of mutually consistent hydrogen bond pairs. （化学）

根据计算结果发现，表达可能性时，使用型式 it v-link adj. that 的频率（45.28%）高于 it v-link adj. to-inf. 的频率（29.03%），这说明，表达可能性时，两组学者更倾向于使用型式 it v-link adj. that。这一点与刘国兵、王凡瑜（2019：58）的研究结果吻合，其发现商学学术语篇中 that 型式更常用于表达可能性。可能性的使用体现出学术文本的严谨性。索引行中出现较多表达可能性的型式有 it is likely that、it is/was possible to/that，且相关搭配词的 MI 值较高，所以这些型式可作为评价可能性常用的局部语法型式。除此之外，观察索引行发现，it is/was likely/possible 型式前后会出现 furthermore，further，since，at the same time，more over，consequently，to summarise（...），in cases where（...）等表示递进关系的词语以及 although 和 while 表示让步的词语，而且化学文本中出现这些词语的频率比教育学更高。这一现象说明，表示递进关系的词语促使文章内容更为衔接，结构更为连贯；而表示让步的词语能够缓和语气，帮助作者规避批评和反对，体现对学术界各种声音的尊重，以此传达自己的观点，让人更容易接受（袁邦株、徐润英，2010：35）。例如：

c. **While** it is possible to happen upon such configurations through the movements just described，in general，the search times to reliably find these configurations will be large.

（2）合意性

索引行中表达合意性的词有 better、worthwhile、effective、desirable 等。由表 2-13 中数据计算可知，教育学表达合意性的频率（10.09%）高于化学（7.35%），语义倾向性更为明显，这说明教育学语篇中往往针对当前情况，提出一个较为合适的解决方案。如：

a. It could be investigated with more controlled experiments whether novice and expert teachers reason about LA differently，and thus whether it is **better** to provide different kinds of information accordingly.

此外，两个学科使用型式 it v-link adj. to-inf. 的频率（12.10%）远高于型式 it v-link adj. that（1.89%），且经过显著性检验，P = 0.02 < 0.05，证明其差异显著，这说明表达合意性时，两个学科的学者均倾向于使用型式 it v-link adj. to-inf. 。观察索引行还发现，表达合意性的词常与 may、might、should、would 等词连用，这些词属于情态模糊限制语，学术论文中使用这类词语让作者的论述措辞更加委婉，给作者表达观点留出一定余地，进而增加观点的说服力。蒋婷（2006：50）指出，学术语篇中出现情态模糊限制语的句子中主语通常为形式主语 it，以增强论述的客观性。如：

b. This finding suggests that it **might** be **worthwhile** to take a student's academic ability into account when studying the relation between personal qualities and academic achievement.

（3）充分性

语篇中表达充分性语义的词有：enough、sufficient、insufficient 等。表 2-13显示，教育学和化学文本均只通过 it v-link adj. to-inf. 型式表达充分性，且频率均较低（教育学 1. 37%，化学 3. 92%），语义倾向不明显。教育学文本通常论述目前教育背景下，仅有的条件不能满足当前需求。化学文本中通常指实验所得结果不能使某事物有充分存在的理由。如：

a. Finally, it is not **enough** to clarify the various concepts from the order of the common in the context of higher education. （教育学）

b. It is not **sufficient** to overcome the energy demanded for the rupture of the O3 – C4 and C5 – H6 bonds, and consequently, the overall process is endothermic. （化学）

索引行中仅有 3 条表达充分性的记录，且均为否定形式（not enough、not sufficient、insufficient），虽然数目较少，可能不具有代表性，但至少从一方面说明两个学科中充分性语义的使用均表达事物的存在不具有充足的条件。

（4）合理性

检索语料库发现表达合理性的词语有：reasonable、unreasonable、plausible、implausible 等。判断形容词的语义不仅看其本身的释义，也观察其在句中语境下的含义，故而将 plausible 及其否定形式归为合理性语义范畴。例句如下：

a. The full set of 61 was sufficiently large and related enough to the training set (the mean raw similarity value was 0. 90), that it is not **unreasonable** to consider prediction statistics overall.

观察表 2-13 可知，教育学和化学表达合理性的频率均较低（0. 46% 和0. 09%），这表明两个学科通常不评判事物存在或行为发生的合理性。合理性这一语义类别中除了包含合理性，其实还包含合法性等，这些语义趋向并不明显，均未在索引行中出现。除此之外，经过计算得出，表达合理性时，两个学科文本中使用 it v-link adj. that 型式的频率为 5. 66%，使用 it v-link adj. to-inf. 型式的频率为 2. 42%，二者差别不大。这说明在合理性这一语义下，评价性型式的语义差别并不显著。此外，观察索引行还发现，表达合理性的句子前常出现 hence 和 therefore 等表示"因此"的词语，这与刘国兵、王凡瑜（2019：57）的研究结果一致，说明两个学科的作者在表达合理性之前，常常从各个角度对事物进行考察，继而阐释其存在具有一定的合理性。例如：

b. **Hence**, it would be **unreasonable** to extrapolate this study's model estimates to all children or to conclude that teachers should start providing encouragement as widely as possible.

（5）确定性

"评价语义的分类"中已经提到确定性分为"明显"和"正确"。检索语料后发现表示"明显"的词有：apparent、noteworthy、obvious、evident 等；表示"正确"的词有：clear、true 等。通过表 2-13 可知，表达确定性时，两个学科一致地选择了 it v-link adj. to-inf. 型式，未使用 it v-link adj. that 型式。如：

a. However, **it was also clear that** further iteration on the model would require a more complete game. What the analytics indicated was that the prototype had potential. （教育学）

b. **It is evident that** the measurement precision of the n（236U）/n（238U）ratio deteriorates when the 236U signal accounts for a few thousand cps only. （化学）

此外，根据表 2-13 中数据，教育学文本表达确定性的频率为 12.84%，化学文本频率为 10.29%，频率相差不大。分析索引行发现，教育学学者通常经过论述一系列相关因素，或通过表格数据，分析出明显正确的研究方案。化学学者通常通过对比各种实验方案，得出明显更合适的方案进行操作，或发现明显有碍于实验进展的因素。观察索引行发现，表达确定性的句子前后常出现 while、however 和 although 等表示让步意义的词语，削弱确定性的指向性，它们属于引导式元话语中的过渡语。Hyland & Tse（2004：168-169）指出过渡语（transitions）等引导式元话语用来加强句子之间的逻辑关系，明确作者所提出的论点。姚银燕、陈晓燕（2012）指出，表示让步意义的词语使篇章和读者之间架起一个沟通包容的桥梁，增加语篇内部声音的对话性。张继东、陈晓曦（2016：838）在其研究中也提到，利用让步关系等形式有利于增强文中介入观点之间的互动性以及对话性。

（6）可预测性

鉴于上文已经提到可预测性的分类，这里直接论述各个类别在索引行中所出现的词，"惊奇"类有 surprising 等；"趣味"类有 interesting、tempting 等；"自然"类有 natural、common、uncommon 和 unusual 等。态度标记语（attitude markers），如惊奇等，属于互动性元话语，用来表达作者对文中观点的评判，有利于兼容作者的断言和试探性的观点，增强人际互动（Hyland & Tse，2004）。吴格奇、潘春雷（2010）在其研究中论述："学术论文中使用态度标记语能够证明作者研究的价值，引起读者共鸣。"教育学和化学文本表达可预测性时的频率差异不大，分别为 4.59% 和 5.88%，即教育学者常利用"可预测性"评判各项教育政策或措施是否有效落实，落实结果是否符合预期，而化学学者通过"可预测性"判断实验结果是否合乎期望，或者某些因素对实验结果的影响是否与预期一致。如：

a. Additionally, it is **common** that learners distribute their time to different learning activities to get the maximum（subjective）benefit within a limited time frame.（教育学）

b. It is **interesting** to note that, although no noticeable differences of energy were observed between the two conformations of the intermediate, the atomic charges on the key atoms in INT and INT' are substantially different.（化学）

此外，观察索引行发现，型式 it v-link adj. to-inf. 表示可预测性时，其中的动词多为 note、assess 等表示推断意义的词语，用于判断政策或实验因素如何生效。如：

c. It is interesting to **note** that in old universities, submission to the E & E UOA does not appear to be tightly linked to the decision to offer an undergraduate programme, with almost all withdrawers continuing to offer a programme.

（7）必要性

索引行中出现频率较高的表达必要性的词有：important、necessary、vital 和 essential 等，但并未出现表示关联性的词语。参考表 2-13 数据计算可得，教育学和化学学术语篇表达必要性的频率在所有评价语义中均较高，分别为 24.77% 和 22.06%，且差别不大。教育学文本中常借助必要性语义指出教育教学中需要注意的重要事物，而化学文本中常用来表示实验操作前和过程中需要注意的各项因素。摘自索引行的例句如下：

a. Since online collaborative writing is dependent on communication between writers, it is **essential** to ensure that the co-writers are using the most effective style of interaction in conducting their joint writing process. （教育学）

b. It is frequently **necessary** to carry out screening experiments in the course of liquid chromatographic （LC） method development. （化学）

此外，根据表 2-13 计算可知，表达必要性时，两个学科文本中使用型式 it v-link adj. to-inf. 的频率（33.06%）远高于型式 it v-link adj. that 的频率（1.89%）。Loglikelihood and Chi-square Calculator 检验显示两个学科间差异显著，$P = 0.00 < 0.05$，这说明教育学和化学学术论文一般使用 it v-link adj. to-inf. 这一型式表达必要性。观察索引行可得出，型式 it is important/necessary to 出现的频率较高，可视为必要性的常用形式，这与张继东、席龙井（2016）的研究结果相同。例句如下：

c. **It is necessary to** create columns of varying capacity, to identify the ongoing graft-mechanism and to investigate the influence of the capacity on the selectivity.

（8）困难性

经过检索，索引行中表达困难性的词有 difficult、easier、hard 等，这些词属于类情态短语。Hunston（2008：272）首次在其研究中提出"类情态短语"（modal-like expression）这一术语，并将其定义为"传统情态助词之外表达情态意义的短语"。刘兴兵（2014b：72）指出，"类情态短语通常作为一个整体，间接地暗指情态意义，是评价理论研究的一个重要角度"。类情态短语的出现通常以不定式 to 为标志，这也印证了本研究的结论，即表达困难性时，两个学科文本中的常用型式均为 it v-link adj. to-inf.。教育学学术文本表达困难性的频率为 12.84%，稍高于化学学术文本的 8.82%。这说明，教育学学者在其学术研究中会更容易碰到困难，即相比硬科学来说，软科学研究中遇到的困难性相对更多。这一研究结果可能源于软科学无法控制研究中的所有变量，造成研究中的困难因素增加，这有别于"硬科学难而软科学易"这种根深蒂固的思想。例句如下：

a. For this study, it is **difficult** to ascertain how the incorporation of the outdoor space, the collaborative nature of the activity or the students' perception of the activities contributed to the difference in the gains between the experimental and control group but it is also worth noting that these are exactly the potential of mobile technologies: to facilitate learning across context and provide personal and collaborative learning environments.

此外，索引行中出现频率较高的型式为：it is difficult to，可作为表达困难性的常用型式，例如：

b. Consequently, **it is difficult to** generalize about the association between coordination profiles and essay quality.

2.7　小结

本章通过 it v-link adj. to-inf. 和 it v-link adj. that 两个局部语法型式，深入探讨教育学和化学学术论文的评价取向。研究结果显示，一是教育学和化学学术文本评价取向一致，均倾向于表达可能性、必要性、确定性以及困难性，其中表达"合意性"和"困难性"时，教育学学术文本的语义倾向比化学文本更为明显。这说明，尽管教育学和化学分别属于社会科学和自然科学，但其学术文本的语义倾向存在一致性。二是型式 it v-link adj. to 常用来表达合意性、充分性、确定性、必要性和困难性，而型式 it v-link adj. that 常用来表示可能性。三是研究中发现了一些表达评价语义时的常见型式：可能性：it is likely that、it is/was possible to/that；必要性：it is important/necessary to；困难性：it is difficult to。四是 it v-link adj. that 型式表达可能性时常与表示递进和让步的词语连用，兼容作者的观点；it v-link adj. to-inf. 表达确定性时，常与表示让步的词语共现，增强介入观点的可接受性。五是表达充分性时，两个学科均常具有否定形式或意义的形容词，用来说明当下条件的不充分。

　　研究中对教育学和化学学术文本评价取向的探究可作为评价局部语法的应用研究之一，为今后学科之间的评价语义研究提供了新的思路。此外，本研究对于教育学和化学学术论文写作有一定的借鉴意义，如：可参考其中不同型式侧重的评价语义对事物或行为进行评判等。研究还有利于丰富元话语手段，搭建读者和作者之间的沟通桥梁。但由于语料库容量较小，研究所得出的结论可能具有一定的偶然性，有待后续研究论证。

　　随着语料库的不断发展，以语料库语言学为基础的评价局部语法研究将处于一个不断发展的阶段。本章对评价局部语法的理论结合、理论背景、理论来源等方面做了详细介绍，同时对其中涉及的关键术语作了介绍，并以此为基座，探讨了教育学和化学两个学科间的评价语义趋向。今后的研究可从理工科与人文学科的评价语义、评价型式对比等方面展开。

第三章　中西医英语学术论文介入
资源对比分析①

3.1　引言

　　学术论文是科研人员呈现学术实践成果的重要载体，也是传递命题、表达立场的主要方式（Hyland 2000）。为获得国际医学界认同，近年来国内中医科研人员更加倾向于在国际期刊发表学术论文。虽然中医 SCI 论文发表数量呈递增趋势，但期刊质量以及论文被引用次数总体不高，与西医论文在学术界的影响力仍有一定差距（房玉玲等，2015）。语言修辞策略运用得当与否直接关系到研究成果能否得到学科团体认可，而"与读者建立适当的关系是研究性论文写作成功的核心"（Hyland & Jiang，2016）。以往不少学者强调学术论文的绝对客观性（Arnaudet & Barrett，1984），但近十几年来，这种观点开始受到挑战，学者们逐渐认识到学术论文不仅要客观地传递科学信息，还需要把预期读者带入语篇并与其进行合理互动（刘立华、童可，2020）。因此，强调语篇互动意义的评价资源受到广大学者关注（Biber，2006；Hyland，2014）。介入系统（engagement）是评价理论（Appraisal Theory）的三个子系统之一，它以 Bakhtin（1981）的"多声"和"互文性"概念为基础，主要关注态度立场、各种声音及其来源，认为

---

① 本章部分内容发表于《山东外语教学》2021 年第 2 期。

任何语篇都具有对话性。"介入资源的鲜明与否会直接影响作者与读者之间对话及协商的空间大小"（董连棋，2020）。本研究以评价理论介入系统为理论框架，采用语料库对比的方法考察中西医学术论文中介入资源的使用情况。

3.2　研究综述

系统功能语言学认为，语言在社会交往中实现各种功能，具体可分为概念、人际和语篇三种元功能。其中，人际功能关注作者和潜在读者之间的互动关系，即作者借助一定的语言形式参与到语篇中，以此表明态度和立场，并试图影响读者的态度和行为。基于 Halliday 系统功能语法理论中的人际功能理论，Martin 和 White（2005）提出并发展了评价理论（刘国兵、王凡瑜，2019）。介入系统属于评价理论三个子系统中的一个，建立在 Bakhtin（1981）的多声会话理论之上，主要用来衡量说话人或作者的声音和语篇中各种命题和主张的关系，说话人或承认或忽略其言语所涉及和挑战的众多不同观点，并在多种观点中为自己的立场争得一个人际空间（胡壮麟等，2005）。

近年来，国内外学者对学术语篇中介入资源的使用做了深入研究。孟勐、李雪（2010）以化学工程学科论文为例对比分析了英语本族语作者和中国作者介入资源的使用情况。Hyland 和 Jiang（2016）从历时角度出发，考察了过去 50 年里介入程度在学术写作中发生的变化。钱家骏、穆从军（2017）以语步分析模型和介入系统模型为理论框架，探讨了英汉地学学术论文引言在语篇模式和介入资源使用特征上的异同。蒋婷、杨霞（2018）基于评价理论的介入子系统，对比分析了英汉法律论文作者身份构建的方式。Xu 和 Nesi（2019）抽取了应用语言学领域 30 篇论文的引言和结论部分，对比分析了中国学者和本族语学者如何单独和组合运用介入资源表达立场。Liardét 和 Black（2019）参照介入系统，重点考察了英语学习者和英语母语学习者在学术论文中使用报告动词的情况，并进一步探讨如何通过报道动词实现互动性。纵观以上研究，学者对不同体裁语篇中

的介入资源进行深入考察，对不同语篇中的介入资源使用特征进行了详细
分析，但对医学学术语篇的评价意义关注较少。本研究主要关注医学学术
语篇，考察介入资源在中西医论文中的使用情况。

本章以 Martin & White（2005）提出的介入资源的分类（见图 3-1）
为标准对中西医医学论文中的介入资源进行对比分析。介入资源由词汇资
源和语法资源共同实现，因此笔者在标注的过程中兼顾两种实现方式。此
外，由于 Martin & White（2005）未对单声资源进行详细分类，因此本研
究将所有的单声资源归为一类，进行统一标注；对多声资源范畴下的所有
分项都进行了标注，以便对其详尽分析。

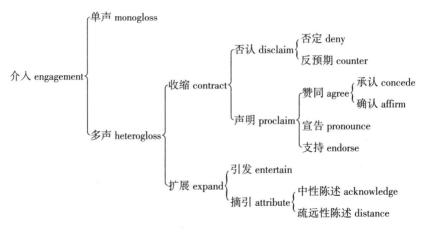

图 3-1 介入资源分类（Martin & White，2005）

3.3 研究设计

3.3.1 研究方法和步骤

本研究分为两个阶段。第一阶段为语料的收集与标注。研究数据来自
两个小型自建语料库：西医论文语料库（Corpus of Western Medicine，简称
为 CWM）和中医论文语料库（Corpus of Traditional Chinese Medicine，简称
为 CTCM）。西医论文共收集 13 篇，主要选自 *New England Journal of Medi-*

cine, *The Lancet*, *Journal of the American*, *Medical Association British Medical Journal* 四本国际医学界权威期刊，共计44223个形符。中医论文共收集15篇，主要选自刊载中医药论文较多的国际医学期刊：*Evidence-Based Complementary and Alternative Medicine*, *Chinese Journal of Integrative Medicine*, *Journal of Traditional Chinese Medicine*，共计43777个形符。为确保研究的准确性，两组论文均为研究性论文，选取的时间跨度为2016—2020年，篇幅限制于5000个词左右。西医论文筛选时，主要以名字和作者单位为判断依据，选择母语为英语的作者所写的论文；中医论文作者必须全部为中国籍科研人员。因研究只对论文正文部分进行分析，所以收集语料时删除了摘要、图表、参考文献等部分。参照 Martin 和 White（2005）对介入系统的分类（图3-1），笔者使用 UAM Corpus Tool 3 分别对中西医论文中的介入资源进行人工标注，并反复检查和校正。第二阶段为数据的说明和分析。通过具体数据的对比与分析，笔者对介入资源在两组语篇中的分布规律进行探讨。为避免因文章长度引起的误差，本研究对两组语料进行了标准化处理。

3.3.2 研究问题

本研究以 Martin 和 White（2005）的介入系统为理论框架，对比分析西医论文与中医论文介入资源的使用情况，拟回答以下两个问题：

（1）西医论文与中医论文中介入资源的分布特点是什么？

（2）中西医论文中多声资源的使用有何异同？

3.4 分析与讨论

3.4.1 中西医论文中介入资源的整体分布

UAM Corpus Tool 3 统计显示，西医论文语料库中介入资源的总数为702 篇，中医论文语料库中介入资源的总数为868 篇，具体分布如表3-1。

结果显示，介入资源在中西医论文中的整体分布情况具有相似性。在两个语料库中，介入资源总体分布不均，多声资源使用比例明显高于单声资源使用比例，表明中西医论文作者在写作过程中多选择使用多声资源引入不同的观点，扩展对话协商的空间以此提高论文的互动性。就多声资源的分项来看，中医语料库与西医语料库相比，收缩资源和扩展资源的使用比例相当；在西医论文中，收缩资源的使用比例高于扩展资源，中医语料库也呈现相似分布特征。这一分布特征说明医学论文作者写作过程中多使用收缩资源限制其他命题，强调自身的研究成果，以使读者信服。同时，他们适当使用扩展资源介入读者，使表达立场的方式更加谦和，以实现学术写作交际的目的。

表 3-1　　　　　　　　　　　**介入资源在中西医语料库中的分布情况**

介入资源	西医语料库		中医语料库	
	频数	比例	频数	比例
单声资源	195	27.8%	290	33.4%
收缩资源（多声）	335	47.7%	419	48.3%
扩展资源（多声）	172	24.5%	159	18.3%
总计	702	100%	868	100%

介入资源在 CWM 和 CTCM 中的分布存在一定的差异。单声资源在 CTCM 中的使用比例为 33.4%，高于在 CWM（27.8%）中的使用比例。在多声资源中，扩展资源在 CTCM（18.3%）中的使用比例低于在 CWM（24.5%）中的使用比例。数据表明，西医论文作者作为本族语者在写作过程中运用修辞策略更加熟练，能够在说服读者信服研究成果的同时与读者建立合适的人际关系。与西医论文作者相比，中医论文作者较多使用单声资源，且扩展资源的使用比例较少，这显示出中医作者更倾向于直接传达自己观点，语气较为生硬，在写作中与潜在读者的对话空间较小，互动性不如西医作者。

3.4.2　中西医论文中介入资源的对比分析

表 3-2　　　　　　　　　中西医论文中多声资源的使用情况对比

多声资源分类			西医论文		中医论文		P 值
			原始频数	标准频数	原始频数	标准频数	
收缩（contract）	否认（disclaim）	否定（deny）	112	2.53	82	1.87	0.044
		反预期（counter）	137	3.10	102	2.33	0.034
	声明（proclaim）	确认（affirm）	3	0.07	0	0	0.252
		承认（concede）	1	0.02	1	0.02	0.484
		宣告（pronounce）	57	1.29	122	2.79	0.000
		支持（endorse）	24	0.54	110	2.51	0.000
扩展（expand）	引发（entertain）		138	3.12	132	3.02	0.825
	摘引（attribute）	中性陈述（acknowledge）	34	0.77	27	0.62	0.466
		疏远性陈述（distance）	0	0	0	0	1

注：P < 0.05 表示有显著差异，P > 0.05 表示无显著性差异。

中西医论文中各类多声资源的使用统计结果见表 3-2。表 3-2 显示，在中西医论文中，否定、反预期、宣告及支持的使用频数经卡方检验 P 值小于 0.05，使用情况在两个语料库中具有显著差异，其中否定和反预期在 CWM 中的使用频率显著高于在 CTCM 中的使用频率；宣告和支持在 CWM 中的使用频率显著低于在 CTCM 中的使用频率。确认、承认、引发、中性陈述及疏远性陈述资源的使用频数经卡方检验 P 值大于 0.05，使用情况在两个语料库中无显著差异。下面笔者将重点对多声介入资源在中西医语料库中使用情况的异同进行讨论。

3.4.2.1　否认资源
在西医论文中，否定（2.53）及反预期（3.10）资源的使用频率明显高于在中医论文中（1.87，2.33）的使用频率。根据 Martin 和 White（2005：118）的观点，否定是将肯定意见引入对话，确认之后再对其进行否定。与中医科研人员相比，西医科研人员更擅长运用这一介入策略来提高论文的说服力，强调自己观点的正确性，以此建立权威。除此之外，西医科研人员还善于运用反预期资源反驳他人观点，提出自己的观点并说服预期读者接受。例如：

a. This trial suggested that prophylactic hypothermia is **not** neuroprotective after severe traumatic brain injury. （来源于CWM）

b. The role of radiotherapy in local control of endo-metrial carcinoma has been firmly established; **however**, external-beam radiotherapy does not significantly improve overall survival in patients with early-stage, lower-risk disease. （来源于CWM）

在例 a 中，西医论文作者通过否定资源"not"明确说明在严重性脑损伤后，预防性低温不具有神经保护作用。在例 b 中，作者运用反预期资源"however"反驳体外放射治疗的作用，即虽然放射治疗在子宫腔内癌局部控制中的作用已牢固确立，但它并不能显著提高早期低风险疾病患者的总体生存率。

造成中西医论文作者在否认资源的使用上存在显著差异的原因是多方面的。首先，受"中庸"传统思想的影响，中医学者在表达观点时较为保守谨慎，运用否定资源及反预期资源以否定另一观点并提出自己的观点对于中医学者来说可能过于激进。其次，中西医的专业特点也是造成这一差异的主要原因。西医注重局部和微观研究，主要体现在其注重微观分解、定量分析、元素分解、实验测定等方式来探究因果关系（宋远斌等，2011）。在西医中，身体的状态可以通过各种量化的指标来反映，西方医学概念因此呈现具体、明晰的特征。因此，在客观数据和事实的支撑下，当其他有异议的声音和立场存在时，西医科研人员能够直接进行否定以扭转预设读者对某一命题或观点的误解，并提出自己的命题。与之相比，中医学的概念常常具有模糊不清、缺乏精确性的特征，这种不确定性也渗透到中医的诊断和治疗当中，进而体现在论文写作中。因此，中医论文作者在写作过程中一般不会直截了当地否定某一命题。

3.4.2.2 **声明资源**

确认和承认同属于赞同资源，在中西医语料库中的使用频率都非常低，使用情况无明显差异。医学论文作为学术论文的一种，严谨性是其重要特征，医学论文语言的严谨性要求推理合乎逻辑，论证要有说服力，论述需客观实际，表达个人观点应实事求是，以理服人（王国建，2008：468），这就要求医学科研人员对自己研究成果的评价一定要符合实际，切勿夸大其词。由于对客观世界的观察和理解并不能达到绝对的准确和正确，所以科研人员在进行论文写作时普遍较少使用赞同资源，展示出中西医科研人员对所述观点或研究成果的严谨态度。

中医学者宣告资源的使用频率（2.79）显著高于西医学者的（1.29）。中医学者在写作时频繁使用宣告资源，限制了与读者的对话空间，突出自己的声音，确立自身的权威地位。但宣告资源的过多使用会显得语气生硬，给人一种过于武断的印象（苗兴伟、雷蕾，2019）。这一差异可能与中医学者的英语水平有关，虽然中医科研人员的英语水平已经达到了一定的熟练程度，但是大部分中医学者没有受过正式的学术英语训练，对于语言修辞策略的认识存在不足，因此，中医学者在进行英文写作时对于对话空间的构建尚不熟练。例：

a. We **found** that both medication and non-pharmaceutical treatment could alleviate pain associated with KOA with longer treatment time. （来源于 CTCM）

在例 a 中，第一人称"we"指代论文作者及其整个研究团队，具有凸显研究成果的作用，隐含作者对研究成果充满自信（李晶洁、侯绘丽，2018），"found"强调研究结果和发现，"we"与"found"的连用鲜明地突出了作者对当前命题的绝对肯定态度，语言较为生硬。

支持资源在中医语料库中的使用频率（2.51）显著高于在西医语料库中的使用频率（0.54）。适度运用支持资源引入外部权威声音以对命题进行支撑可使论文避免主观性，提高说服性，降低话语风险。但中医作者频繁使用支持资源引入其他观点，造成了观点的大量堆砌，掩盖了自身的立场和观点，违背了学术论文简洁凝练的特点。例：

> b. Earlier research of our group proved that a fixed concentration of moxa smoke was safe. Moreover, John Wheeler compared moxa smoke with cigarette smoke and **found** levels of only two volatiles produced were equivalent or greater than the safe exposure levels. A study in Japan **showed** that quantities of harmful substances released upon combustion of moxa during normal clinical therapy in Japan fell below national safety standards. Korean researchers **found** that the CO/NOx/VOC level of moxa smoke remained within safe limits. （来源于 CTCM）

该篇中医论文主要是为了说明艾灸治疗在临床环境中具有安全性，作者引用了多项研究成果来支撑自己的观点，但是过多的引用拉长了论文的篇幅，给人以语言冗繁的印象。

支持资源使用上的差异可以追溯到中西方思维方式上的差异。西方国家开放的海洋型地理环境孕育了勇于冒险、敢于挑战的海洋文化，形成了西方人开放型的思维方式。而中国半封闭的大陆地理环境及长期"大一统"的社会环境塑造了中国人内向自守的民族性格，因而他们倾向于内向性的思维方式（连淑能，2002）。这种思维方式致使中医学者在写作时追求稳定，怯于突破，因此大量运用支持资源引用第三方观点支撑自己的命题，降低自身的话语风险，规避责任，使命题看起来更具有权威性和说服力。

3.4.2.3 引发资源

由表 3-2 可知，中西医论文中引发资源的使用频率均较高，使用频率无显著差异。统计结果显示，中西医论文中使用频率最高的引发资源均为情态动词（例：may, might, should, could 等）和表示可能性的词（例：likely, possible 等）。在学术语篇中，通常情态动词蕴含的研究结果尚未得到学术社团的认可，也展现出作者的谦逊和对潜在读者的尊重（Myers, 1989；Hyland, 2000）。情态动词和可能性词的使用有助于帮助中西医作者在表达观点时从怀疑的角度出发，避免过于武断；除此之外，引发资源的使用还表明中西医作者愿意接受其他观点，扩展了可协商的空间，与读者建立了平等友好的关系。例：

a. The incidence of UC has increased significantly in recent years, **probably** due to changes in life style and dietary composition. （来源于 CTCM）

b. However, prophylactic hypothermia **may** contribute to coagulopathy, immunosuppression, bleeding, infection, and dysrhythmias after trauma. （来源于 CWM）

在例 a 中，probably 表示作者推测生活习惯和饮食结构的改变是溃疡性结肠炎的发病率显著增加的原因，但作者并不否定其他原因的存在，拓展了对话的空间。在例 b 中 may 的使用表示作者对预防性低温所引发的副作用并没有做肯定陈述，体现了作者阐述观点时谦虚的态度。

3.4.2.4 **摘引资源**

中性陈述资源与疏远性陈述资源在两个语料库中的使用频率都较低，使用频率无明显差异性。中性陈述指引入语篇之外的声音，仅表示某命题存在，不表明态度，可见中西医作者在写作的过程中把话语权掌握在自己的手里，较少使用带有中性意义的介入资源。中西医论文中都没有使用疏远性陈述，反映出中西医作者都聚焦于自身的研究而并非对他人的研究结果进行验证和反驳，也展示了中西医作者谦逊的态度，避免对他人的观点进行批评和否定。

3.5　小结

本章以 Martin & White（2005）提出的介入系统为理论框架，采用语料库对比的方法对中西医论文中介入资源的使用情况进行分析。研究发现：首先，从整体上来看，中西医论文中介入资源的分布具有一致性，多声资源在两个语料库中的使用频率均明显高于单声资源；在多声资源中，收缩资源的使用频率明显高于扩展资源的使用频率。其次，通过对比发现，否定和反预期在西医语料库中的使用频率明显高于在中医语料库中的使用频率；宣告和支持在西医语料库中的使用频率明显低于在中医语料库中的使用频率；确认、承认、引发、中性陈述和疏远性陈述在两个语料库中的使用无明显差异。最后中西医论文中介入资源使用差异源于中西医作者英语水平、思维方式及中西医专业特点的不同。与本族语作者相比，大多数中医作者未接受过专业的英语学术写作的训练，对论文互动性的把控不够熟练，因此，语气有时较为生硬，所构建的对话空间有失得当。另外，受海洋文化的影响，西医作者在表达立场时更加直接、开放；而中医学者受半封闭大陆文化及传统儒家"中庸"思想的影响较深，在表达观点时较为谨慎，怯于挑战。除此之外，西医理论系统开放，以实体模型方法为基础，因此西医作者构建的对话空间更为平等，表达立场时更加客观。而中医学理论自成体系，且中医概念常常缺少具体指向性，导致中医学者在写作时态度较为保守。有鉴于此，中医论文作者在用英语撰写论文时需要注意到与西医论文在介入资源使用上的差异，提高语言修辞策略的运用能力，使学术语言更加符合国际规范。

第四章　中外学者期刊论文引言部分词块对比研究

4.1　引言

引言部分是论文正文的开端部分，这一部分在引导读者掌握论文主体详细内容的同时，帮助读者确立论文的整体视角（Weissberg & Burker，1999：20）。引言部分在论文中发挥着独特的作用，包括确定研究目的、综述研究现状、发现研究不足并提出改进方式等。引言部分的作用不可替代。但是在写作过程中，非本族语者对引言部分的写作感到更加困难（Flowerdew，1999）。不仅对于非本族语者，对本族语者而言引言部分的写作也容易产生问题（Swales & Feak，2004）。此外，中国学者对国际期刊论文的体裁结构了解较少，在国际期刊写作中与本族语者存在一定差距。有学者对国内外英语学术论文的语步结构进行对比分析，发现两者各自的特征以及差异所在有利于提高中国学者的写作水平（钱丹凤、潘璠，2014）。对引言部分写作模式的构建也能帮助国内外学者在构建学术语篇时更加得心应手。

由于引言部分在整个学术语篇中发挥着引领作用，而国内外学者在引言部分的写作中常常遇到困难，因此，部分学者对这一部分的语步模式以及撰写步骤展开了深入研究。Swales（1990）针对引言部分的写作提出了"Create a research space"（建立研究空间，以下简称CARS）这一语步分析模式，该模式是 Swales 经由"四语步"（4-move）模式发展而来的。1981年，Swales 对比分析了来自多个领域的 48 篇英文学术论文的引言部分，并提出一种借助语步分析语篇的方法——"四语步"模式。"四语步"模式首次从宏观的角度把学术语篇引言部分的写作方式划分成四个"语步"，每个语步又下分为数量不等的"步阶"（steps）。但是，该模式在被广泛应用的同时也受到了部分学者的质疑。1990 年，Swales 对"四语步"模式加以改进，提出了 CARS 这一引言写作模式。该模式一经提出，国内外学者便运用这一模式从不同角度对学术语篇进行了结构分析。Taylor & Chen（1991）从语言和文化的角度探讨了英语本族语学者的英语论文、国内学者的英语和汉语论文的语篇结构，发现这三类论文虽然有潜在的共同结构，但是它们均有偏离该结构的现象。杨瑞英（2006）运用体裁分析法从交际意图及修辞目的两个角度分析了应用语言学领域实证性和非实证性学术语篇在宏观及微观结构上的异同，发现两类文章在宏观结构上包括不同的语篇结构，且应用语言学学术论文在语篇结构上有其独特性。上述研究虽然从多个方面借助 CARS 模式对学术语篇开展了结构研究，但多数研究将重点聚焦于引言的宏观结构以及语步的修辞功能，没有拓展到具体的语言特征层面，未将语步与语言特征相结合，从微观的角度分析语步模式。然而，研究引言部分所包含的短语学特征对于分析引言部分的语步模式及语篇结构也有着重要的意义。

随着语料库语言学的发展，词块这一语言研究单位的概念也随之出现。词块是指在自然语言中高频复现的多词序列，它可作为整体应用于各种文体中，进而有效地提高语言处理的效率和表达的流畅性。词块兼备词汇和语法功能，在文本中起到重要的衔接作用，而修辞语步作为话语结构的一部分对文本建构起到举足轻重的作用（Biber et al.，2007：12）。词块在所在语步中起到标记作用（Cortes，2013：35），用来帮助所在语步实施交际功能（Thi & Harrington，2015）。因此，将语步分析与词块这一微观语言特征相结合，能够更加详尽地进行文本分析，提高国内外学者的学术写作水平。国内外学者对学术文本开展了不同角度的词块研究，但很少将词块与引言部分的各个语步及步阶联系起来开展研究。此外，现有的对学术语篇中的词块研究大多聚焦于词块的分布规律，对词块在语篇中的结构和功能分析也比较单一，而评价理论可以为词块的功能研究提供恰当的参照框架。评价理论是基于人际意义的系统资源，为作者提供了构建读者群体的语言资源。作者使用评价性语言表达自己的观点和立场，同时期望读者分享、认同自己的观点。在评价理论中，评价手段是作者主观态度的语言表现形式，而在语言表现的三个层次中，词汇语法层处于表达层面（音系层）和内容层面（语义层）之间，在这一界面上，意义与表达之间不再一一对应，同一评价意义可以由多个语法范畴甚至语法隐喻来体现（Martin & White，2005）。词块具有单词和句子的双重特性，同时具有一定的语法和语用功能，因此词块作为词汇语法层的评价性语言资源，成为考察语篇评价意义的最佳研究对象。学者可以通过词块的评价功能表达语义层面的评价意义，因此，词块是作者在学术语篇中表达态度与判断的重要载体（房红梅，2014）。学术语篇是作者展示研究成果和表达自身观点的产物，是作者借以说服读者接受文中论点以赢得学界认可和赏识的载体。在学术语篇写作中，恰当地使用词块的评价性功能会提升学术语篇的说服力，使作者可以有意斟酌如何表达立场以及怎样引导读者理解语篇。因此，恰当使用不同评价功能的词块在学术语篇写作中起着举足轻重的作用（Hyland，2008）。

　　近来，国内学者也对词块的评价性功能进行了研究。梁茂成（2008）借助语料库的方法，从情态序列出发，对中国非英语专业学习者书面语中所使用的情态动词及其情态意义进行了研究，发现情态动词的使用存在不均衡现象，且学习者对情态动词的使用倾向也有所不同，这与学习者的写作水平有关。此外，学习者所使用的情态序列多呈现叙事性而缺乏评价性。张霞（2010）研究了中国高级英语学习者的词块使用情况，分别从宏观和微观两个角度分析了学习者和本族语者使用功能性词块的趋势、功能及分布的交互数据，发现了学习者和本族语者在功能性词块使用上的差别以及使用时的不同位置偏好，最后探讨了研究结果在教学实践中的应用。卫乃兴（2011：216-231）借助上海交通大学学术英语语料库从宏观角度对词块的意义及功能进行研究，并将词块划分为命题性词块、立场性词块和组织性词块。赵丽珠（2018）分析了自建语料库中出现频率最高的评价性词块，发现了中国学者和本族语学者在评价性词块使用上的不同特点，为中国作者的学术论文写作提供了参照。

综合前人研究，引言部分在学术语篇中独特的作用以及写作的难度引发了众多中外学者的关注，而 Swales（1990）提出的 CARS 模式对引言部分的写作以及语篇结构的分析具有重要的意义，因此，国内外学者借助这一模式进行了不同角度的研究，但这类研究多从宏观角度分析语篇，存在一定的局限。词块作为微观的语言研究单位，是词汇和语法的结合体，也是衡量学术写作水平的一个重要标杆，能够弥补语篇宏观研究的不足。目前国内外学者开展的词块研究多集中于词块的分布规律，对词块在语篇中所承担的功能研究较为缺乏，关于词块评价性功能的研究更是少之又少。因此，将引言部分各语步与评价性词块相结合可以更好地了解特定语步的语言特征及功能。鉴于此，本章将 CARS 模式与评价性词块相结合，旨在探究引言部分各语步词块的结构特征以及词块所承担的评价性功能。本章主要回答的问题包括：

（1）在学术语篇中，中外学者在引言部分高频使用的学术词块在结构上有何异同？

（2）中外学者在引言部分高频使用的学术词块所表达的语篇评价意义有何差异？

4.2　相关研究综述

4.2.1　CARS 模式

针对引言部分的写作，体裁分析专家 Swales（1990）在 *Genre Analysis* 一书中最早提出了构建 CARS 模式（create a research space）（见表 4-1）这一想法。2004 年，他对此模型做了进一步修改。此模型把引言部分的写作概括为三个"语步（move）"以及实现这些语步的若干步阶（step）。"语步"即为传递某一交际功能并引导作者写作文章、读者理解文章的修辞结构或修辞模式（Swales，2004）。Swales（1990）指出，在学术语篇中，引言部分包含的三个语步的名称分别为：语步 1（以下简称 M1），确定研究领域，作者通常在该语步中划定研究范围，指出研究主题的重要性；语步 2（以下简称 M2），发现研究领域存在的空白，在这一语步，作者首先发现前人研究未曾涉及的领域以及存在的不足之处，从而为本研究确立依据，奠定研究基础；语步 3（以下简称 M3），弥补目前研究领域的空白或者对本研究进行简要介绍，作者可以通过这一语步指出该研究的价值，或者对该研究进行初步概括。

这三个语步的具体实现，需要由几个必要或者可选的具体步骤来完成，即不同的步阶。M1 有三个步阶（以下简称 S），分别为：M1S1，指出该研究领域有何价值，在这一步阶，作者对研究问题进行介绍，同时指明这一研究领域的意义，因此，这一步阶在学术语篇中必不可少；M1S2，对研究主题进行简述；作者通常在这一步阶描述与研究主题相关的现有知识以及对此达成的共识；M1S3，对前人研究加以梳理，在这一步阶，作者通过对前人研究的梳理，分析与此次研究主题相关的文献，从而发现研究趋势以及不足所在。M2 在引言当中的作用不可或缺，在 M1 和 M3 之间起到承接和过渡的作用，包含两个步阶，分别为：M2S1A，指出现有研究的不足，从而展开质疑，或者 M2S1B，对现有研究进行扩展和补充；M2S2，描述弥补当前研究空白的原因，为该研究提供充分的依据。M3 也有三个步阶，分别为：M3S1A，表明研究目的，或者 M3S1B，介绍本研究，这一步阶是对当前研究的核心描述，因此在引言写作中必不可少；M3S2，指明主要发现；在这一步阶结束后，部分作者可能会循环回第一步阶，也可能进入第三步阶，即 M3S3，描述文章结构。

表 4-1　　　　　　　　　Swales 的 CARS 模型（1990，2004）

语步	步阶
语步 1：确立研究领域	1：表明研究领域的重要性
	2：概括中心议题
	3：综述前期研究
语步 2：确立研究空白	1A：指出已有研究的不足
	1B：对已有研究进行扩展补充
	2：提供填补空白的理由

续表

语步	步阶
语步 3：占据研究空白/介绍本研究	1A：介绍研究目的
	1B：介绍本研究
	2：介绍主要发现
	3：表明文章结构

CARS 模式自提出以来，国外学者从不同角度对其加以运用，主要集中在两个方面：对不同学科学术语篇的研究以及对比英语和非英语学术语篇之间的语步结构差异。Samraj（2002）研究了生物学学术论文引言部分的语步结构，发现 *Conservation Biology* 和 *Wildlife Behavior* 引言部分的文献综述不仅在第一语步出现还存在于其他语步，从而实现了不同的修辞功能。Ozturk（2007）根据 CARS 模式研究了应用语言学两个子学科——二语习得和二语写作研究之间的差异程度，发现两个分支学科应用了不同且几乎没有关联的语步结构。Anthony（1999）对 CARS 模式在软件工程领域的 12 篇论文中的应用程度进行了评估，发现尽管该模式充分描述了引言的主要框架，但没有考虑到许多重要特征，特别是对文献的简要回顾以及对研究结果应用性的评估。对于英语和非英语学术论文的语步结构差异，Sheldon（2011）关注英语、西班牙语以及西班牙语背景的二语作者的研究论文，使用 CARS 模式聚焦引言部分的语步和步阶，结果表明，英语语篇高度契合 CARS 模式，而西班牙语语篇具有特定的文化和写作风格，二语语篇存在发展 CARS 模式的倾向。Hirano（2009）借助 CARS 模式对比研究了用巴西葡萄牙语撰写的学术论文引言部分和英语本族语作者所写的论文引言部分，发现两种学术论文的引言部分在结构上存在明显的差异，即英语本族语作者学术语篇的引言部分与 CARS 模式接近，90%的语篇包含三个语步，而 70%的巴西葡萄牙语学术语篇的引言部分不包含第二个语步。

CARS 模式不局限于引言部分的语篇分析，在分析学术语篇的其他部分如摘要部分（Hyland，2000；Samraj，2005）、结果部分（Brett，1994；Williams，1999）和讨论部分（Holmes，1997）时，学者也可以借助该模型。鞠玉梅（2004）分析比较了英汉应用语言学论文摘要的语步结构，认为汉语摘要比英语摘要更加简单。在英语摘要中，引言、方法、讨论和结果四个语步出现得较为平均，但汉语摘要则只侧重方法和结果这两个语步。姚俊（2010）研究了 80 篇英语专业毕业论文摘要的语篇结构，发现中国学生的摘要结构在一定程度上体现出母语体裁结构的影响，而且他们的语言形式也体现出中国的写作传统。此外，Yang & Allison（2003）借助 CARS 模式分析了 20 篇应用语言学期刊论文语篇结构，提出了评价结果语步的四步骤模式，他把这一语步划分成"理解结果""比较文献""解释结果"和"评价结果"四个步骤。其中，评论结果语步是必要语步，承担讨论最核心的交际目的。姜亚军、赵明炜（2008）借助 Hyland（2004）提出的摘要语步模式，分析了国内英语语言文学和应用语言学专业的硕士、博士论文致谢部分的语步结构，结果表明硕士、博士学位论文基本上符合 Hyland（2004）提出的语步模式，但是在某些方面仍存在一定差异。

4.2.2　词块

　　词块介于搭配和固定习语之间，是在口语或笔语中高频出现的多词序列，它不同于一般意义上的"搭配"（Biber et al.，1999）。它的搭配在形式上较为灵活，通常由一定跨距内的两个或者多个词构成，不一定连续，各成分之间存在一定的句法关系，如"take... bus"（卫乃兴，2002）。词块是包括功能词在内的一个相对连续的语言使用单位，长度或结构相对灵活，在语言使用中同现频率高、分布广，具有像单个词一样的作用和功能特征，是语言社团在给定的语境中表达特定意义或功能的手段，如"take it easy"（Boyatzis et al.，2002）。作为语料库驱动下的短语学研究，词块与其他"搭配"的区别在于：一般意义上的搭配具有相对灵活的形式，通常是指某一特定跨距内的两个词，这两个词在句法上有一定关系，但在形式上不一定连续。而词块这一多词序列则要求固定的词序，词的排列形式需要连续。同时，词块也具备单个词所具有的词性特征，发挥相应的语言作用。当多词序列的复现频率达到特定的标准时，才可界定为词块（卫乃兴，2002）。Biber 等（1999）将词块的复现频率界定在每百万词十次以上，并且分布的范围大于五个文本。词块作为语篇构建的基本单位，是衡量学习者短语能力乃至整个语言能力、语用能力的重要依据，在学术写作中承担着重要的语篇功能。研究显示，作为整体储存、识别和提取的语言单位，词块是预测写作水平高低的指标之一，也是区分学术新手与专家作者的标准之一。在特定学科群体中，是否掌握恰当使用特定学科中代表性词块的能力是区别专家与新手的重要标准（Haswell，1991；Hyland 2008），恰当地使用词块也会提升学术语篇的说服力（胡元江，2011）。

在对不同结构和功能词块的使用上，本族语学习者和非本族语学习者之间存在许多差别，并在很大程度上影响着学习者语言产出的质量（Chen & Baker，2010）。此外，部分学者指出，不同学习水平的作者在进行写作时，使用的词块在结构和功能层面都存在差异（Römer，2009）。学者从结构、功能等层面对词块进行了分类。Nattinger & DeCarrico（1992）在结构层面将二语预制语块划为四类，分别是多元词语块（Poly-words）、习语语块（Institutionalized expressions）、短语类语块（Phrasal constraints）和句子构建语块（Sentence builders）。Lewis（1997）进一步从结构及功能层面将语块归为五类，分别是聚合词、搭配词、惯用话语、句子框架和引语。

Biber 等（1999）对词块进行的结构分类获得了众多学者的认同，故而本研究也将采用这一框架对词块进行结构划分。Biber 等（1999）从结构层面将词块划分为 12 类（见表 4-2）。在对词块进行分类后发现，词块在结构上最典型的差异存在于小句类词块以及短语类词块之间。小句类词块（包括简单动词短语和以主句、非独立主句开头的词块）多出现在口语当中，而短语类词块（包括以介词短语、关系从句开头的名词短语和以介词短语开头的介词短语）则多出现在书面语中。因此，按照词块结构对不同群体作者所使用的词块进行分析可以发现不同群体作者的写作特征，从而帮助二语学习者提高学术写作水平。在对词块结构进行划分之后，Biber 等（2004）又从功能层面对词块进行了划分。按照这一划分标准，词块的功能分别有立场表达、语篇组织及指代表达。在对词块进行功能分类后发现，不同语域的词块之间呈现出不同的功能特征，其中，立场词块更多地出现在口语表达当中，而指代词块则多用于书面语中。在 Biber 等（2004）的词块功能分类基础上，Hyland（2008）进一步按照功能标准将词块划分为研究型、文本型及参与型三类。在对词块进行功能分类后，Hyland 发现不同水平的写作群体之间对词块功能的使用有所差异，其中，学习者偏重于使用研究型词块，而期刊论文作者侧重于文本型词块的使用。这些研究再次印证了不同语域、不同作者群体之间都存在词块的结构及功能性差异。

表 4-2　　　　　　　　　　学术语篇中的词块结构分类

序号	分类	所属范畴	
1	名词短语+of 短语	名词词块	短语类词块
2	名词短语+其他后修饰语		
3	介词短语+嵌带 of 短语	介词词块	
4	其他介词短语		
5	先行词 it+动词短语/形容词短语	动词词块	从句类词块
6	被动词+介词短语		
7	系动词 be+名词短语/形容词短语		
8	动词短语+that 从句		
9	动词/形容词+to 从句		
10	副词从句	其他词块	
11	代词/名词短语+be		
12	其他形式		

国内学者也对不同作者群体的词块使用结构及功能进行了研究（王芙蓉、王宏俐，2015；杜泽兵，2016；赵丽珠，2018 等）。胡新（2015）研究了期刊论文英文摘要各语步上高频出现的三词词块，在体裁分析理论和语料库驱动的短语学框架下，借助中介语对比分析法分析了中国作者和本族语作者在各语步上使用的词块有哪些结构及功能差异。李梦骁、刘永兵（2017b）对中国学习者和本族语学者期刊论文结论部分各语步上使用的四词词块的结构和功能进行了对比分析，研究发现了各语步上词块的不同特征，这对优化学习者的学术写作水平有所帮助。李梦骁、刘永兵（2017a）在评价理论指导下对比了评论结果各语步中各高频词块在结构和评价作用方面的异同，研究发现了中国学者在词块结构和语篇评价方面存在的不足。潘璠（2016）在 Biber 等（1999）的结构框架及 Hyland（2008）的功

能框架的指导下，比较了中国作者和本族语作者期刊论文中的四词词块，发现了词块在结构及功能上的不同特征，研究结果对中国作者的期刊论文写作具有指导作用。高霞（2017）研究了四个学科中中国学者和本族语学者学术论文中四词词块的差异，从数量、种类、结构、功能等方面探究了词块特征，发现词块的使用具有跨学科特征，且学科因素比作者的语言因素对词块的选择作用更大。

在学术语篇里，词块的功能还包括自身在语篇中所发挥的评价意义。作者能够运用评价性词块里的一些核心词汇来描述对事物、现象等价值的看法，包括形容词（如 difficult、worse 等）、动词（如 believe、strengthen 等）以及名词（如 happiness、improvement 等）（赵丽珠，2018）。因此，词块在语篇中所发挥的评价功能可以帮助学者判断语篇的评价意义。Martin & White（2005）所提出的评价理论包括态度、介入及级差三个次系统。其中，态度系统又包括情感、鉴赏及判断三个子系统，与说话人的感情，包括情绪反应、对行为的判断以及对事物的评估有关；介入系统包含自言和借言，指的是说话人态度的来源和语篇中的不同意见及声音；级差系统分为语势和聚焦两个子系统，指的是可分级性，可以判断评价程度的高低、情感的强弱、范畴边界的清晰度等（Martin & White，2005：34-38）。本章在对词块所承载的评价意义进行分析时，将按照评价理论所包含的三个次系统以及下分的各个子系统，对词块按照不同的评价性功能进行划分。基于评价理论的研究大多是通过判断词汇以及语法形式在语篇中所呈现的评价资源，并以此来推断说话者对事件所持的看法、立场或者态度（许家金，2013）。在三个子系统中，态度这一评级功能的实现主要依靠单词，而介入系统和级差系统则可以通过词块这一语法形式体现出来。因此，出于本章对词块评价性功能的研究需要，排除态度系统，仅将级差系统和介入系统纳入分析框架。

本章基于 Martin & White（2005）所提出的评价理论构建了学术词块功能分析框架（见表4-3），从评价性功能的角度对词块进行划分的同时，还需要将 Martin & White（2005）所提出的评价理论与词块在构建语篇时发挥的功能相结合，从而发现词块在语篇当中所承担的评价功能，以此从微观角度出发来研究语篇所呈现的评价意义。因此，本章根据实际需要对 Martin & White（2005）所提出的评价理论做出修改。级差系统包括语势和聚焦两个子系统。其中，语势涉及质性、可能性以及过程等的程度，此外，还有数量、大小、分布以及远近等表示量化的表达；聚焦则是根据典型性或精确性对级差加以把握。因此，本章从级差系统分裂出表示量化特点的数量词块以及指示时间和位置远近的指示词块。除此之外，根据李梦骁、刘永兵（2017a）在对中外学者期刊论文评价结果语步的词块进行评价功能分析时所提出的内容，在数量词块和指示词块的基础上增加表示对研究对象等进行概括的描述词块以及对命题实现的条件进行限定的限定词块。介入系统包括接纳、宣言以及否认三个子系统。其中，接纳代表个人所持的主观看法，说话者承认自己的想法只是代表了某种可能性，接受不同的意见；与接纳相反，宣言代表说话者坚持自己看法的合理性，拒绝接受不同的想法；而否认则是通过某种语言来描述与自己对立的某种看法。同样，本研究在介入系统子系统接纳、宣言的基础上，增加 Simpson-Valch & Ellis（2010）所提出的帮助读者理解语篇、为读者提示重要内容的引导词块，以及为保持语篇连贯而运用衔接手段的逻辑词块。最终，为探究词块这一语法形式在语篇中所承担的评价功能，本章构建的学术词块评价功能分析框架如表4-3所示。本章将借助这一分析框架，对中国学术语篇与本族语学术语篇中引言部分各语步中出现的典型词块所承担的评价功能进行对比分析。

表4-3 **学术词块评价功能分析框架**

子系统	词块范畴	定义	例子
级差	数量	能体现量化特征，例如数量、程度等	a great number of, the extent to which
	指示	标志时间、地点及语篇里的位置	in the context of, in the present study
	描述	研究内容、实体或者抽象概念	the content of the, the use of the
	限定	命题实现的条件、其他有关表述	in terms of the, in the case of
介入	逻辑	要素之间的关系、语篇衔接的标记语	as well as the, it is contrary with
	接纳	立场并非唯一，接纳其他意见	it is possible that, it may be the
	宣言	表达坚定的立场，引出事实等	the fact that the, it is no doubt
	引导	为读者表明理解方式，指出需要聚焦的内容	it is necessary to, the focus of this

4.3 语料采集与分析

4.3.1 语料采集

本章旨在对中国学者与本族语学者的期刊论文引言写作时使用的典型词块加以对比分析。研究自建两个小型语料库，分别是本族语学者应用语言学期刊论文引言语料库和中国学者应用语言学期刊论文引言语料库。两个语料库的语料均从近十年来国内外公开发表的高影响因子应用语言学类学术期刊中选取，以保证本章节特定的学科属性以及语料的代表性。除此之外，本研究所选取的语篇均包含独立的引言章节，即标题为"Introduction"字样，从而确保本章节已经划定的特定语步及其在语篇中所承担的独特的交际目的，尽量保证研究的客观性和代表性。

中国学者期刊论文库中的语料均选自 *Chinese Journal of Applied Linguistics*，收集了 2009—2018 年所有符合要求的学术语篇。该期刊是国内唯一一本刊登有关应用语言学（特别是英语教学理论与实践）研究论文的外语类学术期刊。为满足研究群体的准确性和代表性，中国学者期刊论文引言语料库所选语篇的所有作者均为中国学者，并确认其所属单位（科研单位或高校）位于国内。本族语学者期刊论文引言语料库语料选自 SSCI 检索的应用语言学领域内高影响因子优秀代表期刊 *English for Specific Purpose*、*Journal of Second Language Writing* 以及 *System*，笔者从中随机抽取 2009—2018 年符合要求的学术语篇中的引言部分。同时，为保证对比语料的说服力，本族语者语料库所选论文的作者姓名均包含英语本族语国家的姓名特征，且所在大学或科研机构位于英语本族语国家。语料选取标准符合本章节特定学科（应用语言学）、特定语域（期刊论文）以及特定语步（引言部分），尽量避免干扰因素对研究结构准确性造成的影响。笔者截取保留符合要求的期刊论文中的引言部分后，对文本进行人工整理，删除语料中的图表、摘引、脚注等对词块提取产生干扰影响的部分，从而获取相对整洁的文本。为了增强中国学者期刊论文库和本族语学者期刊论文库的可比性，在选取语料时尽量保证两个语料库在库容上相似，形符数和类符数大概接近。因此，为达到本章节的研究需求，两个对比语料库的库容分别为：中国学者期刊论文引言语料库包含 281 个文本，形符数为 137444 个，类符数为 9427 个；本族语学者期刊论文引言语料库包含 170 个文本，形符数为 137565 个，类符数为 8916 个。

4.3.2　词块提取与分析

语料库建成之后，从中提取适当的词块以供研究。由于词块的长度各不相同，为保证本章节选取词块的代表性，需要对词块的长度按照一定的标准进行筛选。多词语言序列一般介于二词和六词之间，在结构上，四词词块包含了二词和三词词块，占据了一定的优势；在数量上，四词词块又多于五词和六词词块，能够保证研究所需的样本数量（Cortes 2004）。因此，选取四词词块进行研究分析具有较强的可行性。Hyland（2008）曾提出相似的观点，四词词块的出现频率要远高于五词词块，而且四词词块的结构和功能要比三词词块更为清晰。因此，出于数量和结构、功能的要求，四词词块更适合作为本研究的分析对象。综合考虑，本章选取词块的长度标准界定为四词词块，在用 AntConc 3.5.7 对两个对比语料库进行词块提取时，将词块的长度固定在四词词块上。

为保证本研究的科学性，除了需要考虑词块的长度外，还需要对词块出现的频率以及在语料中分布的广度进行限制，从而避免所选词块受到某一特定话题和个人写作风格的影响。孙凤兰（2015）提出，在使用语料库的方法提取高频词块时，应该以词块的复现频率以及分布情况为衡量标准。因此，在提取词块时，本章将频率阈值和分布广度作为参考标准，从而保证所得词块的典型性及代表性。Biber 等（1999：992）发现，在每一百万词中至少复现十次，且在五个及以上不同的文本中出现的三词及以上词块在文本中相对稳定地存在，语义也更加固定。Chen 和 Baker（2010）进一步指出，将截点频数（threshold frequency）设定在 20 次每百万词较为客观。因此，本章综合前期研究，将词块提取的频率阈值设置在 20 次每百万词，并采取 Biber 等（1999）的标准将词块的分布广度（dispersion threshold）设定为同时出现在五个文本及以上。在词块提取前，对词块长度、频率阈值及分布广度进行把控，能够提高所得数据的客观性和说服力。

　　将词块提取的标准设置好之后，借助软件 AntConc3.5.7 对两个语料库中的四词词块进行提取，同时根据规定的频率阈值和分布广度对所得词块进行筛选，对重复出现的词块进行排查删除后，按频率大小降序排列得到符合标准的四词词块列表，即标准化频率大于 20 次每百万词且分布在五个以上不同文本中的四词词块。此外，某些专有名词以及过度语境化的词块也需要辅以人工筛查，如"Second Language Acquisition（SLA）"等，最终得到符合研究需要的词块列表。研究还需要按照结构和功能两个范畴对所得到的目标词块进行归类，并将各词块具体到语境中进行逐一判断和协商，以确定各词块在引言部分中的具体位置即处在哪一具体语步以及承担的相应语篇评价功能，从而得到研究所需的数据。

4.4　结果与讨论

4.4.1　语料库词块列表对比

　　根据已经设置的标准，借助 AntConc3.5.7 对两个对比语料库中符合标准的四词词块进行提取得到研究所需的词块列表。其中，中国学者期刊论文引言语料库和本族语学者期刊论文引言语料库中符合提取标准，即标准化频率大于 20 次每百万词且分布在五个以上不同文本中的四词词块的数量，分别是 125 个和 122 个。然后，对这些词块进一步筛选，将专有名词以及高度依赖语境的词块进行排除，最终得出符合研究目标的词块。中国学者期刊论文引言语料库中符合标准的词块有 114 个，本族语学者期刊论文引言语料库中含 105 个。对比语料库中的词块数量，发现中国学者在撰写论文时存在比本族语学者使用更多的四词词块的倾向。Hyland（2008）提出，写作经验较少的作者在进行语篇构建的过程中会更加倾向于程式化的表达方式。Staples 等（2013）也提到了这一观点，认为非本族语学者在写作过程中会比本族语学者更多地使用词块。这也与本章提取出的词块数量相吻合。然而，词块数量的差异只能说明浅层问题，要挖掘两个词块列表的深层规律，还需要对列表进行详细分析。

通过初步比较两个对比语料库中所提取出的词块列表，发现两个对比语料库的词块列表中有 33 个相同的词块，这在中国学者期刊论文引言语料库中占据了 28.95% 的比例，而在本族语者期刊论文引言语料库中的占比为 31.43%。随后，本研究借助对数似然率对两个词块列表中同时出现的词块在对比语料库中的出现频率进行了显著性检验。结果显示，33 个相同词块中只有六个词块在使用频率上存在显著性差异，其中，"in the process of、as a foreign language、the extent to which" 三个词块在 p＝0.01 时呈现显著性差异；另外，"of English as a、on the basis of 和 in the context of" 三个词块在 p＝0.05 时呈显著性差异。中国学者和本族语学者对这些词块的使用频率有所差异，其中，中国学者对 "in the process of、as a foreign language、of English as a、on the basis of" 四个词块的使用频率显著高于本族语学者，而本族语学者对 "the extent to which 和 in the context of" 的使用频率则显著高于中国学者。这六个词块在使用频率上存在显著性差异，可见中国学者与本族语学者在小部分相同词块的使用上存在一定的差异。此外，两个语料库中剩余词块在使用频率上未见显著差异，即中国学者和本族语学者在使用词块时有着共通之处。两个对比语料库中有 70% 左右的词块都只出现或低频出现在某一个语料库中，由于高频列表中的相同词块只有 33 个，提取得到的两个词块列表还是呈现较为强烈的个体特征。也就是说，在进行学术英语语篇构建的过程中，确切到学术语篇的引言部分，中国学者和本族语学者在某些词块的使用上存在共同点，同时也呈现一定的差异。

4.4.2　词块结构对比分析

Biber 等（1999）将词块结构进行了分类，将词块的结构归纳为基于名词短语的词块（名词短语+of 片断、名词短语+其他后置片断）、基于介词短语的词块（介词短语+嵌套 of 的短语、其他介词短语）、基于动词的词块（先行词 it+动词短语/形容词短语、被动动词+介词短语、系动词 be+名词短语/形容词短语、动词短语+that 从句、动词/形容词+to 从句）以及其他词块（副词从句、代词/名词短语+be 动词、其他形式）四个范畴。本章即参照这一分类标准，同时，为了对词块列表中某些界限模糊的词块进行更加精确的划分，研究在 Biber 等（1999）的结构分类标准的基础上，附加 Chen & Baker（2010）的分类依据，在原有的基于动词的词块下分的五个小类的基础上增加一个小类，即含有主动动词的动词短语。研究也延续词块结构的这四个范畴（即名词词块、介词词块、动词词块、其他词块）对提取得到的词块进行结构上的划分，统计两个语料库的词块列表在各个范畴下出现的类别和频率，然后使用对数似然率对其进行显著性检验，从而得出两个词块列表在某一特定的词块类别和词块频率上是否存在显著性差异。

表 4-4   **对比语料库中词块结构的分类情况**

结构范畴	结构类型	类别			频率		
		中国学者	本族语者	Sig.	中国学者	本族语者	Sig.
基于名词短语的词块	名词短语+of 片断（例如 the name of the）	25	32	0.393	170	249	0.000**
	名词短语 + 其他后置片断（例如 the relationship between the）	7	8	0.826	52	121	0.000**
基于介词短语的词块	介词短语 + 嵌套 of 的短语（例如 in the form of）	14	19	0.415	156	163	0.828
	其他介词短语（例如 at the same time）	27	23	0.525	252	219	0.083
基于动词的词块	先行词 it+动词短语/形容词短语（例如 it is difficult to）	4	1	0.159	33	10	0.000**
	被动动词+介词短语（例如 can be seen in）	7	3	0.189	41	18	0.002**
	系动词 be + 名词短语/形容词短语（例如 is due to the）	1	1	0.984	12	6	0.142
	动词短语+that 从句（例如 we think that the）	0	1	Null	0	5	Null
	动词/形容词+to 从句（例如 decide to find out）	10	2	0.014*	68	17	0.000**
	含动词主动动词的动词短语（例如 this study focuses on）	7	6	0.754	52	36	0.072
其他词块（例如 as well as the）		12	9	0.483	96	70	0.032

续表

结构范畴	结构类型	类别			频率		
		中国学者	本族语者	Sig.	中国学者	本族语者	Sig.
	总计	114	105	0.451	932	914	0.401

注：**是指在 p=0.01 时显著，*是指在 p=0.05 时显著。

观察表 4-4 可以发现，中国学者和本族语学者在使用不同结构范畴的词块时存在一定差异，其中在某些特定类别的词块使用上呈现显著差异。从词块类别来看，中国学者和本族语学者在"动词/形容词+to 从句"这一类词块的使用上存在显著差异，而其他结构类别的词块则未见显著差异。对于词块使用的频率，在基于名词短语的词块这一范畴下的两个类别的词块使用上，中国学者和本族语学者之间都存在显著差异，本族语学者对这一结构范畴中的词块的使用频率显著高于中国学者。此外，在基于动词词块的范畴中，中国学者和本族语学者在"先行词 it+动词短语/形容词短语""被动动词+介词短语""动词/形容词+to 从句"三种结构类别的词块使用上都存在显著差异，且中国学者的使用频率显著高于本族语学者。

此外，根据表 4-4 的数据，本研究还对词块类别和词块数量在词块总量中占据的比例进行计算，得出词块结构的各个范畴和小类在词块列表中所占的比重（见表 4-5）。对中国学者和本族语学者在使用词块时所呈现出的差异进行对比之后，发现了两个不同的学术群体在进行语篇构建时所呈现的不同特征。中国学者和本族语学者在不同结构词块使用上的类别、频率差异以及各结构范畴占词块总量的比例特征均符合前人研究的一些结果。Biber 等（1999）认为，短语类词块和小句类词块在最大程度上显示出词块的结构性差异。其中，名词类词块和介词性词块是短语类词块的重要组成部分，而动词类词块则在小句类词块中占据较大比例。表 4-4 还显示，在词块使用的结构性差异中，基于名词短语的词块（即名词性词块）以及基于动词的词块（即动词性词块中的部分类别）的使用频率在两个语料库间均存在显著性差异。因此，在引言部分的写作中，中国学者和本族语学者也展现出不同的写作习惯和写作倾向。

表 4-5 对比语料库词块结构范畴比例

结构范畴	类别（%）		频率（%）	
	中国学者	本族语者	中国学者	本族语者
基于名词短语的词块	28.07	38.10	23.79	40.48
基于介词短语的词块	35.96	40.00	43.84	41.79
基于动词的词块	25.44	16.19	22.08	12.25
其他词块	10.52	5.71	10.29	5.47
总计	100	100	100	100

中国学者使用名词性词块的类别和频率均低于本族语学者，同时使用介词性词块的类别也低于本族语学者（见表 4-5）。在短语类词块结构的使用类别上，中国学者期刊论文引言语料库中的使用类别占所提取词块总量的 64.03%，比本族语学者的短语类词块的使用类别比例低了 14.07%。在短语类词块结构的使用频率上，中国学者使用的短语类词块频率占所提取词块总数的 67.63%，比本族语学者的比例低了 14.64%。因此，在使用不同结构的词块进行语篇构建时，中国学者对短语类词块的使用类别及频率都低于本族语学者。然而，与短语类词块使用的特征不同，两类学者群体在进行语篇构建时使用的从句类词块体现出相反的趋势，即中国学者在写作过程中比本族语学者使用更多种类和数量的从句类词块。此外，在动词性词块结构的使用类别上，中国学者使用的动词性词块类别占所提取词块总量的 25.44%，比本族语者的使用比例高了 3.36%。在动词性词块结构的使用频率上，中国学者的使用频率占所提取词块总量的 22.08%，高于本族语者的使用频率（12.25%）。

Halliday（1989）提出，相较于其他结构的词块而言，短语类词块一般会承担更大的信息量。因此，在同等文本长度的语篇中，当某一篇文本所包含的词块大多为短语类词块时，这一文本的信息密度就相对较大，所承载的信息量也就更大。相反，若某一文本所包含的词块多为从句类词块或其他词块，那么这一文本的信息密度就相对较小，信息量也就没那么大。期刊论文有其独特的语域特征，相对于其他范畴的文本而言，其篇幅略显短小，语言也极具学术化和专业化，所面对的读者群体通常是某一特定领域内的学者或研究者，这就要求作者调整自身的语言风格以适应期刊论文这一特定语域的特定要求。为了在期刊论文有限的篇幅内向读者传递更加丰富的信息，就需要作者加强自己的语言密度，让语言更加紧凑，用相对简短的篇幅表达相对较多的内容。而在各个不同结构的词块中，所承担信息量最大的就是短语类词块，这也就要求作者在写作过程中尽量使用更多的短语类词块来进行语篇构建。通过对比两个语料库中引言部分所出现词块的结构，研究发现本族语学者比中国学者更多使用短语类词块，而且他们对该类词块的使用也更加得心应手（本族语学者使用短语类词块的种类更加丰富）。因此，相对于本族语学者，中国学者在进行学术语篇构建的过程中应该注重加强对短语类词块的使用，使得所构建的语篇更加适应期刊论文的特定要求，更加符合学术语篇的规范。

研究从中国学者期刊论文引言语料库和本族语期刊论文引言语料库中各随机抽取了一个文本，然后对两个文本进行分析（主要关注中国期刊论文引言语料库中的动词性词块的比例以及本族语期刊论文引言语料库中的名词性词块和介词性词块的比例）。观察两个文本可以看出，从中国学者期刊论文库中所抽取的文本包含大量动词性词块。也就是说，这篇论文的引言部分包含较多的从句类词块，对从句类词块的紧密使用使得学术论文引言部分的信息量相对较小，文章内容不够紧凑。此外，引言部分是文章的开端部分，读者期望能够在引言部分迅速捕捉到大量有用的信息。所以中国学者在进行引言部分的撰写时还需要进行改进，做到在有限的文本空间内加大信息量的投放。而从本族语学者期刊论文库中抽取的文本所包含的词块多为名词性词块和介词性词块，即这篇论文的引言部分包含较多的短语类词块，这正是一个文本所含信息量较大的特征，值得中国学者学习。

文本 1（中国学者期刊论文引言部分）：

One of our hypotheses is that the Westernization of college students' values and perceptions may be closely related to their study of English, either consciously or unconsciously. The more time they spend in permeation with English, the more westernized their cultural values may become.

Therefore, the English majors, with more English courses, especially those concerning Western literatures and cultures, and more class hours each week, may become more westernized in terms of thought and behavior. Questions in the two parts of the test are scored in different scales. In Part One which investigates the subjects' background information on English study, points from 1–7 are given for each question according to the different degrees they get contact with English. The more chances they obtain to study English, the higher marks they will get. This part, however, only functions to help us get to know more about the subjects' background. No detailed analysis is involved.

文本 2（本族语学者期刊论文引言部分）：

The two frameworks, negotiation and scaffolding, represent considerably different theoretical orientations towards second language learning, and yet both are found in the description of revision-promoting talk in writing conferences. Negotiation, typically associated with the Interactionist Hypothesis（Long, 1981）, refers to certain tactics used in expert / novice pairs in order to solve communication problems, particularly in the area of conversational management and performed language functions. While the taxonomy of these tactics has grown（see Larsen-Freeman & Long, 1991）, the most common features cited are confirmation checks, comprehension checks, and clarification requests. The use of these tactics stems from the desire for comprehension between interlocutors in spontaneous interaction. They are also thought to promote learning by providing modified input and corrective feedback to increase the learner's ability to notice mismatches between their output and that of the more proficient interlocutor（Schmidt, 1990）. One might expect then to find more negotiation when teachers interact with less proficient learners. Although there is some evidence that negotiation promotes comprehension（Gass and Varonis, 1994, Loschky, 1994, Pica et al. , 1987）, it is harder to substantiate the claim that it directly promotes learning. Nonetheless, negotiation has been observed in writing talk between peers (Mendona and Johnson, 1994, Nelson and Murphy, 1993), learners and tutors in writing centers (Thonus, 1998, Williams, 2002, Williams, 2004), and teachers and learners in writing conferences (Goldstein and Conrad, 1990, Patthey-Chavez and Ferris, 1997) and linked with successful revision. It is not always immediately clear in these studies how negotiation has been operationalized for the analysis of talk or specifically linked to subsequent revision.

Hyland (2004) 还指出学术英语在语篇构建过程中有着独特的表达方式，即倾向于使用名词而非动词来对事件和动作进行描述。因为在对某一事件或者动作用动词进行描述时，根据主述位推进模式的要求，这一事件或动作在句子中只能出现在述位的位置，例如在 "He succeeded in the exam, so he felt so excited." 中，"He" 是主位，而 "He" 发出的动作及其他成分则处于述位的位置。而如果用名词对事件或动作进行描述，这一事件或动作也可以充当句子的主位，如上例可以表达成 "His success in the exam made him excited"。此时，动作化为句子的主位，更加灵活地出现在句子的不同位置上。事件或动作在句子中的位置更加灵活，也就表明了句子中的成分处在更易变通的位置上，这一句子能够表达更多的信息，因此，在描述事件或动作时，在适当的情况下用名词对动词进行替代能够在同样的篇幅中释放更大的信息量，从而提升作者的语篇构建能力，提高学术语篇的质量。而在表 4-5 当中，通过各结构词块所占比例我们不难发现，中国学者比本族语学者更多使用动词性词块而更少使用名词性词块。也就是说，在对事件或动作进行描述时，中国学者不太擅长用名词化的表达来代替动词，这说明较之本族语学者，中国学者的写作不太符合学术英语的写作规范。这一发现也激励着中国学者在学术英语写作中改善自身的写作习惯，提升自身的写作水平。

4.4.3　词块功能对比分析

研究在对两个对比语料库的词块列表进行评价性功能对比分析时，首先对中国学者期刊论文引言语料库和本族语学者期刊论文引言语料库中的语料进行了语步标注。标注后，研究发现两个对比语料库中的引言语料都具备引言部分的第一个语步和第三个语步，即"确立研究领域"和"介绍本研究"两个语步，但部分引言缺失第二个语步，即"确立研究空白"这一语步。因此，出现在"确立研究空白"语步上的词块会明显少于"确立研究领域"和"介绍本研究"两个语步。在对各语料库中的语料即不同论文的引言部分进行语步标注后，本章对两个语料库所提取出的词块列表中的各个词块逐一进行了语步确认，并对各个词块的评价功能进行了划分，最终确定了在引言部分的各个语步上承担不同评价功能的词块数量和比例（见表4-6）。

表4-6　　　　　　　　　对比语料库词块评价性功能各范畴比例

词块		中国学者			本族语学者		
		数量	频率	频率比例（%）	数量	频率	频率比例（%）
级差词块	数量词块	15	107	11.51	13	119	13.02
	指示词块	17	149	16.02	12	114	12.47
	描述词块	32	254	27.31	29	258	28.23
	限定词块	24	218	23.44	28	237	25.93
介入词块	逻辑词块	72	72	7.74	6	72	7.88
	接纳词块	0	0	0	1	7	0.77
	宣言词块	12	80	8.60	7	40	4.38
	引导词块	6	50	5.38	9	67	7.33
总计		178	930	100	105	914	100

（1）级差词块

在中国学者期刊论文引言语料库所提取出的词块列表中，级差词块有88个，共出现728次，占词块总频率的78.28%，即中国学者在进行学术论文引言部分的写作时，相对于介入词块，更倾向于使用级差词块。级差词块范畴内各类词块的出现频率在词块总频率中的比例有所差异，数量词块的比例是11.51%，指示词块的比例是16.02%，描述词块的比例是27.31%，限定词块的比例是23.44%。中国学者对数量词块的使用相对不足，对描述词块的使用频率则比较高。在本族语学者期刊论文引言语料库所提取的词块列表中，级差词块有 82 个，共出现 728 次，占词块总频率的 79.65%，与中国学者一致，本族语学者在进行学术论文写作时，也更加倾向于使用级差词块来体现评价意义。在本族语学者对级差词块的使用中，数量词块出现的频率占词块总频率的 13.02%，指示词块的比例是 12.47%，描述词块的比例是 28.23%，限定词块的比例是 25.93%。本族语学者对描述词块和限定词块的使用频率十分接近，都在 26% 左右，对数量词块和指示词块的使用则相对较少，这与学习者使用词块的特征有一定相似性。

对比中国学者和本族语学者对级差词块子范畴的使用情况我们可以发现，中国学者和本族语学者都更倾向于使用级差词块来实现引言部分词块的评价作用，其中两个学者群体都大量使用了描述词块。由于本章的研究范围仅划定在英语学术语篇的引言部分，而引言部分作为学术论文的开端，承担着独特的作用，作者常常需要在引言部分帮助读者明晰大致的研究内容，对文章整体有大概的把握。而描述词块、限定词块的主要作用就是对研究内容进行描述和说明。因此，为了实现引言部分对研究进行大致介绍的作用，作者在进行这一部分的写作时常常需要运用大量的描写词块和限定词块。

本章还对引言部分各语步中词块的评价性功能进行了划分，根据研究设定的词块评价功能框架，分析级差系统和介入系统的总体趋势。级差词块在两个语料库中的比例如图 4-1 所示。

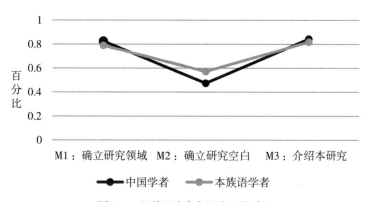

图4-1　级差词块在各语步上的对比

图 4-1 显示，在三个语步中，中国学者和本族语学者对级差词块的使用整体上较为接近。在"确立研究空白"这一语步上，中国学者比本族语学者明显更少使用级差词块；而在"确立研究领域"和"介绍本研究"两个语步上，中国学者略多使用级差词块。此外，两类学者对级差词块的使用比例都呈现出一种先降后升的浮动特征，且本族语学者在引言部分三个语步的写作中级差词块的使用比例呈现更加稳定的波动。在"确立研究空白"这一语步中，中国学者对级差词块使用的比例（47.37%）略低于50%，除此之外，在"确立研究领域""确立研究空白""介绍本研究"三个语步上，两类学者使用的级差词块所占的比例均在 50% 以上。总的来说，在三个语步中，中国学者和本族语学者均较多使用级差词块，而较少使用介入词块。

在对两个语料库中的级差词块的使用趋势进行大致分析后，研究还对级差词块子范畴的使用情况进行了具体分析，各语步中词块所承担的评价功能也得到了更深层次的挖掘。在"确立研究空白"这一语步上，本族语学者比中国学者更多地使用级差词块。其具体表现为：本族语学者在"确立研究空白"时使用了"a wide range of""the degree to which"等表示程度和范围的数量词块、"at the same time"等表示时间的指示词块以及"on the basis of"等对研究进行说明的限定词块；而中国学者在该语步中多使用介入词块，且使用的级差词块多为"a wide range of"等数量词块。在"确定研究领域"和"介绍本研究"两个语步中，中国学者则比本族语学者更多使用级差词块，且使用的词块多为描述词块，即对研究实体进行介绍的词块，如"in foreign language learning""in the second language"等。然而，对研究内容或抽象概念的介绍并不足以证明中国学者比本族语学者更擅长使用级差词块。此外，虽然中国学者在"介绍本研究"时比本族语学者更多地使用级差词块，但中国学者使用的级差词块形式上较为类似，种类较少，如相似的指示词块"the present study aims""the present study is"和"present study aims to"等。

由此可以发现，在级差词块的使用上，中国学者和本族语学者在不同的语步上也表现得不同。其中，在"确立研究领域"和"介绍本研究"语步，中国学者比本族语学者更多使用了级差词块，但中国学者使用的词块多为介绍研究对象的描述词块，且使用的其他级差词块多有相似之处。而在"确立研究空白"语步，本族语学者比中国学者更多使用了级差词块。其中，本族语学者对限定词块的使用明显多于中国学者。Hyland（2008）提到，学者在进行学术论文写作时可以使用限定词块对命题成立的条件进行说明，从而为得出结论奠定基础。Simpson-Vlach & Ellis（2010）也进一步指出，限定词块在对研究内容进行解释的同时，也可以是对命题成立的条件的描述。其中，"the + n. + of + the"（如 the nature of the）这一结构表示对研究进行的说明；"prep + the + n. + of"（如 with the exception of）这一结构则是对命题成立的条件进行描述。

中国学者对于以上两种结构的限定词块的使用都少于本族语学者，也就是说，在"确立研究空白"时，中国学者不太擅长使用特定的词块来对前人研究的不足进行总结。Hyland（2008）提到，作者在进行实证类学术论文写作时，对限定词块的使用能够使研究更加细节化，能够表现出学术论文的特定文体特点。在"确立研究空白"这一语步，本族语学者使用了"in the field of""the results of the""on the basis of"等词块，这类词块是对前人研究的一些细节化描写，如前人研究取得了怎样的结果等。通过使用这类词块，作者为读者构建了一部构架详尽、更加令人信服的学术语篇。由于"确立研究空白"这一语步具有特殊的语言特征，决定了作者在该语步中需要对前人研究按照自己的逻辑进行梳理，而本族语学者在该语步对限定词块的灵活运用也能体现他们在进行研究总结时更加理想的归纳型的方式。中国学者在撰写"确立研究领域"这一语步时，仅使用了限定词块"in the field of"，无论是在种类上还是在数量上，中国学者对限定词块的使用都有所匮乏。这不仅体现中国学者没有很好地把握引言部分特别是"确立研究空白"语步的写作特点，也导致了中国学者在进行这一语步的写作时不够细节化以及对归纳型写作习惯的欠缺。本章从本族语学者期刊论文引言语料库随机抽选了一篇文章作为代表，这篇例文先对研究对象进行了大致介绍，接下来对早期研究和近期研究进行简单梳理，紧接着提出了研究的空白所在，并在此基础上提出自己的研究，对自己的研究进行介绍。这篇引言结构完整，并且灵活运用了各类词块。

文本 3（本族语学者期刊论文引言部分）：

The study of language learning strategies has sought to identify patterns of strategy use that are indicative of successful language learning. Some early studies investigating language learning strategies have found some correlations between strategy use and a number of factors such as academic discipline (e. g. , Naiman et al. , 1978, Rubin, 1975, Stern, 1975), while recent studies have focused on the appropriateness and effectiveness of strategies in particular academic contexts (e. g. , Norton and Pavlenko, 2004, Parks and Raymond, 2004, Peacock and Ho, 2003) and the influence of added factors such as gender and learning styles (e. g. , Chen and Hung, 2012, Li and Qin, 2006, Ma and Oxford, 2014, Wong and Nunan, 2011). Few studies, however, have examined how individual students use strategies in contexts beyond language learning. Learning strategies and styles have been researched in tandem using large-scale survey instruments; the relationships between strategies and styles are, however, rarely studied in the context of specific tasks (Cohen, 2003). In order to explore these connections, this study examines the strategy use of two international graduate students in professional graduate programs in the United States. The study triangulates reading strategy data through an examination of study logs, interviews, and documents. Further analysis indicates that the participants' learning styles were consistent influences on their strategy choices, even when those strategy choices seemed to contradict the task context. This finding confirms and expands hypotheses posited by Cohen (2003) and D? rnyei (2005) that strategy use is intrinsically connected to learning style.

（2）介入词块

在中国学者期刊论文引言语料库所提取的词块列表中，介入词块有 26 个，共出现 202 次，占词块总频率的 21.72%，即中国学者在进行学术论文引言写作时较少使用介入词块。就介入词块子范畴所占比例而言，逻辑词块占词块总频率的 7.74%，宣言词块的比例是 8.60%，引导词块的比例是

5.38%，而接纳词块在引言部分并未出现。在本族语学者期刊论文引言语料库所提取的词块列表中，介入词块有 23 个，共出现 186 次，占词块总频率的 20.35%。与中国学者一致，本族语学者在引言写作时，相对于级差词块，也较少使用介入词块来构建评价意义。在本族语学者对介入词块子类的使用中，逻辑词块的比例是 7.88%，接纳词块的比例是 0.77%，宣言词块的比例是 4.38%，引导词块的比例是 7.33%。中国学者和本族语学者对介入词块的总体使用较为接近，但是在子范畴的使用上存在一定差异，即与本族语学者相比，中国学者较多使用宣言词块而较少使用引导词块。

　　两个语料库中介入词块的使用比例如图 4-2 所示。在三个语步中，中国学者和本族语学者对介入词块的使用都呈现出先升后降的趋势。在"确立研究领域"这一语步中，中国学者和本族语学者对介入词块的使用仅占到 20% 左右的比例，而在"确立研究空白"这一语步，两类学者对介入词块的使用都在 50% 左右，而到了"介绍本研究"这一语步，两类学者对介入词块的使用又不足 30%。因此，引言部分三个语步中介入词块的使用比例呈现出较大幅度的波动，但是，与中国学者相比，本族语学者在三个语步中使用介入词块时呈现相对稳定的趋势。

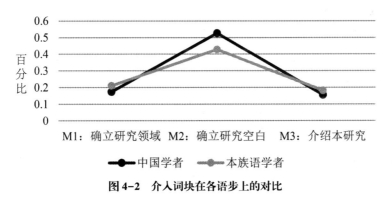

M1：确立研究领域　M2：确立研究空白　M3：介绍本研究

——●——中国学者　　——●——本族语学者

图 4-2　介入词块在各语步上的对比

　　在对介入词块的整体使用情况分析后，本章又对介入词块子范畴在两个语料库中的使用情况进行了对比分析。研究发现，除对逻辑词块的使用相似之外，中国学者和本族语学者在对接纳词块、宣言词块和引导词块的使用上都存在一定差异。与本族语学者相比，中国学者较多使用宣言词块，而较少使用接纳词块和引导词块。

接纳词块是作者对自身主观意见的一种表达，承认自己的观点只是一种可能的意见，接受其他意见的反驳，作者通过接纳词块在自己和读者之间架起了可沟通的桥梁。如 Hyland（2014：96）所说，接纳词块是作者对准确性以及可信程度所持的意见，能够有效地避免来自读者的质疑，是作者主动与读者开展沟通的方式。在本族语学者期刊论文引言语料库中，在"确立研究领域"这一语步，出现了"has the potential to"等接纳词块，表达作者对某种现象的一种推测，作者通过某种可能性的表达来削弱自身的事实判断，向读者表示自己所持的某种可能性意见，为读者产生自己的见解保留了一定的空间。而中国学者期刊论文引言部分的三个语步中并未出现接纳词块，即中国学者在进行学术论文引言部分的写作时，并未给读者保留一定的对话空间。在引言部分各语步的写作上，与本族语学者相比，中国学者对接纳词块的使用有所不足，这与李梦骁、刘永兵（2017a）在对中外学者对评价结果语步词块的评价功能的使用情况进行研究时发现的结果存在一定的相似性，他们发现，在评价结果语步，中国学者对接纳词块的使用少于本族语学者。

Martin & White（2005）曾经指出，作者在运用接纳词块构建语篇时，是对自身主观观点的表达，作为介入系统下的评价性词块，作者运用这类表达与读者之间建立一种互动，接受来自不同群体的多样化观点，允许多种观点同时存在，延伸了作者与读者之间沟通的可能性。Hu 和 Cao（2011）也曾提到，西方的作者在进行学术写作时会将模糊语（接纳词块）作为自身表达礼貌的一种手段，拉近读者与自身的对话距离，加大读者与自身的对话空间。此外，他们承认社会科学有着一定的多样性，而人类在思考问题时也存在自身的主观性，因此，学者群体需要运用模糊语这一手段来对其进行弥补，从而增加结果的开放性。中国学者在进行学术论文写作时，对接纳词块的使用相对不足，这导致了作者自身的语言过于强硬，违背了礼貌原则，失去了与读者之间的沟通空间，加大了沟通的成本，减少了读者对观点进行思考的可能，不利于多种意见的产生，最终关闭了科学结果的开放性，减少了学术思想的互相交流和碰撞。

与接纳词块在语篇中具有的评价功能相反，宣言词块的运用则代表着说话者即学术语篇作者对自身看法唯一性、准确性和代表性的一种坚持，以及对不同看法和意见的一种扼杀。作者在构建语篇的过程中，通过对宣言词块的使用关闭了读者与自身的对话空间，拒绝接受读者发表自己的看法，而这样的做法往往更加容易引起读者的质疑，更加容易引发读者的挑战。学术语篇有其特定语体的特点，对于社会科学中各种现象进行的研究往往存在多样性的结果，因此，为了不同的学术思想以及见解能够相互碰撞交流，作者在对自己的研究成果进行描述的同时，往往需要保留足够的对话空间来吸引读者对研究成果进行探讨。因此，过多使用宣言词块来否认其他意见存在合理的可能不符合学术语篇的写作规范。

在三个语步当中，本族语学者对宣言词块的使用占总词块数量的4.38%，而中国学者的使用数量则占8.60%，可以得出，在引言部分的各个语步中，中国学者比本族语学者更多地使用了宣言词块。从图4-2可以看出，只有在第二个语步"确立研究空白"中，中国学者对介入词块的使用比例比本族语学者更高；总结宣言词块所在的语步发现，中国学者对宣言词块的使用也多出现在"确立研究空白"这一语步。在该语步中，作者主要针对前人研究未曾涉及的领域以及存在的不足之处进行介绍，从而为自己的研究确立依据，奠定研究基础。在总结前人研究的不足之处的时候，中国学者使用了"to the fact that"和"it is the fact"等宣言词块来否定其他意见的合理性，这压制了读者对前人研究发现所保持的个人立场。根据宣言词块在学术语篇中所发挥的特定评价功能以及中国学者与本族语学者对宣言词块使用的差异，中国学者在学术论文引言部分的写作尤其是对前人研究空白进行综述时，应有意避免对宣言词块的使用，从而扩大读者与自身的交流空间，接纳更多的合理意见。学术写作要求在语篇构建过程中保持可对话性，作者在阐述自身立场的同时，也需要加强与读者的互动（Martin & White，2005：94）。因此，在构建语篇的过程中，学者需要加强对接纳词块的使用，减少对宣言词块的使用。除此之外，对引导词块的使用也是作者与读者进行对话的一种有效方式。

在引言部分各语步上，本族语学者对引导词块的使用占总词块数量的7.33%，而中国学者的使用数量占5.38%。从图4-2可以看出，本族语学者在"介绍本研究"这一语步中，使用的介入词块明显多于中国学者；结合两个词块列表中各引导词块来看，多数引导词块的使用也集中在"介绍本研究"这一语步。在该语步中，作者需要对自己开展的研究进行简要介绍，指出该研究的价值所在，或者对该研究进行初步的概括。与"确立研究领域"以及"确立研究空白"两个语步有所不同，作者即将开展的研究是几乎全新的领域，对读者而言相对陌生，而且，作者进行学术写作的最主要目的是向读者介绍自己的研究，包括研究问题、研究意义等，作者更需要在这一语步得到读者的认同，让读者认可自己所做的研究的价值所在。出于"介绍本研究"这一语步的特殊作用，作者更需要在该语步与读者保持足够的对话空间，引导读者对自己的研究进行更加深入的理解，而这恰恰需要使用引导词块。

本族语学者在"介绍本研究"这一语步中使用的引导词块有"the focus of the""an important role in""to shed light on"和"it is important to"等，而中国学者在该语步使用的引导词块则相对较少。根据"介绍本研究"语步的特殊意义、引导词块在作者与读者的对话当中所发挥的重要作用以及中国学者与本族语学者在引导词块使用上存在的差距，中国学者在对引言部分各语步的构建过程中尤其是"介绍本研究"语步的写作上，应该加强对引导词块的使用，从而帮助读者更加快速、深入地对作者即将开展的研究进行把握。作者在撰写期刊论文时，期待表达自己的学术观点并得到其他读者的认同，为此，需要适当地使用引导词块帮助读者理解自己的文章，并发表他们的意见和看法（Hyland，2008）。

4.5　小结

本章以 Biber 等（1999）的词块结构分析框架以及 Martin & White（2005）的评价理论为基础，对比分析了中国学者和本族语学者在期刊论文引言部分各语步中使用的四词词块，发现两类学者在构建期刊论文引言部分时使用的词块在结构和评价功能两方面均存在共同点和差异。研究发现：首先是结构方面。从频率和类别两个方面来看，中国学者比本族语学者更多使用动词性词块（即从句类词块），而较少使用名词性词块（短语类词块的重要组成部分），这体现出中国学者在进行学术英语写作时存在一些问题，如语篇的信息密度较小等。其次是评价功能方面。在级差词块的使用上，与本族语学者相比，中国学者较少使用限定词块；在介入词块的使用上，中国学者不太擅长使用接纳词块和引导词块。这些差异也包含着一定的语步特征。本章从结构和评价功能两方面出发，发现了中国学者和本族语学者在词块的使用上存在的特定差异，这有助于中国学者在学术英语写作时及时发现自身存在的问题，更加灵活、适当地使用评价性词块来表达自身的立场以及想要传递的信息。此外，本章还运用 Swales 的 CARS 模式对语料库中期刊论文引言部分的各个语步进行了划分，对各语步出现的词块进行结构和评价性功能分析，这可以帮助中国学者在引言部分写作时更加得心应手，用恰当的词块构建引言在整个论文中独特的引领作用。中国学者在进行学术英语写作时，需要更多使用短语类词块来增加语篇的信息量；同时，需要较多使用限定性词块来对研究内容展开更翔实的描写；有意使用接纳词块和引导词块，增强语篇的客观性和协商性，扩大与读者的对话空间，从而使读者在论文的开篇即引言部分感受到强大的信息量和较强的互动性，提升学术英语语篇的质量，提升中国学术英语写作的水平。

第五章　新闻语类结构的态度资源分析①

5.1　引言

新闻话语具有"客观（objective）""中立（neutral）"和"公正（impartial）"的特性（Thomson & White 2008：6）。特别是 20 世纪以来，客观性（objectivity）成为国际新闻界业内公认的实践准则（郭镇之，1998：58）。史安斌、钱晶晶（2011：68）将这一客观性概括为以下四点：（1）新闻报道具有真实性；（2）新闻来源具有权威性；（3）新闻媒体和新闻记者保持中立态度；（4）新闻报道的首要目的是向大众传播信息。按照新闻与读者的关系，新闻可以分为软新闻（softnews）和硬新闻（hardnews）。软新闻指关于名人、个人兴趣、体育和其他以娱乐为中心的故事报道；硬新闻则指关于政治、经济、科学、技术和相关主题的报道，（Reinemann et al.，2012：224）。软新闻综合了娱乐和信息内容（Prior 2003：150），与其他新闻相比，它更多以人性为核心，虽然基于新闻事件但其时效性较弱，实用性更强，更易使读者产生激烈情绪（Patterson 2000：4）。Thomson & White（2008：6）称硬新闻中体现的客观性在语篇构建过程中可能充当背景或起到模糊新闻记者主观性的作用。新闻记者通过引用他人话语，将自己的观点及信仰传递给媒体受众（White，2012），使读者对新闻事件中的人或物持有积极或消极的看法（Van Dijk，1988；

---

① 该章部分内容发表于《西安外国语大学学报》2020 年第 2 期。

Fowler，1991；Fairclough，1995；White，2012）。本章将以硬新闻为研究对象，在评价理论的指导下，以自建的"一带一路"新闻语篇语料库为证据，从新闻语类结构的视角剖析中国主流媒体 *China Daily* 在语篇中流露出的态度及立场，力图说明评价理论和新闻语类结构结合的可能性，为话语分析提供一种新模式。

5.2　理论框架

5.2.1　语类理论

语类从文学研究领域发展而来，原指文学语篇变体，如诗歌、戏剧和小说散文等体裁，后由 Bakhtin 于 20 世纪 50 年代将之运用至普通话语研究中，他认为每个领域都有固定的言语类型（Bakhtin，1986：60）。之后，语类研究便在语言学领域广泛展开，主要有新修辞学流派、应用语言学流派和系统功能语言学流派三大流派。新修辞学派认为语类是一种社会行为，它更多关注不同信息类型的文化语境以及其实现的社会目的，而相对忽视对语言特征的描写（如 Miller，1984；1994；Bawarshi，2000；2003；Hyland，2002）。换句话说，言语行为第一位，语言描写第二位。Miller（1984：163）总结了修辞语类的五个特征：（1）语类是一种修辞行为，从社会背景中获得意义；（2）语类通过高层次的符号交互规则来解释有意义的行动；（3）语类不是形式，形式是所有层次结构的通用属性而语类则专指特定层级上的一种形式，是低层次形式和特征性物质的融合；（4）语类是语言使用的复现形式，是文化生活的组成部分；（5）语类是调解个人意图和社会紧急事件的一种修辞方式。Bawarshi（2000：357）认为语类既是情境，又是情境的文本实例，由修辞和社会因素共同实现。语类和社会情境相互作用（Bawarshi，2000；2003）。Bazerman（2004）提出社会事实（social facts）、言语行为（speech acts）、语类（genres）、语类系统（genre systems）、活动系统（activity systems）等一系列概念，并以一个典型的学术情景为例，向我们展示如何通过使用语言资源（包括与其他文本、图表等媒体的关系）来激发意义，即在语篇中创建意义、关系和知识的方式。Bazerman（2004：375）认为社会事实和言语行为能有效帮助理解语类分析方法。Artemeva（2008）则使用民族志的描写方法对新手工程师进行修辞语类描写。以上研究表明，修辞语类研究是在社会文化背景下进行观察的，具有动态、历时的特性，是一种话语行为及话语策略。

应用语言学领域中的语类研究突出交际目的，关注语言在特定专业下的应用，领军人物有 Swales（1990；2004）、Dudley–Evans & Henderson（1990）、Bhatia（1993；1997）、Biber & Conrad（2009）等。Swales（1990：58）对语类的定义如下：一个语类包括一组交际事件，该事件的成员共享某些交际目的；这些交际目的由话语社区内的专家认定，由此构成该语类的基本原理；这个基本原理塑造了话语的图式结构，影响并限制语篇的内容和风格。Biber & Conrad 于 2009 年合著了 *Register，Genre，and Style*（《语体、语类和风格》）一书，其成为剑桥语言学的系列教材。在该书中，他们认为语类是对语篇目的和情景语境的描述，强调在完整语篇中的常规结构，例如一封信从开头至结尾的写作格式。在这里，完整的语篇是指这一话语对象具有清晰的开始和结尾信息（Biber & Conrad，2009：2）。庞继贤、叶宁（2011）将该领域下的语类观总结为三点，分别是：（1）强调语篇交际目的的重要作用；（2）肯定话语社团的概念；（3）语类是动态变化的。特别是在专门用途英语（ESP，English for Specific Purposes）语篇中，语类的特点表现得淋漓尽致，如对论文的引言或摘要进行语步分析（Swales，1990；胡新 2015）。

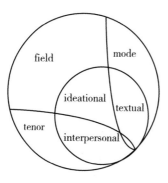

图 5-1 Halliday 的语境模型

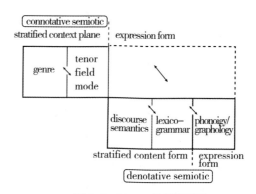

图 5-2 Martin 的语境模型

　　系统功能语言学关注语言组织和语言使用的关系，将语言和社会语境看作一种符号模型。Hasan 认为语类是语篇的一种类型（1977：229），由语篇结构中的必要成分决定（Halliday & Hasan，1985：62）。Martin（1984：25）认为语类是说话者作为文化成员参与的、分步骤进行的、有目标导向的和有目的的一种社会活动。简单来讲，语类就是使用语言来完成事情的方式（Martin，1985：248）。Eggins（2004：54）认为可以通过结构和实现型式来表达语类，并将语类定义为文本的文化目标。他继而指出（2004：56），在我们的文化中，（1）可识别的社会活动涉及的语类有：①文学语类：短篇小说、自传、民谣、十四行诗、寓言、悲剧；②通俗小说语类：传奇小说、侦探小说、情景喜剧；③通俗非小说语类：指导手册、新闻故事、简介、评论、食谱、操作指南；④教育语类：讲座、辅导、报告/论文写作、研讨会、考试、教科书式写作。（2）日常生活中存在的语类有：买卖东西（交易语类）、寻找和提供信息、讲故事、闲聊、约会、交流意见、面试、和朋友聊天。在语类结构分析层面，Halliday 主张语域理论，即从语场（field）、语旨（tenor）和语式（mode）三个语域变量来分析语篇的意义范围，预测该语类的特点。这三个变量分别是语言三大元功能中的概念功能（ideational）、人际功能（interpersonal）、语篇功能（textual）在社会语境的反映。Halliday 的语境模型可参见图 5-1。Martin（1997；2009）发展了 Halliday 的语域理论，在保留先前情景语境的基础上增加了文化语境的内容，如图 5-2 所示。Hasan 提出了语类结构潜势（Generic Structure Potential）的理论，它是一种描述某一语类内所有可得语篇结构的抽象范畴，受语境配置中的语场、语旨和语式变量支配，由必要成分、可选成分及它们的出现顺序构成（Halliday & Hasan，1985；Hasan 1996）。尽管在具体语类结构中存在差异，但该理论具有普遍适用性（Hasan，1996：54），如在社论、道歉等实用语体中的应用（Ansary & Babaii，2005；Inya，2012；张德禄、马磊，2002）。有关新闻语类结构的研究以 White 等人的成就最为突出，他们将其分为开篇和主体部分，主体部分又包括解释、背景和评论（White，1998；2005；Thomson & White，2008）。其中，开篇和详述部分是必要成分，解释、背景和评论部分属于可选成分（蒋国东、汪娟，2017）。评价与语类的关系密切，评价的特定维度体现了某一语类的人际意义（朱永生、王振华，2013：61）。评价贯穿整个语篇，新闻结构的每个部分无不渗透着新闻记者的立场和观点。

5.2.2　新闻语类结构

White（1998）最初在他的博士论文里描述了新闻语类结构的思想，扩展了系统功能语言学中的人际概念，为态度、评价、主体间立场等语义成分解读提供了一种新的分析方法。他将硬新闻的结构看作一种独特的语篇类型或称为一种语类（White，2008：7），并将新闻结构分为两大部分：新闻开篇（the opening）和新闻主体（the body）。开篇部分是传统英文新闻报道中最显著的区别性特征之一，即读者在没有任何背景信息或序言的情况下，能直接找到新闻事件中最大的价值信息。开篇部分包括新闻标题和导语（headline/lead），作为新闻语篇的核心，能引领读者快速进入报道主题，强化语篇中的人际意义，具有极高的修辞性（White，1998；2005；2008）。Van Dijk（1988）也指出，在新闻报道中推广或降低信息是作者积极构建某些信息的一种机制，这种信息在较早的位置呈现具有更大的意义。他强调标题在新闻结构中起特殊作用，因为人们总是认为标题表达了新闻事件中最重要的话题（Van Dijk，1985：70）。新闻标题可以看作导语内容的一个子集，因为标题中的字符信息会在之后的句子里重新细致地展现。White 还认为标题/导语是一个开放的核心，包含文本的核心信息和人际意义；而主体部分为标题/导语的卫星结构，指开篇之后的内容，主要作用是对开篇内容进行扩充、评论等，具体又分为详述（elaboration）、解释（cause-and-effect）、理由（justification）、背景（contextualization）和评论（appraisal），其中理由内容仅出现在"问题报道"类型的新闻中（White，2005：12），它也可以看作一种解释（cause-and-effect），因为它解释了标题/导语中事件或问题出现的动机和理由。主体部分的首要目的不是介绍全新的信息或者产出新的意义，而是对标题和导语内容进行详细的陈述。下面将具体介绍这五种具体化模式或关系（White，2005）：（1）详述：一个或一组句子为标题/导语中的信息提供更详细的描述或解释，或者使用不同的术语重述标题/导语的内容；（2）解释：一个或多个句子叙述标题/导语中"危机"事件的起因、后果或目的；（3）理由（"问题报道"）：一个或多个句子提供支撑标题/导语中具有新闻价值性的证据或推理依据。这里的"理由"可以视为文本内部的"解释"，认为它包含在更广泛的"解释"范畴之内，因为它解释了做特定声明的原因；（4）背景：一个或多个句子将标题/导语事件放置于时间、空间、社会语境下，具体描述地理环境，观察"危机"事件发生前、发生时及发生后的情况，出于比较目的也会描述先前发生过的同类事件；（5）评论：通常由外部专家对标题/导语的核心内容做出评论，他们或者依据自己的情感影响或者参照一些价值评价系统。下面请看一个说明主体部分与开篇部分的关系的例子（见表5-1）。该语料选自 *China Daily* 官网上 2017 年 9 月 16日的新闻报道。

表 5-1　　　　　　　　　标题/导语的具体化分析

[Nucleus-headline/lead]
Bay area a key pillar for Belt and Road's goals

[Specification 1: Elaboration-restate the information presented in the headline/lead]
The Guangdong-Hong Kong-Macao Greater Bay Area will play a key role in supporting the fast development of the 21st Century Maritime Silk Road, helping the initiative to reach its goals in trade, investment and regional connectivity, senior officials said.

[Specification 2: Cause-and-Effect-*consequence of the Expo*]
Qiu Zhaoxian, vice-president of the China Council for the Promotion of International Trade's Guangdong branch, said the 2017 Guangdong 21st Century Maritime Silk Road International Expo will create more opportunities for promoting trade, infrastructure and people-to-people exchanges between Chinese companies and those in Africa, Southeast Asia and the South Pacific Islands.

[Specification 3: Contextualization-*the future situation*]
Business delegations from 75 countries and regions will attend this year's expo and forums. Countries such as Russia, Iran, Mongolia and Romania are setting up exhibitions for the first time at this year's four-day event.

[Specification 4: Cause-and-Effect-*consequence of the Expo*]
"Through the construction of the Guangdong-Hong Kong-Macao Greater Bay Area, Hong Kong can be used as an international financial center and Macao as an international tourism and leisure center for Guangdong province's more rapid development," said Wu Jun, deputy director of the Guangdong Provincial Department of Commerce.

[Specification 5: Contextualization – *the simultaneous situation*]

Senior government officials from 13 countries related to the Belt and Road Initiative have confirmed that they will attend the expo. More than 20 international chambers of commerce and business alliances have signed memorandums of understanding with their Chinese counterparts to train more Chinese-speaking staff, aiming to facilitate cultural exchange, as well as business and tourism activities.

[Specification 6: Appraisal–the bay area appraised by Lin Jiang, thereby implying the bay area's important role in implementing the Belt and Road initiative]

"The context is the full implementation of innovation-driven development strategies in China," said Lin Jiang, deputy director of the Center for Studies of Hong Kong, Macao and Pearl River Delta at Sun Yat-sen University. "Against this backdrop, the formulation of a development plan for the bay area has far-reaching significance, in terms of integrating existing regional economic and industrial resources in China to cope with new challenges related to global industrial transformation and upgrading."

从上述新闻事件的内容来看，标题/导语可以代表人际意义的峰值，因为它提供了一系列人际意义，并随着新闻结构其余部分的展开这些意义逐渐消退。标题/导语部分拥有最大的信息量和人际价值，虽然该部分内容皆可以从新闻结构其他部分找出，但是标题/导语部分中的信息更为集中。主体部分的主要特征是它们之间不是线性组织的关系，而是位于标题/导语部分的轨道上。也就是说，主体部分不是按照顺序连接在一起以构建一个线性语义路径；相反，主体部分的每一个成分都会解释标题/导语部分，使之更加具体。上述新闻表明，海湾地区是实现"一带一路"目标的重要支柱，之后依次介绍了海湾地区的范围、2017 年中国-广东 21 世纪海上丝绸之路国际博览会的影响等情况，这些内容皆为开篇部分服务。这种轨道式的语篇发展模式（the pattern of orbital textual development）在主体部分具有最大限度的可编辑性，即在不破坏新闻语篇功能的前提下，该部分内容顺序可任意更改（见表 5-2）。

表 5-2　　　　　　　　　　　　新闻报道的两个版本

[Original, unedited version]	[Edited version]
Bay area a key pillar for Belt and Road's goals	Bay area a key pillar for Belt and Road's goals

(1) The Guangdong – Hong Kong – Macao Greater Bay Area will play a key role in supporting the fast development of the 21st Century Maritime Silk Road, helping the initiative to reach its goals in trade, investment and regional connectivity, senior officials said.	"Through the construction of the Guangdong – Hong Kong – Macao Greater Bay Area, Hong Kong can be used as an international financial center and Macao as an international tourism and leisure center for Guangdong province's more rapid development," said Wu Jun, deputy director of the Guangdong Provincial Department of Commerce. (4)
(2) Qiu Zhaoxian, vice-president of the China Council for the Promotion of International Trade's Guangdong branch, said the 2017 Guangdong 21st Century Maritime Silk Road International Expo will create more opportunities for promoting trade, infrastructure and people-to-people exchanges between Chinese companies and those in Africa, Southeast Asia and the South Pacific Islands.	Business delegations from 75 countries and regions will attend this year's expo and forums. Countries such as Russia, Iran, Mongolia and Romania are setting up exhibitions for the first time at this year's four-day event. (3)
(3) Business delegations from 75 countries and regions will attend this year's expo and forums. Countries such as Russia, Iran, Mongolia and Romania are setting up exhibitions for the first time at this year's four-day event.	Qiu Zhaoxian, vice – president of the China Council for the Promotion of International Trade's Guangdong branch, said the 2017 Guangdong 21st Century Maritime Silk Road International Expo will create more opportunities for promoting trade, infrastructure and people-to – people exchanges between Chinese companies and those in Africa, Southeast Asia and the South Pacific Islands. (2)
(4) "Through the construction of the Guangdong–Hong Kong–Macao Greater Bay Area, Hong Kong can be used as an international financial center and Macao as an international tourism and leisure center for Guangdong province's more rapid development," said Wu Jun, deputy director of the Guangdong Provincial Department of Commerce.	Senior government officials from 13 countries related to the Belt and Road Initiative have confirmed that they will attend the expo. More than 20 international chambers of commerce and business alliances have signed memorandums of understanding with their Chinese counterparts to train more Chinese – speaking staff, aiming to facilitate cultural exchange, as well as business and tourism activities. (5)

（5）Senior government officials from 13 countries related to the Belt and Road Initiative have confirmed that they will attend the expo. More than 20 international chambers of commerce and business alliances have signed memorandums of understanding with their Chinese counterparts to train more Chinese – speaking staff, aiming to facilitate cultural exchange, as well as business and tourism activities.	"The context is the full implementation of inno-vation – driven development strategies in China," said Lin Jiang, deputy director of the Center for Studies of Hong Kong, Macao and Pearl River Delta at Sun Yat–sen University. "Against this backdrop, the formulation of a development plan for the bay area has far–reaching significance, in terms of integrating existing regional economic and industrial resources in China to cope with new challenges related to global industrial transformation and upgrading." （6）
（6）"The context is the full implementation of innovation – driven development strategies in China," said Lin Jiang, deputy director of the Center for Studies of Hong Kong, Macao and Pearl River Delta at Sun Yat–sen University. "Against this backdrop, the formulation of a development plan for the bay area has far–reaching significance, in terms of integrating existing regional economic and industrial resources in China to cope with new challenges related to global industrial transformation and upgrading."	The Guangdong – Hong Kong – Macao Greater Bay Area will play a key role in supporting the fast development of the 21st Century Maritime Silk Road, helping the initiative to reach its goals in trade, investment and regional connectivity, senior officials said. （1）

　　由于字数限制，表5-2仅列举了其中的一个改编版本。我们发现，改编后的结构虽然发生了调整，但是总的来看，新闻的交际功能并未出现任何异常，也未产生其他新类型的新闻语类。这并不是说新闻报道主体部分的信息排序没有意义，也不是说可以任意改变文本的整体含义或者主体部分的排序不受限制，这个例子主要表明对主体部分内容进行二次编辑是有可能的，它不会使语义内容不连贯。主体部分结构有一定的自由度，这是因为它是轨道结构（orbital structure）中的文本，而"硬新闻"中的逻辑互动和词汇互动是在每个单独的成分（详述、解释、背景和评论）和标题/导语之间的互动。因此，主体部分在移动其子成分"卫星"时不受其在展开文本中的相对位置的影响。请参见图5-3：

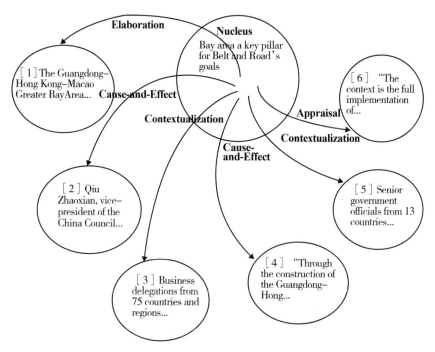

图 5-3　海湾地区：轨道结构（orbital structure）

5.2.3　态度资源

评价理论作为一种分析模型，能有效分析语言中存在的态度，使作者/读者能够根据潜在读者的观点进行评价（Thomson & White，2008）。Hunston & Thompson（2000：5）认为，"评价是说话者或作者对谈论实体或命题的态度、立场、观点和情感"。Martin & Rose（2003：23）将评价定义为语篇中协商的各种态度、涉及的情感强度、价值源泉和联盟读者的各种方式。评价理论是对系统功能语言学在人际意义上的拓展，是一种新的词汇语法框架（李战子，2004：1）。目前，国际上出现了两种评价研究范式，一种是以 Martin 等人为代表的基于词汇层面的研究（Martin，2000；Martin & Rose，2003；Martin & White，2005；Thomson & White，2008；Martin，2017），另一种是以 Hunston 等人为代表的基于句法层面的研究（Huston & Sinclair，2000；Huston，2011）。Martin 的评价理论以词汇为主，由态度系统（attitude）、介入系统（engagement）和级差系统（graduation）三个子系统构成（Martin，2000；Martin & Rose，2003；Martin & White，2005）。鉴于本章的研究目的，这里仅讨论态度系统，态度系统理论框架请见图5-4。

图5-4 态度系统（Martin & White，2005）

5.3 研究设计

5.3.1 研究问题

研究旨在分析评价理论态度资源在新闻语类中的分布特点。具体来说，其主要回答三个研究问题，分别是：

（1）"一带一路"新闻语类结构中态度资源的整体分布特征是什么？

（2）"一带一路"新闻语类结构中态度资源在各部分如何分布？

（3）具体语篇中的修辞潜势有哪些特点？

研究将采用定量和定性相结合的研究方法。定量研究主要回答"一带一路"新闻语篇中态度资源的总体分布规律及在新闻语类结构各部分的分布特征，定性研究主要分析具体语篇中的人际意义和其中蕴含的修辞潜势。

5.3.2　研究语料

研究使用的语料来自 2014 年 1 月至 2018 年 12 月 *China Daily* 上主题为"一带一路"的相关报道。我们选取标题中包含 Belt，Road 或 B & R 等字样的文本，并按照单篇报道字符数为 200—750 个的要求进行筛选抽样，选取 100 篇文本①，建立小型语料库。报道内容以政治经济为主，同时涉及历史文化等方面。经文本整理及消噪处理，最后得到类符数为 5642 个、形符数为 48554 个的小型新闻语料库。

5.3.3　研究步骤

为保证研究的顺利开展，研究主要涉及语料命名、语料标注、新闻结构划分、检索分析等四个步骤，具体如下。

第一步，语料命名。将从 *China Daily* 上选取的文本以 .txt 的格式保存在新建的 raw 文件夹中，按照时间的先后顺序进行排序：第一个文本的命名方式为 r1.txt，第二个文本的命名方式为 r2.txt，以此类推，直至命名至 r100.txt 为止。

第二步，语料标注。在 BFSU Qualitative Coder 1.1 软件中编写态度标注代码，然后由研究人员按照这个标准进行态度标注。为降低语料标注过程中出现的误差，我们选择了两名对评价理论有一年以上研究经验的学者来进行本次标注工作，之后又对标注结果进行了交叉核对。标注好的语料按照 a1.txt-a100.txt 的顺序重新进行命名，保存至新建的 Ann 文件夹中。

---

① 受文本字符数的限制，同时考虑到后期赋码、新闻结构划分耗时等因素，研究抽取了 100 篇新闻报道作为观察语料库。

第三步，新闻结构划分。对两名研究人员进行新闻语类结构理论培训并使其做适当练习，直至两名研究人员能够完全掌握该理论内涵且两者的分类结果可以达到95%以上的一致率。由这两名研究人员依据新闻语类结构的标准对 Ann 文件夹中的语料进行划分，将其分为开篇、详述、解释、背景和评论五个部分。开篇部分保存至 Hea 文件夹中，命名方式为 Hea_a1.txt~Hea_a100.txt；详述部分保存 Ela 文件夹中，命名方式为 Ela_a1.txt~Ela_a100.txt；解释部分保存至 CaE 文件夹中，命名方式为 CaE_a1.txt~CaE_a100.txt；背景部分保存至 Con 文件夹中，命名方式为 Con_a1.txt~Con_a100.txt；评论部分保存至 App 文件夹中，命名方式为 App_a1.txt~App_a100.txt。收集的语料多数包含上述五个部分，个别语篇缺少解释、背景或评论内容，但不影响研究结果。为减小人工分类工作的误差，该过程同样进行了交叉核对。

第四步，检索分析。利用 AntConc 3.2.1 软件进行检索，根据检索结果分析"一带一路"语篇中态度资源在整体及各部分的分布情况，并总结语篇中流露出的话语表征；之后，对具体语篇做修辞潜势分析，探讨新闻语类中的人际意义和其中蕴含的修辞潜势。

5.4　结果与讨论

2018 年是"一带一路"倡议提出第五周年，它经历了"重大倡议""推进建设""倡导和推动共建"三个阶段（唐青叶、史晓云，2018：31）。国内外媒体深度挖掘它的价值信息，报道不断。国内众多学者也由此掀起了对"一带一路"的研究热潮。其中，以新闻学、传播学和政治学视角下的研究最多，分析"一带一路"倡议的舆论环境、传播策略、地缘政治意义等（龚婷，2015；周凯，2015；曾向红，2016）。语言学领域的研究作为后起之秀，亦取得了可观成绩。朱桂生、黄建滨（2016）对美国主流媒体塑造的"一带一路"中国形象进行批评话语分析。唐青叶、史晓云（2018）从历时角度分析美、印、欧三大主流媒体对"一带一路"倡议的认知变化。在评价理论介入系统的指导下，蒋国东、陈许（2017）发现

"一带一路"对外新闻中存在独特的韵律话语模式，进而揭示介入策略在该类语篇中的交际目的和人际意义；辛斌、吴玲莉（2018）从中美介入资源的分布情况，对比分析了两国对"一带一路"倡议的不同立场和观点。总的来说，语言学界的研究体现在话语分析领域，以批评话语分析和评价分析两种方法为主。以往研究虽然也有分析"一带一路"语篇的态度的情况（江潇潇，2018；聂薇，2018），但较少从语类结构层面进行。因此，本章从新闻语类结构入手，结合 Martin 的评价理论对"一带一路"新闻语篇态度资源的分布情况作了相关分析，研究结果如下所示。

5.4.1　总体分布

表 5-3 是"一带一路"新闻语篇态度资源统计情况。由表 5-3 可知，*China Daily*"一带一路"新闻语篇体现的态度资源，从整体分布看，鉴赏词汇所占比例最高（54.67%），其次是情感词汇（27.84%）、判断词汇（17.49%）。其中以鉴赏资源中的价值词汇最为突出（43.12%）。"鉴赏词汇>情感词汇>判断词汇"这一总特征表明新闻记者在"一带一路"报道中，主要通过鉴赏词汇，即相对客观的词汇来传达社会主体对它的评价和认识，以避免因感情色彩浓重而降低语篇的说服力。

表 5-3　　　　　　　　"一带一路"新闻语篇态度资源统计表

		开篇部分		详述部分		解释部分		背景部分		评论部分		总计	
		数量	比例（%）	数量	比例（%）	数量	比例（%）	数量	比例（%）	数量	比例（%）	数量	比例（%）
情感	高兴/不高兴	4	4.76	2	1.15	10	1.63	2	0.65	4	1.26	22	1.47
	安全/不安全	6	7.14	6	3.45	50	8.14	33	10.68	28	8.83	123	8.21
	满意/不满意	6	7.14	12	6.90	17	2.77	15	4.85	9	2.84	59	3.94
	倾向/非倾向	13	15.48	25	14.36	81	13.19	51	16.51	43	13.57	213	14.22
	合计	29	34.52	45	25.86	158	25.73	101	32.69	84	26.50	417	27.84

		开篇部分		详述部分		解释部分		背景部分		评论部分		总计	
		数量	比例(%)	数量	比例(%)	数量	比例(%)	数量	比例(%)	数量	比例(%)	数量	比例(%)
判断	规范性	2	2.38	6	3.45	23	3.75	17	5.50	8	2.52	56	3.74
	能力性	1	1.19	6	3.45	29	4.72	17	5.50	28	8.83	81	5.41
	毅力性	2	2.38	6	3.45	39	6.35	9	2.91	6	1.89	62	4.14
	可靠性	1	1.19	1	0.57	13	2.12	3	0.97	3	0.95	21	1.40
	正当性	2	2.38	4	2.30	21	3.75	4	1.29	11	3.47	42	2.80
	合计	8	9.52	23	13.22	125	20.36	50	16.17	56	17.66	262	17.49
鉴赏	反应	7	8.34	23	13.22	52	8.47	40	12.95	27	8.52	149	9.95
	构成	0	0.00	3	1.72	15	2.44	3	0.97	3	0.95	24	1.60
	价值	40	47.62	80	45.98	264	43.00	115	37.22	147	46.37	646	43.12
	合计	47	55.96	106	60.92	331	53.91	158	51.14	177	55.84	819	54.67
总计		84	100	174	100	614	100	309	100	317	100	1498	100

将态度系统下的三类资源分别放置在新闻语类结构下观察，发现情感资源下态度评价词汇在新闻结构中的占比按照从高到低的顺序分别是开篇部分（34.52%）、背景部分（32.69%）、评论部分（26.50%）、详述部分（25.86%）和解释部分（25.73%）；判断资源下态度评价词汇在解释部分中所占比例最高（20.36%），其次是评论部分（17.66%）、背景部分（16.17%）、详述部分（13.22%）和开篇部分（9.52%）；鉴赏资源下态度评价词汇在详述部分中占比最高（60.92%），其次是开篇部分（55.96%）、评论部分（55.84%）、解释部分（53.91%）和背景部分（51.14%）。这些分布特征表明，不同资源的态度评价词汇在新闻结构不同部分的表现特征也不一样。

为深入研究这些特征，我们对新闻语类结构五个部分中每千词包含的态度评价词汇数量进行统计，发现开篇部分共计1415个词汇，其中态度评价词汇为84个，该部分态度评价词汇每千词的平均密度为59.364，高于篇章平均值30.852，且大于其他四个部分的平均值；详述部分和解释部分的态度评价词汇每千词分别达到30.044（总词数为5340个，态度评价词汇为 174 个）和 30.834（总词数为 19913 个，态度评价词汇为 614 个），略低于篇章平均值；背景部分使用的态度评价词汇密度最低，为 21.589（总词数为 14313 个，态度评价词汇为 309 个）；评论部分的态度评价词汇密度仅低于开篇部分，为 41.859（总词数为 7573 个，态度资源评价词汇为 317 个）。用评价手段的平均密度检验话语的主观倾向，我们可以看出，评价理论下的态度资源在新闻结构五个部分之间分布失衡，且差异明显。开篇部分和评论部分的主观性最强，这与两个部分承载的语篇功能密切相关。开篇内容短小精悍，力图以简洁的语言呈现关键信息，故多选择表达态度的词汇奠定新闻语篇的基调。评论内容引述新闻记者之外的声音，对新闻事件进行点评，以强化开篇部分的评价立场。

"一带一路"新闻语篇的态度资源在整体上呈现"鉴赏词汇>情感词汇>判断词汇"的特征，在新闻语类结构各部分的分布中表现显著差异。下面我们将着重从新闻语类结构的五个部分来解读这些差异，以探讨中国主流媒体 *China Daily* 是如何通过态度系统向世界传递"一带一路"信息的。

5.4.2 新闻结构各部分态度资源分布情况

5.4.2.1 开篇部分的态度资源

所有文本类型都有一个开始阶段，由此展开某个特定话题，用亚里士多德在《诗学》中的话解释就是说该部分内容不一定紧跟在某一内容后面，但是该部分内容后面一定有其他内容存在。开篇部分包括新闻标题和导语。其作为新闻语篇的核心，能引领读者快速进入报道主题，强化语篇中的人际意义，具有极高的修辞性（White，1998；2005；Thomson & White，2008）。Van Dijk（1988）也指出，新闻记者在报道中通过增加或减少事件描述来解释某些信息，这种信息越早出现价值越大。从其功能进行划分，开篇部分共包括三种类型：一是总结式，即标题/导语共同表达了文章的主要内容（van Dijk，1988：53）。二是选择性概要式，即标题/导语对所讨论的活动序列做选择性的概述。也就是说，此类开篇对原始活动序列进行删减并重新组合，描述构成活动序列事件的其中一个子集，最后仅保留该事件子集中的关键信息。三是摘要式，即使用一般性术语来解释活动序列，它可以取代对个别具体事件子集的概要式描述，这种方法通常依据更普遍且更大规模的分类系统来表示（White，1998）。

从表5-3可知，价值词汇（47.62%）和倾向/非倾向词汇（15.48%）构成开篇部分的显著特征。价值词汇在该部分中分为三个层面。第一个层面是对"一带一路"本身的实质性评价，由 major、essential、key、pivot 等词构成，说明该倡议具有重大事件意义；第二个层面是关于"一带一路"政策给社会各方面带来影响的评价，如 gains、benefits、opportunities 等；第三个层面是通过对新闻事件的描述或总结性评价，间接获取对"一带一路"发展进程的了解，如 bridge、pillar、center、edge 等，该类词通常以隐喻的形式出现。例如：

a. Liuzhou serving as a **key hub** for **pivotal** Belt and Road Initiative. （2018年1月8日）

b. Silk Road plans offer **opportunities** to EU. （2015年1月7日）

c. Diplomat：Nation a **bridge** in Belt and Road. （2015年7月30日）

例a包含上述两个层面：key hub 是对柳州的评价，属于第三个层面，展现该城市在"一带一路"建设中扮演的关键角色；pivotal 是对"一带一路"倡议的评价，表明其重要的现实意义。该标题通过"柳州""一带一路"两个评价客体，点明该篇报道的主要内容，为后续部分的开展奠定基础。例b从"一带一路"的社会影响阐释它的合理性和正当性，体现中国丝绸之路计划给欧盟国家带来的发展机遇，展现"一带一路"的魅力。例c说明土耳其因地理位置特殊而在"一带一路"实施过程中起着沟通东西方的桥梁作用。这一标题中使用"桥梁"作为喻体，象征土耳其和"一带一路"沿线国家之间的沟通和交流，既从社会鉴赏的角度肯定了土耳其在推进"一带一路"过程中的积极作用，又进一步传播了"一带一路"的国际影响力。

在新闻报道的开篇部分，作者同样较多选择倾向/非倾向词汇，直接表明各评价主体对"一带一路"的态度，通常通过 willing、vows、vision、 plans、pushing forwards、readies、up for、urges 等词实现。如：

    d. Vice-premier **vows to advance** modern Silk Road.（2014 年 9 月 23 日）

    e. Belt & Road countries to **plan** IP cooperation.（2018 年 8 月 23 日）

    f. Australia **urged** to back Belt & Road.（2017 年 8 月 10 日）

在例 d 中，中国国务院副总理汪洋誓言推进现代丝绸之路，体现中国政府对该倡议的支持态度；例 e 表明"一带一路"加入国家计划以深度加强知识产权合作的态度；例 f 体现澳大利亚迫切希望加入"一带一路"的态度。上述句子分别代表三类主体：中国社会各界、"一带一路"合作国家和渴望加入的国家。这也体现了 *China Daily* 对"一带一路"报道主题的选择。这些带有倾向性的词语表明中国媒体在客观事实的基础上陈述各评价主体对"一带一路"的认识，以一种开放包容的姿态表达立场，以期获得更多的支持。

对新闻标题（和/或导语）① 进行分析，既能把握新闻的主要内容，又能剖析媒体的态度与立场（董希骁，2018）。开篇部分的价值词汇肯定了"一带一路"倡议的社会意义和国际影响，倾向/非倾向词汇突出了各类评价主体对"一带一路"未来发展的美好祝愿和大力支持。它们共同奠定了整个新闻语篇的态度基调。

5.4.2.2 详述部分的态度资源

详述部分是对开篇内容做出的补充性说明，通过提供具体信息，补充开篇材料内容，完整呈现新闻事件（White，1998；2005；Thomson & White，2008）。也就是说，用一个或一组句子来描述标题/导语中呈现的具体信息，为其提供更为详细的解释，或通过相关例子对标题/导语内容进行补充说明，或使用不同的术语来重述标题/导语中的主要思想。在故事性报道中，通常使用 that is to say、in other words、for example、by way of il-

---

① 按照 White 的观点，新闻标题和导语具有同样的语篇功能。

lustration、specifically、to be precise 等短语。该部分的态度资源依旧以价值词汇（45.98%）和倾向/非倾向词汇（14.36%）为主，同时反应词汇的比例增加，由 8.34% 上升到 13.22%，达到所占比例的最高点。反应词汇包括两个方面，一是影响（impact），指评价内容吸引力的程度，如 rich、colorful、dynamic、value-added 等，共计 14 个；二是质量（quality），指评价主体在感情上受到的影响力，如 active、cold、proactive、impressive 等，共计 9 个。该部分中的反应词汇以第一方面为首，占 60.87%，具体内容包括"一带一路"对各国的吸引力，鼓励各国搭上"一带一路"的顺风车；同时也包括社会各部门在"一带一路"实施过程中对其他国家的吸引力，企图寻求更多的合作机会。例如：

a. Nowadays, with an **extensive** transportation network covering air, waterways and land, the Chinese city is once again aligning its growth even more closely with the outside world.（2018 年 11 月 10 日）

b. The Belt and Road Initiative injects **vitality** into the Association of Southeast Asian Nations and helps unleash economic growth.（2018 年 11 月 20 日）

例 a 表明（成都）这座中国城市凭借广泛的海陆空交通网络，再一次同世界经济联系起来。"extensive"一词评价了成都便利的交通优势，这一优势将吸引着越来越多的国家关注到成都，来成都进行投资，同该城市内的企业进行经济上的交流，开展经济上的合作，共同促进全球的经济增长。例 b 指出"一带一路"倡议能够帮助释放东盟国家的经济发展活力。"vitality"一词表明"一带一路"实施的优势，从社会鉴赏的角度展现了"一带一路"倡议对东盟国家的吸引力，为各国继续开展合作提供支持，同时这一评价词汇也将使其他国家看到"一带一路"建设的优势，企图从中国的"一带一路"倡议中获益，从而自觉参与到这一建设中来。

第二方面的词汇虽然占比相对较小，但却呈现出一个鲜明的鉴赏评价结构模式，即"人称主语+轻动词（take、hold 或 play）+定冠词+情感形容词+抽象名词"。例如：

c. **Turkey**... and is ready to **play an active part** in the proposal, said China's ambassador to the country. （2015 年 7 月 30 日）

d. Beijing's Zhongguancun Science Park is now taking proactive action to back up the Belt and Road Initiative. （2017 年 5 月 14 日）

e. Amy King said Australia should "think seriously what the Belt and Road Initiative is and what it means for the region" before （**Australia**） **taking a cold stance** on it. （2017 年 8 月 10 日）

例 c 表明土耳其国家在推进"一带一路"进程中扮演着积极的角色，该国因为看到了该倡议本身的优势和吸引力以及中国为该倡议顺利开展而付出的诸多努力，所以积极采取行动支持这一提案，实现双赢发展。"active"这一反应表明土耳其对"一带一路"倡议的肯定和支持，从而影响其他国家和地区对这一倡议的看法。例 d 表明北京中关村科技园正在采取积极的行动，支持"一带一路"倡议，意在肯定"一带一路"的战略意义。该句通过正面的反应评价短语，鲜明地指出中关村为"一带一路"的发展贡献力量。例 e 中艾米·金认为澳大利亚在拒绝"一带一路"倡议之前应该认真考虑"一带一路"倡议的内涵及它给澳大利亚带来的实际利益。这表明随着"一带一路"国际影响力的提升，一些国家对其认识由"发展机遇"代替"合作焦虑"。"taking a cold stance"虽然是一个负面反应短语，但却在具体语境中委婉暗示澳大利亚应该给"一带一路"一个机会，传递出其潜在的积极态度。评价大多通过词汇表达，而非那些具有典型评价功能的语法型式（Thompson，1996a）。Martin（2017）指出，态度资源由词汇层面和语法层面共同实现，但主要以词汇层面为主。因此，对话语分析进行评价研究，从词汇层面出发是基础，而寻找鲜明的语法模式可以作为辨别评价词汇类别的主要依据。该部分沿袭开篇部分的评价词汇特征，充分体现出二者在内容上紧密相连的关系。但二者的不同之处在于，后者增加使用鉴赏资源中的反应词汇，其目的是通过使用相对客观的价值评价词汇，突出"一带一路"及各地区的吸引力，悄然推动读者接受语篇中渗透的观点。

5.4.2.3 解释部分的态度资源

解释部分是对开篇部分做出的阐释性说明，通过描述新闻事件发生的原因、后果及目的，给予新闻事件一个或多个合理性解释以消除读者心中的疑虑（White，1998、2005；Thomson & White，2008）。解释部分又可以细分为三种类型：原因（Cause-&-Effect-Justification）、后果（Cause-&-Effect-Consequence）和让步（Cause-&-Effect-Concession）。所谓原因就是指支持标题/导语中出现论点的证据或推理方式，这类原因也可以视为文本内部的解释成分，因为它解释了提出这一特定主张的原因；所谓后果就是指描述标题/导语中提出内容的原因、后果或目的；所谓让步就是指结果不符合预期或结论不成立的内容。总而言之，解释部分指用一个或多个句子描述标题/导语中事件的起因、结果和实现目标等。解释部分经常使用 because、so 等表示因果关系的词汇和短语来实现语篇中的逻辑语义关系。态度资源在该部分的分布中，所占比例较高的分别是：价值词汇（43.00%）、倾向/非倾向词汇（13.19%）、反应词汇（8.47%）、安全/不安全词汇（8.14%）和毅力性词汇（6.35%）。由表5-3可以看出，安全/不安全词汇和毅力性词汇所占比例上升的幅度较大，分别提高了135.94%和84.06%。在安全/不安全词汇的分布中，积极词汇和消极词汇差异明显。积极词汇由 confidence、secure、boasts、trust 等41个单词组成，阐释了评价主体在"一带一路"过程中努力寻求共同发展，建立一个安全互信、和谐共处的美好世界愿望；消极词汇由 confronted、speculation、suspicious、fears 等9个单词组成，反映出部分国家对"一带一路"政策的担忧和猜疑，客观传达了少数人的心声。这有助于中国今后改进对外宣传策略，为进一步推广"一带一路"打下坚实的基础，所以这些负面词汇同样具有积极意义。例如：

a. Every country's **concerns** and opinions will be taken into consideration.（2014年9月23日）

b. In 2015, global headlines reflected mounting **concerns** about China's slowing economy.（2015年12月21日）

c. And it **fears** that participation in the Belt and Road Initiative might harm its alliance with the United States. （2018 年 2 月 9 日）

例 a 表明中国在实施 "一带一路" 过程中会充分考虑沿线国家的利益和需要，意在邀请更多国家加入这一重大倡议，共同构建人类命运共同体。"concerns" 一词表现出各国对 "一带一路" 倡议实施的担忧，但是联系语境上下文发现该句将这些担忧转变为一种令人信服的力量，这是因为中国明确表明会将各国的担忧都考虑在内，这暗含着中国会提出更好的方案，不会令各国担忧成为现实。在例 b 中，全球新闻头条在 2015 年更多报道对中国经济增长放缓日益加深的担忧，对中国能否继续顺利推行 "一带一路" 表示怀疑。这些报道促使中国开始反省思考如何顺利转变经济增长模式，稳步实现丝绸之路的伟大愿景。两个例子中的评价词都是 "concerns"，但它们却传达出不同的话语信息。在这种情况下，要结合具体语境做出正确的判断（胡壮麟，2012）。例 c 说明澳大利亚政府未加入 "一带一路" 的原因是担心影响本国同美国的关系，这为中国处理此类问题提供依据，对高层决策具有指导意义。

由表 5-3 可知，毅力性词汇在解释部分所占的比例最高，这说明了在 "一带一路" 实施过程中，中国做出的持续性努力逐渐赢得了中国社会各界及世界其他国家和地区的认可。例如：

d. The provincial government **is committed to** hosting the expo to promote mutual understanding between different cultures along the Silk Road. （2015 年 11 月 25 日）

e. Yantai must now **continuously** expand its industry abroad. （2017 年 7 月 18 日）

f. China **has adhered to** the principle of extensive consultation, joint contribution and shared benefits since the initiative was proposed. （2018 年 8 月 25 日）

例 d 表明（甘肃）省政府致力于举办世博会以促进丝绸之路沿线国家

之间的文化交流，这与开篇内容"政府在博览会上将文化放置在丝绸之路的核心位置"遥相呼应，并解释了标题中政府这样做的原因和目标。例 e 同样解释开篇内容，解释烟台这座沿海城市将通过持续扩大海外贸易的方式释放"一带一路"的发展潜力。例 f 表明自"一带一路"倡议提出以来，中国始终坚持广泛协商、共同贡献和共享利益的原则，因此这一倡议与第二次世界大战后美国实行的马歇尔计划有着本质的区别。这句话为开篇内容"一带一路不是马歇尔计划也不是政治战略"提供事实依据，"has adhered to"这一短语也从时间上加强了该论据的力度。该部分逻辑性强，以各种形式梳理开篇部分的疑问，给读者呈现一个完整的事实真相。安全/不安全词汇从情感上述说评价主体希冀与"一带一路"国家建立不可分割的命运共同体。毅力性词汇通过对评价客体的名誉判断，解释了各国及各行各业为"一带一路"发展做出持之以恒的努力，同时也阐释了"一带一路"倡议旺盛的生命力。

5.4.2.4 背景部分的态度资源

背景部分为开篇部分提供背景材料，包括地理环境、前后连续事件和同类对比事件，指将开篇部分的事件置于时间、空间和社会背景中（White，1998、2005；Thomson & White，2008）。例如，我们可以详细描述标题/导语中事件发生的地理环境，或者描述该事件发生前、发生时、发生后的相关背景，此外出于比较目的还可以描述与该事件性质相同或类似的其他事件。在问题报告式的新闻中，该部分内容也包括言语事件发生的时间、地点及与问题报道相关的辩论内容（White，1998：337）。表 5-3 显示，该部分以价值词汇（37.22%）、倾向/非倾向词汇（16.51%）、反应词汇（12.95%）、安全/不安全词汇（10.68%）为主要特征。其中，倾向/非倾向词汇和安全/不安全词汇使用较多，分别达到新闻结构五个部分中的最高比例。例如：

a. Zhang Wei, vice-president of the China Council for the Promotion of International Trade, **called for** joint efforts to make significant progress to further reduce barriers of trade between countries along the belt. （2014 年

5 月 27 日）

b. Investors who **want** to set up logistics centers in Eastern Anatolia and carry goods from the region to other areas **are looking forward to** the project. （2017 年 11 月 1 日）

c. They agreed to **jointly** combat terrorism and extremism and strengthen efforts to facilitate a free trade agreement between China and the Gulf Cooperation Council. （2014 年 6 月 6 日）

d. The project was put into operation last year and now **boasts** 300 million yuan（＄46.10 million）in annual revenue with an annual output of 300,000 metric tons of pulp. （2018 年 10 月 26 日）

例 a 表明，中国国际贸易促进委员会副会长张伟呼吁"一带一路"沿线国家共同努力，减少贸易壁垒。该句属于背景材料中的先前事件，是在习近平主席 2013 年 9 月份访问哈萨克斯坦时提出的，为开篇内容"世博会为丝绸之路经济带提供动力"补充"丝绸之路经济带"的背景资料。新闻记者在此使用了倾向/非倾向词汇，便于读者同新闻事件联系起来，表明世博会结束后同样需要加强合作。例 b 表明（土耳其）的投资者非常期待巴库—第比利斯—卡尔斯跨国铁路（BTK 跨国铁路）这一项目的实施。BTK 跨国铁路是中土两国在"一带一路"倡议下的合作成果，当地投资者对它的肯定和认可反映了"一带一路"在土耳其国内取得了民众的支持。这属于开篇内容发生时人们对 BTK 跨国铁路和"一带一路"的积极态度。例 c 属于背景材料中的同类对比事件，中阿两国同意共同打击恐怖主义和极端主义，并为促进中国与海湾合作委员会之间签订自由贸易协定做出更多的努力。该事件同标题/导语中的核心事件"一带一路"建设中为中阿两国提供合作蓝图构成同类对比事件，表明两国在这一建设中逐渐拓宽合作领域，促进共同发展。"jointly"一词增强了两国间合作的安全性。例 d 属于背景材料中的后续事件，表明该项目启动后带来的经济效益，为开篇内容"大都市中许多蓬勃发展的公司现跻身全国 500 强"提供数据支撑。"boasts"一词属于情感资源下的安全/不安全词汇，话语间流露出一种骄傲自豪的情绪，体现该项目带来了令人满意的结果。

上述两类词汇均属于情感资源。由表 5-3 可知，情感资源下态度评价词汇增幅明显，总体占比在新闻结构五个部分中排名第二位，仅次于开篇部分。但是，该资源下高兴/不高兴词汇占比极低，为 0.65%，成为新闻语类结构五部分中占比最低的一项。背景部分较少直接使用表达个人情感的词汇，整个部分共出现了两次，目的是减少读者的反感，从而引起情感上的共鸣。背景部分中情感资源的态度评价词汇特征明显，一方面体现在倾向/非倾向词汇和安全/不安全词汇的增加，另一方面体现在高兴/不高兴词汇的骤减。这一现象反映了在该部分中，新闻记者更多通过非直接手段，表达各国对"一带一路"的热切期待和美好愿景，关注"一带一路"与各国间的切身利益和合作交往，体现新闻报道的客观性。

5.4.2.5 评论部分的态度资源

评论部分是对开篇部分做出的综合性评价，通常由外部专家根据新闻事件的重要性、情感影响或参照某些价值判断标准进行点评（White，1998、2005；Thomson & White，2008）。评论部分也被看作整个语篇的点睛之笔，因为它由国内外权威人士或有影响力的人物对语篇核心内容做出直接的判断，这些判断内容实际上就是新闻记者所要传达的主要思想，这有利于读者自觉受到感染从而接受新闻记者预设的情感。该部分的态度资源以价值词汇（46.37%）、倾向/非倾向词汇（13.57%）、安全/不安全词汇（8.83%）、能力性词汇（8.83%）、反应词汇（8.52%）为主。在该部分中，能力性词汇所占比例上升，达到最大值。能力性是判断资源下社会评判的一种，由评价主体对评价客体（通常是人）做出评价，有正面含义和负面含义之分（王振华，2001：17）。该部分中的能力性词汇全部由正面含义构成。例如：

a. "Turkey is an **important** partner to implement the Belt and Road Initiative," he said.（2015 年 7 月 30 日）

b. Now, a **stronger** China is taking global responsibilities for such issues as climate change, sustainable development and defending globalization, she said.（2018 年 12 月 13 日）

c. Xi told Myasnikovich on Tuesday that he views his visit as "**meaningful and fruitful**". （2014 年 1 月 22 日）

在例 a 中，郁红阳（时任中国驻土耳其大使）肯定土耳其在"一带一路"建设中发挥的重要合作伙伴作用。该句的评价主体是社会地位显赫的政府官员，他公开承认土耳其的积极贡献，这有助于中土两国扩宽合作领域，实现共同发展。同时，该评价内容又向世界说明"一带一路"倡议的实施需要各国的帮助，鼓励其他各国能够参与进来。在例 b 中，伊琳娜·博科娃（联合国教科文组织前总干事）对中国的发展给予高度赞扬，认为中国能力强大，有责任应对气候变化等全球问题。在该句中，评价主体是伊琳娜·博科娃，一位联合国教科文组织前总干事，她的身份有效提升了评论内容的真实性和权威性。评价内容"强大"表明评价客体中国当前的综合实力，"强大"一词为中国承担全球责任提供依据，同时传达出中国有能力、有责任使更多国家受益于"一带一路"建设。在例 c 中，中国国家主席习近平肯定了白俄罗斯总理米哈伊尔·米亚斯尼科维奇访问中国的意义和取得的成果。"meaningful"和"fruitful"两个词既可以看作评价主体对评价客体外交能力的肯定，又可以看作评价主体对评价客体访问价值的赞赏。Martin（1998：153）也曾提到情感、判断和鉴赏共处于一个相互联系、相互作用的评价系统中，所以一个子系统中的指示含义可以蕴含或者唤起另一个子系统中的含义。例如，当我们称一篇文章很有吸引力、很有趣的时候，这是从社会鉴赏的角度进行评价、分类的，但同时这句话也间接评价了文章作者具有产出这种效果的能力。王振华和马玉蕾（2007：23）针对判断和鉴赏界限模糊的问题给出了解决方法，即看被评价的内容是有关人的行为还是有关行为所致的结果。结合上下文我们发现，该评论强调白俄罗斯总理的贡献，故属于能力性词汇。

该部分未对语篇涉及人物的能力做消极评价，我们在此可以猜想这与新闻这一体裁和报道内容有密切关系。一方面，此类新闻由 China Daily 发布，该媒体是中国向外发布信息最为权威的机构，这决定了该媒体的主要目的是传递和谐、友好的信息，帮助提高中国的国际影响力，而有关负面的、消极的评价内容则不利于这一目的的实现；另一方面，此类新闻的内容主要是关于中国实施的"一带一路"政策，该政策旨在通过和平与发展的方式同世界其他国家建立友好的合作伙伴关系，打造利益、命运和责任共同体，而任何不好的声音都会使其他国家和地区对中国原本的美好形象大打折扣。综上所述，评论部分的评价主体主要是政府官员，其目的是增强话语的可信度，强化新闻事件的态度基调，间接影响并逐步取代读者对新闻事件的整体判断和评价。该部分的评价客体多为开篇部分中的参与者，其目的是肯定社会各界在"一带一路"发展中的贡献，最终建造一个共商、共建、共享的社会。

5.4.3　具体语篇的修辞潜势分析

White（1998）在他的博士学位论文中对修辞潜势（rhetorical potential）这样定义：我关注新闻语篇中特定语义和文本组织模式之间的关系，以及这些文本产生特定类型意义的潜在可能性和在作者、读者和文本传达的价值之间构建特定关系的潜在可能性。如何通过反复出现的文本组织模式和词汇选择模式影响读者，使他们接受文本中的命题、同意预设的观点、支持所依托的社会秩序内的特定观点，这些都被称为"修辞潜势"。这里的"修辞"从广义上讲，不是指"论证（argumentation）"这个狭隘概念，而是指所有文本的潜力——无论论证是否明确，都可以影响、强化甚至挑战读者或听众的假设、信仰、情感和态度，等等。本小节将以 2017 年 9 月 16 日发表在 *China Daily* 上题为"Bay Area a Key Pillar for Belt and Road's Goals"的新闻报道为例，阐明"一带一路"新闻语篇的语域特征和语类结构是如何体现语篇态度资源的修辞潜势的（关于该报道的详细内容请参见 5.2.2 小节）。

从语域特征看，该新闻的语场是香港、澳门两个特别行政区和广东省的九个城市将联合建立粤港澳大湾区，以支持 21 世纪海上丝绸之路的发展，实现中国各城市间以及中国与其他国家间的五通目标。该语场营造了一种积极向上、振奋人心的话语氛围，对整个语篇的语言特征起着决定性的作用。该新闻的语旨是中国媒体和它的潜在读者。其中，中国媒体具体指 *China Daily*，它为中国了解世界、世界认识中国提供了一个重要窗口，是中国国家英文日报；而它的潜在读者则是任何想要了解中国的国内外人士，主要是一些高端人士。该语旨表明新闻信息的传输过程是单方向的，由中国媒体 *China Daily* 将新闻内容传递给它的潜在读者，*China Daily* 和它的读者之间无法进行面对面的双向交流。从新闻的具体内容看，整个语篇都在介绍粤港澳大湾区的美好前景及世界各国、各地区对此做出的回应，说明该语篇突出中国与世界的关系，力图吸引更多国家参与粤港澳大湾区建设，共同推动"一带一路"向高质量发展。该新闻的语式是书面形式的、非面对面的正式交流，这决定了该语篇必须使用官方措辞和书面用语。上述对语旨的分析直接影响着该新闻的语式，即采用一种正式的、官方的书面语形式。因为只有采取这种形式才可能达到该新闻语篇所要实现的预期效果。

从新闻语类结构看，该报道按照如下顺序展开：开篇—详述—解释—背景—解释—背景—评论。在开篇部分中，新闻记者直接从社会鉴赏的角度肯定了粤港澳大湾区在实现"一带一路"的五通目标过程中的重要作用，称粤港澳大湾区发挥着重要支柱作用，直接点明新闻语场。其中，使用积极的鉴赏词汇"key pillar"体现出该语篇中最重要的信息，即肯定粤港澳大湾区在"一带一路"建设中的重要性。我们发现，开篇内容是整篇新闻报道的简单缩影，它选择出整个语篇中最突出的信息进行强调，将之与相关价值联系起来实现开篇内容的人际意义。White（1998：273）也认为，标题/导语部分会从事件中提取出或概括出相关子集并将这些子集推广到突出或中心位置。总的来说，开篇部分一方面概括了新闻主题，另一方面也为主体部分的开展奠定了一种积极的话语基调。随后在详述部分中，新闻记者直接引用一位高级官员的话补充了开篇的具体内容，不仅同开篇部分一样评价了粤港澳大湾区在"一带一路"建设过程中的作用，还具体列举了在该过程中要实现的贸易、投资及区域互联互通的目标，也就是所谓的五通目标。这表明开篇部分属于选择性概要式的类型。解释部分是对"2017 中国·广东 21 世纪海上丝绸之路国际博览会"优点的描述。粗看该部分内容，会有一种与前面的内容格格不入的感觉，但是仔细读来又会发现这两部分内容存在着一种微妙的联系，这是因为粤港澳大湾区正是 21 世纪海上丝绸之路建设中浓厚的一笔。该部分内容解释了海博会可能给世界人民带来便利。接着该报道又介绍了海博会的相关背景，如参与国家和地区、举办时间等，补全了上文缺失的背景信息，成功保证了语篇前后内容间的连贯。之后，新闻记者又提供了海博会当前的具体现状，如确认海博会参会国、签署培训中文员工等备忘录。最后，中山大学岭南学院教授兼港澳珠江三角洲研究中心副主任林江对制定粤港澳大湾区计划做出评论性总结，称该计划具有深远意义——能够有效整合我国现有区域经济和产业资源，应对全球产业转型升级的新挑战。由此可见，新闻报道中的每一个部分都有其特定的功能和人际意义。该新闻仅体现了一种新闻结构顺序，我们在前文已经了解到轨道式的语篇发展模式，即新闻主体部分可以最大限度地进行编辑。也就是说，这篇新闻报道还可以通过其他多种篇章结构顺序来展现同样的报道主题。但是我们应该认识到，新闻语篇采用这样的布局方式可能体现着新闻记者特殊的意图。例如，在该篇新闻报道中，新闻记者就主要采用了一种首尾呼应的方式来突出建设粤港澳大湾区的重要意义。这有助于新闻记者和它的潜在读者建立一种联盟，逐渐提高读者对粤港澳大湾区的正确认识，使"一带一路"的理念更加深入民心，进而实现五通目标。每篇新闻报道都可能出现不同的新闻语类结构模式，因此我们在对态度评价词汇进行量化统计的同时，有必要深入具体语篇中进行挖掘，从具体内容中发现该语篇独特的修辞潜势。

5.5　小结

Bird & Dardenne（1988：78）认为新闻记者面临一个矛盾：他们的报道越客观就越难以被理解；相反，如果他们能成为一个好的故事讲述者，那么就会得到更多读者的回应，但是他们担心这样做背离了新闻客观性报道的理念，所以新闻记者会客观记录一些事件，同时做一些叙述。研究基于 *China Daily* 上 100 篇与"一带一路"高度相关的新闻报道，在评价理论态度系统的指导下，分析了态度资源在新闻语类结构上的分布特点及体现出的话语特征。所得的结论如下：第一，态度资源在语篇中的总体特征表现为"鉴赏词汇>情感词汇>判断词汇"，体现了新闻报道的客观性；受新闻语类结构各部分交际功能的影响，态度评价词汇在五个部分中差异显著。第二，开篇部分揭示新闻主题，为新闻事件的情感和态度埋下伏笔，主要通过价值词汇和倾向/非倾向词汇向读者展现"一带一路"建设的重大意义，表达出对"一带一路"发展的美好祝愿；详述部分为读者呈现完整的新闻事件，便于读者接受语篇中潜在的观点，该部分与开篇部分的词汇特征基本相同，同时反应词汇的比例上升明显，展现出"一带一路"建设的无穷魅力，旨在吸引更多主体和国家加入这一进程；解释部分梳理整个新闻事件的前后脉络，通过增加安全/不安全词汇和毅力性词汇，消除读者的困惑，解释社会主体对"一带一路"态度转变的原因和该倡议顺利进行的优势；背景部分补充相关连续事件，为新闻语篇的态度基调提供支持，该部分中情感资源下评价词汇的总体占比增加，表明社会主体更加关注"一带一路"进程中的合作机会；评论部分使用权威话语影响读者的深层思考，强化语篇中的态度基调，该部分突出能力性词汇，肯定新闻事件中各类主体对"一带一路"的贡献和支持，拉近同读者之间的距离。此外，研究也对具体语篇做了定性研究，从语域特征和新闻语类结构方面分析了该语篇中的文本组织模式、评价特点，也就是修辞潜势，这有利于增强读者对"一带一路"的认识，使"一带一路"理念更加深入民心，进而实现五通目标。总的来说，研究使用评价理论剖析了新闻记者的立场和态度，揭示了社会主体对"一带一路"的情感和认知，这对建设和平、繁荣、开放、创新、文明的"一带一路"具有积极的意义。更重要的是，研究证明了评价理论和新闻语类结构结合的可能性，补充并完善了"一带一路"新闻的话语分析体系，为新闻语篇进行话语分析提供了一种新的研究方法。

本章较为全面地剖析了中国媒体关于"一带一路"新闻的语类结构和各部分功能的特点，从评价理论态度资源的角度解读了 *China Daily* 对"一带一路"倡议的对外宣传特征。但仍留有不足之处，具体表现在：第一，语料库库容量小。研究按照一定取样标准如单篇字符数大于 200 个小于 750 个的标准从 *China Daily* 上抽取了 100 篇语料样本，建立了一个关于"一带一路"新闻语篇的专门用途小型语料库。这些语料在一定程度上可以满足研究需要，其研究结果也具有统计学意义。但是，在规模更大的语料库中观察、分析能最大化地缩小研究误差，使研究结果更为真实可靠。因此，有必要在未来的研究中增加它的库容量。此外，研究的语料类别也有待进一步明细化。"一带一路"新闻主要是有关政治经济的报道，因此该语料库也较多地收集此类语篇；其他类别如历史、旅游、文化等内容因其出现频率较低，所以该研究使用的语料库对其涉及的总数也较少。第二，研究在语料处理前期可能存在主观性因素。为确保评价结果的客观性，研究采取诸多措施来降低人工误差，如确立标注、分类标准、选择有经验的研究人员并对其进行培训、对语料处理结果进行交叉核对等。但是，由于上述过程皆由人工进行操作，不可避免地会出现判断误差情况。第三，评价的角度较为单一。受限于语篇篇幅的影响，研究主要从评价理论的态度资源视角对"一带一路"新闻语篇进行研究和分析，研究结果在一定程度上有很大的积极意义，但是，为了对此做更为全面的分析，在分析过程中加入介入和级差的内容能使研究结果更有说服力。

　　本章对使用评价理论分析新闻语类结构方面的研究有一定的借鉴价值。在此类研究中，不仅要保证语料库的规模，在能力范围内扩大库容量，还要保证语料类别的包容性和代表性，即如"一带一路"新闻语料库应囊括政治、经济、文化、历史、地理、旅游、社会等各个方面，由此增强数据结果的准确性和有效性。同时，为确保标注态度资源和新闻结构分类的正确性，可适量增加研究人员的总数，之后反复进行交叉核对直至结果统一为止。态度资源分析可以作为研究的一个切入点，之后还应补充介入分析和级差研究。如果条件允许，可以尝试使用完整的评价系统进行语篇研究。本章仅讨论了一家影响力较大的中国媒体——*China Daily*，对该媒体在"一带一路"政策报道上的研究做了较为深入的分析。未来的研究也可以在此基础上对中国多家主流的媒体如《人民日报》《光明日报》等进行对比研究或与其他国家的主流媒体如《纽约时报》《华盛顿邮报》《泰晤士报》等作对比分析。但是，不可否认，本章补充了评价理论的应用范围，对新闻话语分析也有一定的启发意义，更有利于推动此类研究向纵深发展。

第六章　中美新闻语篇的转述言语对比分析

6.1　引言

新闻的基本原则是"某件事如此是因为某个人说它如此（Fishman，1980）"。在新闻语篇中，报道者为了尊重事实，坚持新闻客观性原则，往往会借助别人的话语即转述言语来进行报道，通过使用大量的转述言语来传递报道者及其所代表的媒体或国家的意识形态。Floyd（2000）认为，"新闻报道看似中立，实则包含报道者个人对某件事的观点和喜好"。转述言语的使用可使新闻语篇表面上更具客观性，因此被视为新闻语篇中至关重要的因素，成为学者关注和研究的重点（如 Bakhtin，1981；辛斌，2014；辛斌、时佳，2018；吕伊哲，2019 等）。自 2019 年 6 月修例风波以来，香港小部分暴徒和反中乱港分子进行各种示威活动，严重破坏社会秩序，违反国家法律和道德底线，对香港特区政府、市民生活与经济发展造成负面影响。暴乱发生以来，国内外媒体对该事件进行了大量报道。由于新闻的时效性，目前鲜有学者对乱港事件背后的意识形态进行研究；此外，以往的学者多采用质性方法来研究转述言语（Fairclough，1992；辛斌，1998；李金凤，2009），借助语料库进行的量化研究较少。本章拟从转述动词、转述方式、消息来源三方面对《中国日报》（*China Daily*）和《华盛顿邮报》（*The Washington Post*）两家媒体"乱港事件"新闻报道中所使用的转述言语进行分析，比较中美新闻语篇在这三方面的语言特征，进而揭示中美双方在乱港事件中所持的态度立场。

6.2　核心概念厘定

　　Volocinov（1973）指出，只有在特定的转述语境中，转述言语的意义才能被理解。任何言语的理解都离不开语境，转述动词是用来衔接转述言语中的说话人与转述从句的，为转述言语的使用提供语境，能够预测新闻语篇的意义，因此转述动词是转述言语的核心。鉴于转述动词在转述言语中的核心作用，国内外学者从不同方面对其进行了大量研究，并进行了分类。按照所引起的不同情绪，Geis（1987：130）将转述动词分为两类：积极转述动词，如 advice、promise 等；消极转述动词，如 argue、blame 等。Bell（1991：206）认为，短语 according to 不仅表明转述来源，而且还具有转述动词功能，所以将其归为中性类别。他还指出，say、tell 和 according to 是英语中具有代表性的中性转述动词。根据转述动词的不同语用功能，Thompson（1996b）将转述动词分为中性和评价性两类。他认为，报道者可以使用不同的评价性报道动词来表达对同一内容的不同态度。国内学者高小丽（2013a）将转述动词分为中性转述动词、心理转述动词和言语行为转述动词三类。康俊英、李凤琴（2018）也从积极、消极、中性三方面对《纽约时报》南海仲裁案新闻报道中的转述言语进行了批评性分析，揭示美国政府对南海问题的态度立场。参照以往学者对转述动词的分类，本章节将从三个方面讨论转述动词的使用：其一，积极转述动词，给说话者一种公正、可信赖、积极向上的正面形象；其二，消极转述动词，体现说话人不可靠、鲁莽、霸道的负面形象；其三，中性转述动词，不包含明显的态度倾向，在新闻语篇中形成一种客观态度。

　　转述方式是指报道者将说话者的言语或观点呈现给读者的方式。在对转述方式的分类上，Leech、Short（1981）的分类标准被学界广泛接受。根据叙事者介入话语的程度，他们将转述言语分为 5 种方式：言语行为的叙述性转述（NRSA）、间接引语（IS）、自由间接引语（FIS）、直接引语（DS）和自由直接引语（FDS）。在这五种方式中，新闻报道中使用最多的是直接引语和间接引语。Smirnova（2009）对《泰晤士报》《金融时报》

等四家侧重政治报道的媒体进行了为期 6 年的分析，结果发现直接引语使用最多，其次为间接引语和混合转述。辛斌（2006）从直接引语和间接引语两方面考察了《中国日报》和《纽约时报》新闻语篇中转述言语的分布特点，发现新闻报道中自由直接引语和自由间接引语出现次数较少，而且叙述性转述本质上属于间接引语。高小丽（2013b）也参照 Leech 和 Short 的转述方式框架，将转述方式调整为 8 小类，对比分析了《人民日报》（汉）和《纽约时报》（英）中各类转述方式的使用差异。

消息来源是指所报道的话语从何而来，报道者在引述他人言语时，要写清楚谁为他提供了信息。Geis（1987：80）认为消息来源者是直接向记者提供信息的人，或者是在记者听证会上说过一些话的人。对消息来源的具体分类，学者们进行了详细研究。Van Dijk（1988）通过搜集分析荷兰报刊上的新闻语篇，将新闻报道中的消息来源分为公司、官方信件、组织、新闻机构、新闻发布会、采访、电话等 12 种类型。Bell（1991）认为新闻制造者和媒体是两种主要的消息来源。张健（1994）认为新闻的消息来源包括：（1）具体确切的消息来源（Specific news Source，简称 SS）：指的是报道者明确提供转述言语的具体信息；（2）含蓄不露的消息来源（Implicit News Source，简称 INS）：指报道者通过一些与说话人相关的词语（比如地位、职业、机构名称等）来暗示，间接表明说话人的具体信息；（3）似真非真的消息来源（Unclear News Source，简称 UNS）：指报道者不了解或隐瞒新闻的确切来源，但为了使报道客观、准确，常常使用一些模糊不清的词语来表示，如 It is said/ reported... Reports say... 等。

6.3　研究设计

为了对比分析中美新闻语篇中转述言语使用情况，自建两个语料库。语料分别选自中美媒体对"乱港事件"的新闻报道，时间跨度为 2019 年 6 月至 2019 年 12 月。中国媒体语料选自《中国日报》官网，以 "Hong Kong Violence" 为检索词，仅选取该网站发布的新闻语篇。语篇下载后进行人工筛查，删除不符合主题的语料，随机选取 36 篇关于乱港事件的新闻，建成中国日报语料库（China Daily Corpus，CD Corpus）。美国媒体的语料选自《华盛顿邮报》，以相同检索方法，随机选取 27 篇[①]主题为"乱港事件"新闻报道，建成华盛顿邮报语料库（Washington Post Corpus，简称 WP Corpus）。为对比分析中美媒体在"乱港事件"新闻语篇中的转述言语使用，基于搜集的语料，先用 UAM Corpus Tool 3 对两个语料库中的转述言语进行人工标注，再使用 AntConc 3.5.8 对转述言语进行检索和统计。根据检索结果确定转述言语及其具体分类在中美新闻语篇中的使用差异，之后分析这种差异所传递出的中美两国对"乱港事件"的不同态度。

本章节主要回答两个问题：（1）中美新闻语篇在转述动词、转述方式和消息来源的使用上存在哪些差异？（2）这些差异传递出中美两国对乱港事件持何种态度？

6.4　研究结果与讨论

6.4.1　转述动词

在新闻语篇中，转述动词的选择和报道者的态度立场关系密切。参照以往学者对转述动词的分类，在标注过程中，本研究按情感类别将转述动词分为 3 类：积极、消极、中性。先人工识别转述动词，然后使用 UAM Corpus Tool 3 标注功能和 Statistics 功能，分别标注和统计积极、消极和中性转述动词在 CD Corpus 和 WP Corpus 中的使用频率及百分比。分析结果如表 6-1 所示。

数据显示，在两个语料库中，中性转述动词使用频率占比最高，分别为 68.28% 和 46.02%。通过 AntConc 检索发现，使用最多的是 say/ said/ saying、told、according to，这表明中西方报道者在新闻语篇中都倾向于使用中性转述动词。与其他类型的转述动词相比，中性转述动词能够保证新闻的客观性、公正性和可信度。报道者在新闻报道中选择了大量的中性转

[①] 《华盛顿邮报》中语篇篇幅较长，为确保两个语料库的可比性，本研究从该报刊中随机抽取 27 篇。

述动词，说明报道者意在新闻报道中避免加入个人态度或情绪因素。CD Corpus 中积极转述动词的使用频率略高于 WP Corpus；但 WP Corpus 中消极转述动词使用较多，占比 27.88%。分析语料发现，西方媒体的报道多为对中国政府或中国媒体对乱港事件所持的态度进行评论。中国政府采取立法、管控等措施来阻止暴力行为，但西方媒体在报道时对事实置若罔闻，片面认为这些措施对香港的发展和香港人民的生活是不利的。西方媒体较多使用消极转述动词，说明其对乱港事件的立场与中方完全对立。下面通过例子来做进一步分析：

表 6-1　　　　转述动词在 CD Corpus 和 WP Corpus 中的使用频率

转述动词	CD Corpus		WP Corpus	
	数量	百分比	数量	百分比
积极转述动词	82	24.77%	59	26.11%
消极转述动词	23	6.95%	63	27.88%
中性转述动词	226	68.28%	104	46.02%
总数	331	100%	226	100%

a. Hong Kong Special Administrative Region Chief Executive Carrie Lam Cheng Yuet-ngor **stressed** on Monday that the SAR government will not yield to the violence of rioters and accede to their demands. (*China Daily*, Nov. 12, 2019)

b. "I think President Xi has reacted very responsibly," he (Trump) **told** reporters. "He's allowed [the protests] to go on for a long time." (*The Washington Post*, Jul. 23, 2019)

c. Additionally, they incited students to go on strike from classes and used students as tools to achieve their political goals, Yang **said, adding** that these acts have far exceeded the scope of normal assemblies and are "violent crimes in any country, any region and any legal system." (*China Daily*, Sep. 3, 2019)

在例 a 中，使用积极转述动词 "stressed" 来强调特区政府不会屈服于暴徒的暴力，更不会答应他们的要求，表明中国政府强烈反对乱港分子的破坏行为。Bell（1991）认为"told"属于中性转述动词，但结合语境，本研究把例 b 中的动词"told"归为消极转述动词类。这里特朗普用一种反讽的口吻，讽刺中国政府在暴乱发生时没有立即采取措施，导致暴乱持续较长时间。例 c 使用中性转述动词"said"间接引用 Yang 的话，又使用积极转述动词"add"重申中国政府的态度，即强烈谴责反中乱港分子利用学生来实现自己政治目的的行为，这在任何国家和地区都是暴力犯罪，都将依法受到惩治。由此表明中国政府坚决反对暴徒的乱港行为，并采取各种手段强烈抵抗各种暴乱活动。而乱港分子被美国媒体称为"protesters"，表明美国政府对该事件持负面态度，认为中国政府采取的措施是对"抗议者"的"虐待和武力强行镇压"，中国的做法不利于香港生活稳定和经济发展。这显然是歪曲事实的。

6.4.2 转述方式

在转述方式上，本章结合 Leech & Short（1981）以及辛斌（2006）对转述方式的分类，只区分直接引语和间接引语。直接引语就是对原语、原文章的直接重复，既能保持原语的风格和特点，又能在一定程度上避免记者对措词的更改。间接引语是通过语法和句法的转换来转述或引用他人的话语，报道者使用时要忠实于原语内容。Fairclough（1995）认为，间接引语很难保持报道语的原始风格，因为记者可以对其实际所说或所写的内容进行转换和改变，间接引语更容易被新闻记者控制。通过对转述方式进行数据分析，结果如表 6-2 所示。

表6-2　　　　转述方式在 CD Corpus 和 WP Corpus 中的使用频率

转述方式	CD Corpus		WP Corpus	
	数量	百分比	数量	百分比
直接引语（DS）	46	14.47%	72	31.17%
间接引语（IS）	272	85.53%	159	68.83%
总数	318	100%	231	100%

分析表 6-2 的数据发现，间接引语是 CD Corpus（85.53%）和 WP Corpus（68.83%）中使用最多的转述方式，均高于 60%，但 CD Corpus 中的间接引语使用频率略高于 WP Corpus。这说明中国媒体更倾向于间接引用他人的言论。而作为乱港事件的局外人，国外媒体无法直接获取新闻语料，因此记者在报道时往往间接引用中国政府和普通民众的话语，目的是尽量做到表面上的客观。仔细研究发现，美国媒体引用的所谓普通民众多来自反中乱港分子，这体现出报道者多站在乱港分子一方。此外，WP Corpus 中的直接引语使用频率明显高于 CD Corpus，高出近 17%。这表明直接引语被美国记者采用较多。Coulmas（1985）认为，直接引语是直接转述被转述人的话语，与间接引语相比，直接引语使新闻报道更有说服力，可为转述话语提供证据。例如：

a. **The criminal actions by a few rioters in Hong Kong show that their purpose is no longer related to the extradition bill but to paralyze the Hong Kong government and make Hong Kong an independent political entity**, said a spokesman for the Hong Kong and Macao Affairs Office of the State Council on Tuesday.（*China Daily*, Sep. 3, 2019）

b. "**This is Hong Kong, where I was born, and this is my city. All of us here are protecting our home**," said a 24-year-old protester to The Post.（*The Washington Post*, Jun. 14, 2019）

例 a 间接引用港澳事务发言人的话语，更有说服力，使用间接引语更客观地说明中方对乱港事件的态度及立场，反中乱港分子的犯罪行为的目的已不再与引渡法案有关，而是要破坏香港稳定，政府要认清他们的真实目的，坚决抵制暴乱活动。而例 b 则直接引用一位抗议者的话语，表明其立场倾向于支持暴乱活动，并认为这些暴乱活动是在"保护香港，维护香港的利益"。研究发现，*China Daily* 对乱港事件的态度更为明确——坚决抵制，而 *The Washington Post* 则倾向于直接引用乱港分子的话语来支持自己的媒体立场和态度，这使其报道更具倾向性和主观性。

6.4.3 消息来源

Geis（1987）强调新闻媒体最大的能力是决定谁拥有更大的话语权。新闻来源的选择不仅取决于新闻事件本身，还取决于某些新闻媒体和记者的态度和立场，同时它也影响着新闻话语的建构过程，是新闻语篇建构中一个重要的动态指数（赵小晶、张斌，2019）。结合以往学者研究中对消息来源的分类，通过分析语料，本研究将消息来源分为6类：政党政府、新闻媒体、专家学者、机构组织、普通民众以及不明确的消息来源。分析结果如表6-3所示：

表6-3 消息来源在 CD Corpus 和 WP Corpus 中的使用频率

消息来源	CD Corpus		WP Corpus	
	数量	百分比	数量	百分比
政党政府	87	53.70%	59	45.74%
新闻媒体	10	6.17%	15	11.63%
专家学者	14	8.64%	12	9.30%
机构组织	24	14.81%	7	5.43%
普通民众	11	6.79%	29	22.48%
不明确的消息来源	16	9.88%	7	5.43%
总数	162	100%	129	100%

表6-3数据显示，WP Corpus 中各类新闻来源的使用频率差异较大。其中政党政府的话语被引用次数最多，为59次，占45.74%；民众话语来源占比22.48%，位居第二，但需要注意的是 *The Washington Post* 报道中的民众多为参与乱港事件的当事人。较多引用普通民众的话语使得新闻报道更具个人主观看法，这说明美方媒体的报道缺乏客观性，他们更认同乱港分子的行为，视其为"正当的抗议活动"。观察数据还发现，占比最少的是机构组织和不明确的消息来源，均引用7次，各占比5.43%。与 WP Corpus 不同，CD Corpus 中政府政党（53.70%）和机构组织（14.81%）

占比均略高于 WP Corpus（45.74%，5.43%），这表明中国报纸更遵循新闻报道的真实性原则。Myrick et al.（2014）发现，公众不了解某些专业领域的内容，因此人们普遍认为政府机构、官员和社会组织是可靠的信息提供者，他们被认为是可靠的新闻来源。此外，从新闻媒体和普通民众两类消息来源上看，CD Corpus 语料中的分布情况大致相同且占比较低。下面通过例子分析：

a. "Hong Kong is at the edge of losing everything," said **a 24-year-old female protester**. "People cannot judge what [actions are] worthwhile or not. We just simply want to struggle for the limited freedom and value of Hong Kong." (*The Washington Post*, Jul. 4, 2019)

b. Lam herself **was recorded** saying she would have quit at the start of the unrest "if I [had] a choice," but she later denied she intended to resign. (*The Washington Post*, Nov. 15, 2019)

c. Glass windows of station control rooms, ticket issuing machines, gates and security cameras were among items damaged over the weekend, **MTR** said. (*China Daily*, Sep. 2, 2019)

例 a 中的消息来源是普通民众，引用参与乱港事件的小部分暴徒的个人话语，不具有客观性，更容易反映报道者本身对该事件的态度倾向。例 b 中 "was recorded" 的使用表明该新闻消息来源的不确定性，对于这些模糊的消息来源，读者有时会对其可靠性质疑，从而影响整篇报道的真实性。例 c 引用香港地铁公司（MRT）的话语，能够让读者真实感受到暴乱者所引发的社会混乱。此外，研究还发现中国记者引用的政府、官员的话语多来自香港特别行政区行政长官林郑月娥、政府新闻发言人及其他政府官员等，引用政府官员的话语在新闻读者看来更具真实性，说明中国记者在报道乱港事件时更加客观，报道的内容更容易使读者信服。

研究表明，中美两国媒体在报道"乱港事件"的新闻语篇中，采用了相似的具体来源即政党政府，而对于新闻读者来说，有具体来源的新闻在中美新闻报道中给读者的感觉是一致的。但是在新闻报道中，过度使用不明确的新闻来源容易引起读者的质疑，影响报道的权威性。《华盛顿邮报》的记者更倾向于直接引用政党政府及乱港分子的言论；《中国日报》则倾向于直接引用政党政府、机构组织、专家学者的话语，不明确的消息来源使用较少。这是因为《中国日报》是中国的主流媒体，报道者倾向于从政府、机构、权威专家等专业视角对新闻进行客观报道，体现了中国官方媒体对待新闻事件的态度以及中国政府对乱港事件强烈反对的决心和意志。

6.5　小结

本章对中美媒体"乱港事件"新闻报道中的转述言语进行了对比分析，结果表明，作为中美两国的主流媒体，在报道乱港事件时，两家媒体代表着完全不同的态度和立场。《中国日报》和《华盛顿邮报》中的报道都倾向于使用中性转述动词来体现新闻的客观性；由于态度立场的不同，《中国日报》较多使用积极转述动词，而《华盛顿邮报》较多使用消极转述动词类。在转述方式上，两家媒体均较多使用间接引语，与中国记者相比，美国记者较多使用直接引语来表达观点。消息来源方面，中国媒体较多引述政府、专家的话语进行报道，这更能体现报道的可靠性和真实性；而《华盛顿邮报》较多使用乱港分子的话语，其报道的权威性和客观性大打折扣。中国政府对暴乱活动向来强烈抵制和坚决反对，香港事务纯属中国内政，美国不应干预香港事务，任何扰乱和平和社会秩序的乱港行为，都应采取措施坚决制止。但美国的新闻报道歪曲和无端抹黑中国形象，乱港行为被"正义化"，他们认为暴徒的抗议活动是为了维护自身权益和香港的发展，相反政府和警察的抵制却是暴力行为。这显示出美国媒体在进行新闻报道时，没有做到客观公正，显示出不可告人的险恶用心。需要注意的是，不同国家新闻语篇潜移默化地受到国家和报道者态度立场的影响，因此并非所有的新闻语篇都是客观真实的。不同媒体的转述言语使用差异反映出不同国家对待新闻事件的态度，读者在阅读新闻语篇尤其是西方新闻语篇时要保持批判性思维。

第七章　主题演讲中英文网络评论的
态度资源分析

7.1　引言

　　自媒体时代，个体成为信息传播的主体和载体，网络暴力作为网络发展的副产物，随之产生，并随着自媒体的发展而日益加剧。作为典型的网络暴力事件，2006 年发生在美国的梅根事件受到世人关注。该事件中 13 岁少年梅根因不堪网友侮辱、诽谤带来的精神压力而最终选择自杀。此后，网络暴力引起了人们的广泛关注，一大批学者开始研究网络暴力的性质、产生原因、运作机制及应对策略。对于网络暴力的性质，有学者认为网络暴力比传统暴力性质更恶劣，是一种心理上和社交关系上的攻击（Olweus，2013），也有学者认为它是一种日常生活中的侵犯行为，且易于重复（Robin et al.，2014）。网络暴力主要包括网络欺凌（cyberbullying）和网络羞辱（online shaming）两种网络暴力形式。网络欺凌是指以强凌弱的网络暴力行为。网络羞辱指站在道德的制高点，以维护社会正义或法律的名义谴责他人。

　　2006 年 2 月，网名为"玻璃碎渣子"的网友在网上公布了一组虐猫照片，照片中一名着装时髦的中年女性以高跟鞋鞋跟踩踏一只小猫，直至将小猫脑袋踩爆，小猫死去。照片发布后引起了众多网友的极大愤怒，网友自发组织要查清照片来源与该照片中人物，几天后网友查清了照片中的女人及帮她拍摄这组照片的朋友的真实身份及其详细的家庭住址与工作单位。之后，网友对该女与其朋友进行道德上的批判与谴责甚至诅咒，半月之后，相关政府职能部门对此事件展开调查，并对该女与其朋友进行停职处理。同年 4 月，一位名叫"锋刃透骨寒"的网友在"魔兽世界中国"论坛上发帖声称自己的妻子"幽月儿"与网络游戏中名叫"铜须"的人产生感情，并附上两人的 QQ 聊天记录与"铜须"的 QQ 号。多名网友在没有核查事情真相之前，便对"铜须"本人进行人肉，并对"铜须"本人与其家人进行谩骂与骚扰，给"铜须"及其家人的生活造成极大的困扰。以上均是典型的网络暴力事件。

网络暴力近年来已经引起社会的广泛关注。英国作家兼纪录片导演 Jon Ronson 于 2015 年 6 月在 TED（Technology，Entertainment & Design）演讲平台发表了"When Online Shaming Goes too Far"（网络暴力的失控）的演讲。在演讲中，Jon Ronson 讲述了 Justin Sacco 女士因无聊在推特（Twitter）上发布了一条被认为有种族主义歧视的言论，而引起百万网民集体围攻和道德谴责，Justin Sacco 为此失去了工作和正常的生活，由此阐述了网络暴力对人造成伤害的严重性，并呼吁语言暴力并不是社会公正，而是一种宣泄方式。该演讲视频在 TED 官方网站的点击量为 3，233，832 次（截止到 2019 年 8 月 20 日），受到网友关注与热议。2015 年该演讲视频的中文字幕版在网易公开课平台的 TED 版块上线，之后也引起了我国网友的关注和热议。

本章选取了该演讲视频的中英文网络评论作为对比语料，基于评价理论（Appraisal Theory）对中英文网络评论语言进行态度资源分析，比较中西网友对于同一演讲主题态度的异同之处，并尝试探讨上述异同之处与中西社会文化之间的联系。

7.2　网络暴力研究现状

对人类暴力行为的研究，一直是社会心理学主要研究问题。一般情况下，人们将通过非和平手段达到自己的目的的行为称为暴力行为。这种行为是通过对他人拳脚相加或他人身体造成伤害的一种残暴行为。随着互联网的发展与普及，网络暴力作为其副产物，发展日益严重，并逐渐引起了相关学者和专家的关注与研究。与传统暴力相比，网络暴力发生在虚拟的网络世界，表现形式更加多样化，对人造成的伤害不仅包括身体上的，还包括心理、社交和社会关系等方面（Dan，2013）。对于网络暴力的定义，学界一直存在争议。一些学者认为，网络暴力是网民在网络上的暴力行为，它是社会暴力在网络上的延伸（刘亚奇，2010）。而更多学者则认为，网络暴力是指基于一定的目的的个体或群体在虚拟的网络社会对他人进行非理性表达，具体表现为语言形式上的攻击。此外，在现实生活中该个体或群体通过谣言、诽谤、污蔑、攻击或骚扰等手段，对被攻击对象的现实生活造成一定的威胁和伤害（罗昕，2008；张旺，2011；姜方炳，2011）。网络暴力会对被攻击对象造成一系列不良影响与结果，如睡眠困难、焦虑、抑郁、药物滥用、身体免疫力下降、身体多病、注意力不集中、学习成绩下降、厌学、辍学、自杀甚至谋杀他人行为（Kowalski et al.，2014）。

近年来，国内外很多关于网络暴力的研究，主要集中于探讨网络暴力的性质、产生原因、恶劣影响及应对措施四个方面。英国著名心理学家Peter（2008）探讨了网络暴力的本质，对625名中学生进行问卷调查，讨论了网络暴力与一般互联网的使用关系、网络暴力与传统暴力的特点与两者的异同。研究发现网络暴力比传统暴力具有更多的负面影响，是一种新型暴力行为。张瑞孺（2010）分析了"网络暴力"行为主体的特征——"草根性"与"年轻化"，认为与现实生活相比，网络群体的集体无意识倾向较为严重。此外，网络群体由于缺少现实生活的法律与道德约束，集体无责任感较为严重。姜方炳（2011）探讨了网络暴力产生的原因，认为网络暴力的产生主要涉及三个风险源，分别为：网络技术发展、社会急剧转型与网民群体结构，并解释了这三个风险源的特征及三者间的联系。作者建议建构以政府部门为主导、以社会力量为主体、网民自主参与的多元化治理结构，以降低各类风险发生交叠、共振的频率，进而降低网络暴力现象发生的概率。Langos（2012）梳理了关于网络暴力定义的文献，发现传统暴力的基本要素是重复、权利不平衡、攻击和意图，而这些要素也是网络暴力中的重要元素。基于此，作者对直接网络暴力与间接网络暴力做出了明确区别，并提出了网络暴力的模型定义。陈代波（2013）在"网络暴力"概念定义的基础上进行了深度辨析，将"网络暴力"定义为网民以心理压力为手段对当事人或者组织实施的侵害，使当事人或者组织最终屈服的一种网络攻击性行为的总称。Nandhini & Sheeba（2015）针对网络暴力语言因素：前者主要包含道德审判和宣泄式的攻击两个方面，后者主要涉及社会环境、网络环境和网民心理因素三个方面。Hou et al.（2017）调查了个体因素对网络暴力的影响。该调查以中国南京 245 名城市雇员为调查对象，发现社会经济地位高的比社会经济地位低的更易参与网络暴力事件，拥有更多公正世界信念的人比公正世界信念少的人更容易参与网络暴力。侯玉波和李昕琳（2017）总结了网民参与网络暴力的动机和影响暴力的因素。研究指出，道德审判和宣泄式的攻击是网民参与网络暴力的主要动机；社会环境、网络环境和网民心理因素是对网络暴力产生影响的主要因素。

综上所述，以往对"网络暴力"现象的研究主要在法律与行政管理、传播学、社会学与心理学视角下进行。与以往研究"网络暴力"这一社会现象的关注点不同，本章基于系统功能语言学视角，对网络暴力主题演讲的中英文网络评论进行系统的文本分析。本章以评价理论（Appraisal Theory）的态度（attitude）子系统为基础，考察中西网友对于网络暴力这一现象的具体态度、态度资源的分布特点与两者的异同，并探讨其异同与中西社会文化之间的联系。

7.3 研究方法

7.3.1 研究问题

本章基于评价理论视角对中英网络评论进行系统的文本分析，重点关注中英网络评论的态度资源分布特点和使用特点。研究问题如下。

（1）中西网友对"网络暴力"主题演讲的态度的反馈，比较中西网友对"网络暴力"同一演讲的态度资源分布是否存在异同？

（2）异同之处是否与中西社会文化之间存在一定的联系？

7.3.2　语料收集

本章的英文网络评论语料选自 TED 官网 "When Online Shaming Goes too Far" 演讲的所有网络评论，中文的网络评论语料选自该演讲的中文字幕版的网易公开课平台 TED 版块 "网络暴力的失控" 演讲的所有网络评论语言。网络评论语言包括评论者的所有评论——首次评论与回复评论。为保护个人隐私，网络评论者的名字均做化名处理。为保证语料的真实性，原语料中的语法和大小写拼写错误等在本研究中均未做更正。在筛选网络评论时只选取与演讲主题相关的评论，不包括评论演讲者演讲效果及其他一切与演讲主题无关的帖子。英文网络评论选取的时间跨度为 2015—2019 年，评论发帖共计 72 人，语料共计 8740 词。中文网络评论选取时间跨度为 2015—2019 年，评论发帖共计 53 人，语料共计 2653 字。本研究以评价理论的态度子系统为理论框架，借助语义标注工具 BFSU Qualitative Coder 1.1（Xu & Jia，2011）对中英文网友评论语料进行词汇层语义编码并做比较分析。

7.4　结果与讨论

7.4.1　态度资源的整体分布特征

通过统计中英网络评论语言的字数和条数，发现中英网络评论语言的字数差距较大。英文语料共计 8740 词，总计 72 条帖子，平均每条评论词数为 121 词，中文语料共计 2653 字，总计 53 条帖子，平均每条评论为 50 字。同一演讲在两个平台得到的网络评论语言的总字数和平均每条评论语言字数存在较大差距。从某种程度上说，中西网友对网络暴力这一现象的态度可能存在差异，对网络暴力的讨论热度和了解详细程度不同。

对本章的中英网络评论语料分别进行语义编码，发现中文态度资源总计 48 例，英文态度资源总计 211 例。从评论资源的主题来看，中文评论更多讨论网络暴力的危害，较宏观和抽象，英文评论更多关注 Justin 的行为的正确性与网友之间观点异同的交流，其回复评论数量占较大比例。由此，可以看出，中西文化不同，思维方式不同，对待事物态度的严谨度也不同。中方文化注重整体思维，对待事物态度是整体印象；西方重视逻辑思维，对待问题喜欢分析具体原因（左飚，2001）。

此外，通过对情感、判断、鉴赏这三类态度资源分布比例进行统计（见表7-1），发现中英文网络评论使用情感资源比例基本持平，判断资源和鉴赏资源比例分布有较大差异。中文网络评论使用更多的判断资源，鉴赏资源相对较少；英文网络评论使用的判断资源和鉴赏资源基本持平。造成这一差异的原因主要跟中西网友对待同一主题演讲的关注点和讨论主题不同相关。中文网络评论语言关注的是整体的网络暴力现象及其危害，而英文网络评论语言关注的是对演讲中列举的事例的具体分析，讨论的内容较为具体。

表7-1 中英评论态度资源的整体分布比例

	中		英	
	例数	百分比	例数	百分比
情感	13	27.08%	54	25.59%
判断	26	54.17%	83	39.34%
鉴赏	9	18.75%	74	35.07%
总计	48	100%	211	100%

7.4.2 态度资源的具体使用情况

7.4.2.1 情感资源的使用

从感情色彩来看，中文使用消极情感资源更多，占总情感资源的61.53%（见表7-2）。中方网友对于网络暴力的演讲主题，关注点主要集中于网络暴力这一现象的态度，更多是关于网络暴力这一现象不喜欢和否定态度的表达，对于网络暴力的意愿性进行表达。中文网络评论语料情感资源具体实例如下：

表7-2

中英评论情感资源的分布比例

	中		英	
	例数	百分比	例数	百分比
意愿性+	1	7.69%	6	11.11%
意愿性-	0	0	8	14.81%
愉悦性+	4	30.78%	3	5.56%
愉悦性-	6	46.15%	10	18.52%
安全性+	0	0	0	0
安全性-	0	0	7	12.96%
满意性+	0	0	2	3.70%
满意性-	2	15.38%	18	33.33%

（1）阅兵前后竟演变成了微博上的一个闹剧，想想也是**心寒**［愉悦性-］。

（2）终究靠这种演讲或者书只能让那些原本就理性的人坚定自己的想法，而那些喷子我们只能静静等着他们死去，然后**寄托**［意愿性+]于提高下一代的素质。

（3）当遇到与我们想法不一致的言论的时候，他可能会**激怒**［愉悦性-］你，但请先放下我们的键盘，思考一下是不是应该跟风黑一把，思考一下这个言论背后的目的和意义。就我个人，现在看到的言论，在没有结果之前基本都抱着中性的态度去看待。学会思考，不是一味跟风。

在上述三个例子中，例（1）中的"心寒"是情感感受主题对"阅兵变成微博上的闹剧"的非愉悦性情感表达；例（2）中"寄托"是情感感受主体对"下一代素质提高"的意愿性情感表达；例（3）中"激怒"是情感主体对待"与自己想法不一致的言论"非愉悦性的情感表达。

英文语篇主要表达了"不愿意""不愉快"和"不满意"等消极情感。英文网友多数表达了对 Justin 发布关于种族主义玩笑的不赞同态度，有少数网友认为 Justin 发布的内容仅仅是为了消遣时间，不应该受到那么大的伤害与影响，并表达了对网络暴力危害的厌恶感。英文网络评论语料情感资源具体实例如下：

a. Given that it's a joke, she's perfectly entitled to make it. Mel Brooks made comedies about the Nazis only 20 years after the war was over. He made 'Blazing Saddles' during the height of problematic race relations. Your personal life experience absolutely does not give you the right to decide what comedy is and what it's not. This person, as a non-comedic professional, working in PR no less, should not have made the joke, obviously. But she clearly was not trying to be racist and it was just a really dark joke. We're allowed to tell dark jokes. The world has 7 Billion people, we can't not joke about everything because someone, somewhere might take offence, even if in your case you might reasonably be expected to have an emotional response (i. e. personal experience with AIDS), it still doesn't matter. Best to **avoid** ［意愿性-］ such humour if possible.

b. **Unhappily** ［愉悦性-］ we will never know, but what we do know is that people on Twitter and FB communicating mostly with those who are already in agreement is not going to have substantive results.

c. It's like robbing a bank and then walking over to the cops and showing them video. Obviously it was meant as a joke, that's actually how I immediately interpreted it. It took me several seconds to even consider why someone would be **upset** ［满意性-］. It's crystal clear she is joking——there is no ambiguity.

在上述三个例子中，例 a 中"avoid"表示情感主体对情感触发物"such humour"的非倾向性意愿，属于非现实型；例 b 中"unhappily"是对"never know"做出的直接反应，"unhappily"是由于情感触发物"never know"激发了"we"的情绪；例 c 中"upset"是"someone"持续的情感心理状态的描述。

7.4.2.2　判断资源的使用

从判断资源来看，中文评论主要针对网络暴力现象的不恰当性进行，斥责了网络暴力的危害性。中文评论对网络暴力这一现象使用的裁决系统占态度系统的 54.17%，且消极态度占裁决系统的 76.92%（见表 7-3），表明中文网友认为网络暴力是违反社会约束和社会规范的，应该受到社会道德和法律的约束。中文网络评论语料判断资源的具体实例如下：

（1）有良知的媒体不多了，被商业化完全包围的行业最后都变得**面目可憎** ［恰当性-］。

（2）这不是社会公正，这只是那些人**泄愤的** ［恰当性-］一种方式，一步步用口水将舆论对象淹死。我们每一个人的力量，就像一个蹒跚学步的小孩的步伐，一步步走向一把枪，最终开枪。

（3）人类之所以为人类就是因为千姿百态，错综复杂，一样的千篇一律那不叫人类那叫机器人。言语上的错失等小过错的确不应该遭受如此**恶劣的** ［恰当性-］谴责。

在上述三个例子中，例（1）中"被商业化完全包围的行业"违反了社会约束中的不恰当性原则，"面目可憎"是对"被商业化完全包围的行业"不恰当性的评价；例（2）中"泄愤的"违反了社会约束中行为恰当性原则，是对这种方式的评价；例（3）中"恶劣的"同样违反了社会约束中恰当性原则，是对这种谴责程度的判断。

英文评论主要对 Justin "做事能力"和"恰当性"进行判断，西方网友对于网络暴力演讲的关注点与中方不同，西方网友更加关注 Justin 的行为是否合理，因为在西方社会，种族主义是一个敏感话题，而 Justin 却因为无聊公开发布嘲讽非洲黑人的玩笑，西方大多数网友认为她的行为是不正确的，还有少数网友质疑演讲者 Jon 在演讲过程中，列举的对 Justin 进行网络暴力的人名没有做任何化名处理，这也是在进行网络暴力的行为。这些均与西方文化强调自我，重视怀疑精神的文化有关。英文网络评论语料判断资源具体实例如下：

a. From a black woman who's dedicated her life to the efforts of racial reconciliation, and who has taken measures to support the civil rights of all, thank you for understanding and speaking out. My cousin died of AIDS. I had a classmate die from AIDS. Upon learning about this tweet, I was appalled at how **clueless** [能力-] this woman was, and if, indeed, it was intended to be a joke, perhaps she should have considered how that joke would have been received. It is the responsibility of the comedian, or the speaker, or the author, or anyone who feels a need to share on a world platform of the millions or billions of potentials who'll hear or see what she has to say, to consider the audience.

b. **No sane** [能力-] person would make such a **vile** [恰当性-] statement, in public, and put their name on it. I read it immediately as a joke, as most people would. The statement is so ridiculous [常态性-], not even a racist would say it.

c. All I have to say is that her comment, whether an **ironic** [恰当性-] joke or not, was **inexcusable** [恰当性-] . And as a PR person, she should know more than anyone that the media/social media will manipulate your words, especially when it's a sensitive topic such as AIDS in Africa. She should have simply put quotation marks around the joke... or a ' rolls eyes ' at the end to SHOW that she was being sarcastic. If she indeed was...

在上述三个例子中，例 a 中"clueless"是对"this woman"行为能力的判断，属于社会评判中对能力性的评价，是负面评价词汇。例 b 包含两处判断资源评价。第一，"no sane"是对"person would make such a vile statement"的能力进行否定意义的判断。第二，"vile"是对该"statement"总体的判断，其"in public, and put their name on it"的"statement"是不合适的，违反了社会约束中的恰当性原则，"ridiculous"是该"statement"违反了社会常态性的负面评价。例 c 中"ironic"和"inexcusable"是对"joke"内容的不恰当性的判断，违反了社会道德的恰当性原则，属于负面评价。

表7-3　　　　　　　　　　　中英评论判断资源的分布比例

	中		英	
	例数	百分比	例数	百分比
常态性+	2	7.69%	5	6.02%
常态性−	2	7.69%	20	24.1%
能力+	1	3.85%	1	1.2%
能力−	3	11.54%	10	12.05%
可靠性+	2	7.69%	4	4.82%
可靠性−	4	15.38%	2	2.41%
真实性+	0	0	1	1.2%
真实性−	0	0	4	4.82%
恰当性+	1	3.85%	4	4.82%
恰当性−	11	42.31%	32	38.55%

7.4.2.3　鉴赏资源的使用

中文评论使用鉴赏资源主要以网络为评价对象，认为网络是一把双刃剑，给社会带来便利的同时，网络暴力作为副产物也在严重危害着人们的隐私和生活。中文评论中评估性资源占鉴赏资源的55.55%，反应性资源与构成性资源各占鉴赏资源的22.22%（见表7-4）。中文网络评论语料鉴赏资源具体实例如下：

（1）网络舆论更像是杀人的利剑，只不过是无形的。人们沉浸其中不觉得自己有罪。而且很多媒体做得更像是杀人的事情，他们是舆论的导向，希望每个媒体人都能坚守自己的本心吧。可以看看《我们与恶的距离》，很多东西很**现实**［评估性+］。希望别骂我 hahh

（2）当我们看到一条可能会激起你愤怒的言论的时候，第一，恳请我们先放下手中的键盘，不妨思考一下这条言论背后的目的与意义。就我个人的话。对待**模糊不清的**［构成性−］言论都是报以中性的态度。

（3）说得非常**棒**［反应性+］。

在上述三个例子中，例（1）中"现实"是对《我们与恶的距离》价值的评估性，属于积极评价；例（2）中"模糊不清的"是对言论构成性的评价，属于消极评价；例（3）是对其前面评论内容的回复，"棒"是对前面评论的反应性评价，属于积极评价。

英文评论使用的鉴赏资源主要以反应性和评估性为主，两者所占鉴赏资源的比例分别为35.14%和60.81%（见表7-4）。网友对评论中观点的回复，使用反应性资源较多，对 Justin 行为使用评估性资源较多。这与西方文化有关，西方文化强调理性、逻辑分析。网友对演讲中举例的 Justin 行为再度进行分析与评价，发表自己的观点和看法，并没有直接接受演讲者 Jon 的观点。英文网络评论语料鉴赏资源具体实例如下：

a. Loren, a friend brought this incident up at lunch yesterday, which led to a **lively** [反应性+] discussion. I came on to watch this talk, and I saw your comment, and every single thing you've said here is precise. In fact, it's so spot on that I signed up for a TED account for the sole purpose of responding to your comment.

b. Not being a tweeter, I had not heard of Justine Sacco or her tweet prior to this talk. Hearing the tweet, and the result; I have a very different perspective than is given by Jon. First, I find the tweet highly offensive and I think it very inappropriate. Further, I think it is a really **good** [反应性+] thing when people speak out against inappropriate behaviour (including offensive jokes). I feel anger when I read the words of that tweet, and I can understand that others would also. I feel a strong sense of schadenfreude that she lost her job as a result of it, as others must have when it happened. I think it is **interesting** [反应性+] that comments we make now can reach the world, and that we don't always understand that. But I don't see that Justine's life was ruined—I just see that she said something inappropriate, and a lot of people said that it was inappropriate. I think it is more important that those voices spoke up to say that what she said was wrong, than that she should be shielded from hearing how others think. I don't see that she needs defending from what seems like a natural consequence.

　　c. This made my day after an all‐day‐long cyberbullying i've gone through. Most of time we don't know what the condition that the blogger might have behind the screen. so before the judgment people should be more considerate, and watch their manner. Even if it's for justice (luckily this was the reason that people bash Justine. You know. better than the **meaningless** ［评估性-］ hate towards someone they don't like). I would think that tweet was racist but you know, you could change the way you criticize. Like I wouldn't curse on her but point out the offensive words she used instead. And for Justine, she had responsibility for sure. therefore this does really mean that people should watch their words in this "anonymous" world. And don't think that your "hate" or "stress" is forgivable through this way.

　　在上述三个例子中，例 a 中 "lively" 是对 "discussion" 的反应性评价，属于正面评价。例 b 包含两处鉴赏资源判断： "good" 是对 "people speak out against inappropriate behaviour (including offensive jokes) " 这种行为的反应性评价，属于正面评价； "interesting" 是对 "comments we make now can reach the world, and that we don't always understand that" 这两个小句的反应性评价，属于正面评价。例 c 中 "meaningless" 是对 "hate" 的价值性评估，属于负面评价。

表 7-4　　　　　　　　　　中英评论鉴赏资源的分布比例

	中		英	
	例数	百分比	例数	百分比
反应性+	2	22.22%	21	28.38%
反应性-	0	0	5	6.76%
构成性+	0	0	3	4.05%
构成性-	2	22.22%	0	2.70%
评估性+	4	44.44%	23	31.08%
评估性-	1	11.11%	22	29.73%

7.5　小结

近年来，网络暴力随着互联网的发展日益加剧，对其关注度也在持续升高，越来越多的社会公众人物借助网络平台分享自己对于网络暴力危害的看法并呼吁人们在网上发言前要冷静思考，不要盲目跟风评论以减少网络暴力的危害。本章通过分析 TED 演讲"网络暴力的失控"的中英网络评论发现：首先，从评论资源的主题来看，中文评论更多讨论网络暴力的危害，较宏观和抽象；英文评论更多关注 Justin 行为的正确性与网友之间观点异同的交流，回复评论数量占较大比例。由此，我们可以看出中西方文化与思维方式不同。中国文化注重整体思维，对待事物的态度是整体印象；西方重视逻辑思维，对待问题喜欢分析具体原因。其次，从态度资源整体发布情况来看，中文网络评论较多使用判断资源，而英文网络评论较多使用判断和鉴赏系统，这与中英网络评论关注侧重点不同有关。再次，从态度资源的具体使用情况来看，在情感资源方面，中文评论主要体现了中国网民对网络暴力这一现象不喜欢和否定态度，英文评论主要表达了西方网民对 Justin 行为的非满意性和非愉悦性表达；在判断资源方面，中文评论主要关注网络暴力现象的恰当性，而英文评论主要关注 Justin 做事的能力和恰当性；在鉴赏资源方面，中文评论主要对网络暴力的评估性进行评价，英文评论主要使用评估性和反应性手段，针对网友回复和 Justin 行为的正确性进行评价。最后，从中文评论语言我们可以看出我国网友对网络暴力的危害是认同的。

本章揭示了中西方网民对于同一主题演讲关注点、态度、发表观点态度的方法、关注点与态度差异的同时，分析了造成这种现象的原因——中西社会文化存在差异。这一发现有利于为不同主题演讲下的评论语言研究提供新的方法和数据支撑，而且可以为主题演讲中语言态度资源研究提供方法借鉴。

第八章　评价理论视域下的语篇翻译研究

8.1　引言

语篇翻译是对传统翻译模式的发展和完善。传统翻译模式局限于实现源语与目标语在语言结构层面的对等，即形式对等。语篇翻译模式弥补了传统翻译模式的这一缺陷，不仅将影响翻译过程的语内因素考虑在内，而且还将语境等一些语外因素纳入考量范围，试图实现源语语篇和目标语篇在形式和功能两个维度的双重对等。系统功能语言学家认为，语言具有三大纯理功能：人际功能/意义、概念功能/意义和语篇功能/意义。基于系统功能语言学翻译观，理想的翻译应实现源语语篇和目标语篇在人际功能/意义、概念功能/意义和语篇功能/意义三个层面的对等，即评价意义对等。

评价理论植根于系统功能语言学，是目前最为完善的一套检测评价资源的系统。评价理论与语篇翻译关注的焦点均为语言的交际功能，这为我们将评价理论应用于语篇翻译研究提供了一个切入点。在本章节我们拟运用评价理论的相关机制来分析、探讨语篇翻译过程中的评价资源处理问题。

本章涉及三部分内容，第一部分主要介绍语篇翻译的相关内容，第二部分简要介绍了评价理论的定义和分类，最后一个部分将评价理论应用于语篇翻译过程，构建一套帮助译者识别、分析、表达评价资源的模型。其中，"识别"和"分析"指源语语篇中评价资源的识别和分析；"表达"是源语评价资源在目标语语篇中的二次呈现。

8.2　语篇翻译

　　翻译是使用不同语言的人们进行沟通交流的纽带和桥梁。传统语言学翻译模式把翻译视为一种直接将源语文本转换为译语文本的语言处理模式。该模式植根于形式/结构语言学，致力于研究各种语际转换规则，试图建立一套语际对等规则以实现源语与译语两种语言体系在语言表层结构方面的"形式对等"或"形式等值"（张美芳、黄国文，2002）。传统语言学翻译模式在翻译过程中只关注源语和译语的语言结构本身，忽视了影响翻译过程的各种语外因素。基于此，语篇语言学翻译模式不仅关注影响翻译过程的各种语内因素，而且将制约翻译过程的各种语外因素纳入考量范围，如翻译活动是在何种社会文化环境中发生的，即所谓的"文化语境（context of culture）"。该模式聚焦于语言的交际功能，将语篇视为调控翻译过程的最终决定层级，注重篇章分析和语义表达，其目标是实现源语文本与译语文本在语言结构层面的"形式对等"和语言交际层面的"功能对等"。语篇语言学翻译模式在翻译理论研究和翻译实践操作方面具有重要意义。

8.2.1　语篇语言学翻译模式

　　语篇语言学亦被称为篇章语言学，是 20 世纪 60 年代新兴的年轻学科。研究者们对于语篇的定义众说纷纭，其中形式/结构语言学派和功能语言学派的观点在语言学界占据主要地位。形式/结构语言学派认为语篇是由句子组成的较大的语言单位，其长度一般比单个句子要长。功能语言学派认为语篇和句子属于不同的范畴，不能仅以"长"或"短"来区分二者，单纯地使用"大"语言单位和"小"语言单位来描述语篇和句子两者之间的关系是行不通的（张美芳、黄国文，2002）。句子属于语法范畴，一个句子能否被接受取决于其是否符合语法规范；而语篇则属于语义范畴，语篇识别过程较句子评判过程更为复杂困难，需要进行多维度、多参数考量，如语篇是否具有完整的意义或者语篇是否可以独立完成交际。胡壮麟支持功能学派的观点，他认为"语篇是不受任何语法规则约束且在特定语境下可以诠释独立、完整意义的言语片段，该言语片段不受'长'、'短'限制，可以是一个词，也可以是一个短语/词组，还可以是一个小句……"（胡壮麟，1994）。胡壮麟对语篇的界定重点强调了两点：一是语篇属于语义范畴，不属于语法范畴；二是语篇在具体语境下具有交际功能。在此之前已有很多学者曾研究过语篇的交际功能。如：语篇是交际的主要实现形式（Wilss，1982）；分析理解语篇必须将其置于具体情景语境下的交际活动中（Nord，1991）。

前人对语篇的分析研究推动了语篇语言学的发展和完善，研究者们将语言研究焦点从词、句层级延伸至语篇层级，这为语言研究开拓了新视角，同时也为翻译研究提供了新路径。根据语篇语言学的观点，翻译是译者根据源语语篇生产目的语语篇的过程（Neubert & Gregory，1992）。语言的首要功能是交际，翻译作为一种特殊的跨语言和跨文化交际形式，其过程应被视为目标语语篇生产者与源语语篇生产者、目标语语篇生产者与目标语语篇读者的交流互动过程。作为目标语语篇生产者，译者在交流互动时不仅要考虑到源语和译语的语言本体结构对翻译过程的影响，还需将"情景语境"和"文化语境"等言语体系外的翻译影响因素考虑在内。除此之外，为了达到良好的交际效果，实现源语语篇与目标语语篇的"形式对等"和"功能对等"，译者还需树立语篇层级意识。

语篇是一个由词、词组、小句、句、句群、次篇章和篇章组成的层级体系，译者在翻译不同层级时所需要处理的翻译单元和关注的焦点亦会有所不同。篇章处于最终决策层级，决定翻译在具体情景语境下的交际意图，为译者指明翻译方向；次篇章（sub-text）处于仅次于篇章的第二层级，由联系密切的一组句群组成；篇章下是句群层级，句群由语义连贯、结构衔接、思想完整的一组句子构成；句群层级下设信息单元，信息单元又包含四个层级，由高到低依次是句、小句、词组和词（李运兴，2003）。译者在实施翻译行为时对不同层级的对象所关注的焦点亦会有所不同。在上述七个语篇翻译层级中，篇章、次篇章和句群处于决策层级，其中次篇章和句群为译者的翻译实践指明方向，篇章为译者的最终决裁提供根据；

词、词组、小句和句处于操作层级，篇章翻译多在操作层级上进行，如：句子是翻译操作的基本单位（Newmark，1991）。前人关于语篇层级性的论述为翻译研究提供了一套可行性操作系统，不仅推动了语篇语言学向翻译研究领域移植的进程，还促进了语篇语言学翻译模式的发展和完善。

8.2.2 系统功能翻译观

语言是一个编码系统，不仅可以用来描述客观世界中的事物，还可以用来传递话语参与者的情感和意图。正如李运兴所言，语言是一套复杂而庞大的具有意义潜势的编码系统（李运兴，2001）。该编码系统由不同层级的言语单元组成，高层言语单元由低层言语单位经过编码所得——处于底层的言语单元按照特定的言语规则进行编排组合形成其上一层级的言语单元，其上一层级的言语单元进行二次编码得到更上一层级的言语单元，依此类推进行编码，直至得到可以传达完整语义并能实施交际功能的言语单位/形式，即语篇。在实施语言的交际功能时，由于交际活动发生的情景和语境不同，交际的意图和目的亦会有所不同。在进行交际时，话语参与者根据具体的情景和语境编排、组织语篇以达到预设的交际意图和目的（Morley，1985）。关于语言的功能，不少语言学家曾进行过研究分析，其中系统功能语言学派关于语言功能的论述在学界占据重要地位。根据韩礼德的观点，语言具有三大纯理功能，即"概念功能/意义""人际功能/意义"和"语篇功能/意义"（Halliday，1994）。系统功能语法为语篇分析建构了一套可行性操作方案，同时也为语篇翻译开辟了新路径。

系统功能语言学派认为，语言之所以可以实施交际功能，依据的是语义层面的具有完整意义的语义单位——语篇，而不是语言形式层面的语法单位。换言之，语篇作为结构—意义的统一体，它在语法结构上具有系统性、衔接性，在语义层面上具有完整性、连贯性，是语言实施交际功能的基本单位（司显柱，1999）。因此，翻译作为跨文化/跨语言交际的一种主要语言运用形式，其操作过程其实是目标语语篇的生产过程，是目标语语篇生产者和源语语篇生产者、目标语语篇生产者和目标语语篇读者的交流互动过程。在该过程中，译者是目标语语篇生产者，是主要的翻译主体；

源语文本作者是源语语篇生产者，是创作主体；源语文本呈现的人物是作品主体；目标语读者即目标语语篇读者，是接受主体，各主体均拥有各自的会话立场，相互独立又相互关联，共同建构交际关系网络（刘世铸，2012）。系统功能语言学与语篇翻译均看重语言的交际功能，两者具有异曲同工之妙。

翻译的对象是语言的意义，而不是语言的形式（司显柱，1999）。源语和目标语属于两个不同的语种，两者的语言结构不可能完全相符或对等，这将导致翻译存在一定差异，所以在翻译过程中追求源语语篇和目标语语篇的绝对"形式等值"是不可能实现的。因此，理想的翻译必须摆脱语言结构层面的束缚，从语篇所传达的意义入手，最大限度地传达话语参与者的情感和意图，进而实现语言的交际功能。总而言之，根据系统语言学的观点，在翻译过程中译者仅考虑实现语言结构层面的"形式对等"已无法满足翻译需求，还必须考虑实现语言功能层面的"动态对等"，即目标语语篇和源语语篇在语言"概念功能/意义""人际功能/意义"和"语篇功能/意义"三个层面的功能对等。

8.3　评价系统

在系统功能语言学理论框架下，语言具有三大纯理功能，即人际功能（interpersonal function）、概念功能（ideational function）和语篇功能（textual function）。人际功能，亦被称为人际元功能，其主要作用是帮助说话者或作者使用评价性语言符号传递交际意义、表达情感态度，常用于构建话语参与者之间的互动关系，使交际双方彼此关联、建立联系。因此，该功能被视为语言最为重要的社会功能。概念功能可进一步被划分为经验功能和逻辑功能。其中经验功能指语言用于描述言语主体内在或外在经验世界的功能，基于语言的经验功能，言语主体可使用语言符号陈述自身对特定事物的经历或体验。逻辑功能指语言在各小句意义单位之间建立逻辑关系的功能。Halliday 主要从相互依存关系（inter-dependency）和逻辑语义关系（logical-semantic）两个视角研究了意义单位间的逻辑关系（胡壮麟、朱永生，2008）。语篇功能同时兼顾语言的人际功能和概念功能，指语言使自身前后连贯并与语域发生联系的功能。具体来说，语篇功能兼顾语篇的"完整性（integrity）""一致性（consistency）"与"衔接性（cohesion）"。简言之，人际功能促进了人与人之间互动关系的建构；概念功能反映了话语参与者的外在或内在经验；语篇功能将人际功能与概念功能融为一体，三者共同参与语篇构建。语言的上述三大纯理功能表明，言语主体可以使用语言传达三层意义，即人际意义、概念意义和语篇意义。胡壮麟等（1989）认为，在翻译过程中译者必须充分考虑到以上三层意义在源语言和目的语之间的对等性，如此才能提升译作质量。

评价理论（appraisal theory），亦被称为评价系统（appraisal system），是一个关于人际意义的赋值系统（司显柱、庞玉厚，2018）。该系统致力于探讨言语主体"表情达意"的方式与手段，试图探讨言语主体是如何借助评价性语言资源来表达情感态度、传递评价意义的。因此，评价系统通常以言语主体的评价语言为研究对象，聚焦于发现隐藏在评价语言表层意义后的深层意义，即评价意义。由于本书的第一章已详细介绍了评价理论三大子系统的具体内容和运作机理，在此不再——赘述。

8.4　评价系统下的语篇翻译模型

语篇翻译是译者将源语语篇替换为目标语语篇的动态过程。在这一过程中，译者不仅要关注源语语篇和目标语语篇在语言结构层面的"形式对等"，还要重视源语语篇和目标语语篇在语用/语义层面的"功能对等"。语篇翻译作为跨文化/语言交际的一种语言运用手段，其最为重要的一个功能便是"传情达意"。所谓的"传情达意"是指传递话语参与者的个体情感和表达话语参与者的会话意图。因此，在翻译过程中译者能否准确把握并传递源语语篇的情感和意图成为衡量翻译质量的一项重要指标。评价系统作为目前最为完善的态度分析工具，与语篇翻译关注的焦点同为语言的交际功能，为语篇翻译过程中评价资源的识别、分析和表达提供了一套可行性操作机制。笔者认为，在识别语篇中的评价资源时，译者需从语篇类型和词汇语法资源两个维度进行；在分析语篇中的评价资源时，译者需充分考虑语篇发生的情景语境，此外，还需对评价资源的态度来源和态度强度进行分析；在传达语篇中的评价资源时，译者可以通过具体的词汇语法形式以及语气系统等手段来实现。

8.4.1　评价资源的识别

（1）语篇类型识别

交际是语言的首要功能。随着会话场所的变化，交际的目的和意图亦会随之发生变化。作为话语参与者实现交际的语言单元，语篇的内容编排方式和语言使用形式会随着交际目的和意图的变化产生相应变化。因此，为了满足会话参与者不同的交际需求，语篇派生出了各种功能变体，如：新闻广播用语、广告用语、演说用语、办公用语、课堂用语等，它们适用于不同的社交场所和领域。根据这些语篇变体使用的场合和领域，我们可以将其归于不同的语域，即不同的语篇类型。处于同一语域下的语篇具有相同的语言结构特征，其传递评价意义的词汇语法资源亦会具有相似性特征；处于不同语域下的语篇，其谋篇布局和遣词造句存在显著性差异，这些语篇的评价资源的语言表现形式亦呈现区别性特征。而评价资源主要通过词汇、语法等语言资源实现，受语篇类型和语域支配（刘世铸 2012）。因此，语篇类型识别是评价资源识别中的重要环节，唯有如此，译者才能快速、准确地把握源语语篇中的词汇、语法评价资源。

在翻译过程中，译者不仅要明白不同的语篇类型适用于不同的交际场合这一语用原则，同时还需熟知不同的语篇类型均拥有其特定的语言形式和结构特征，而评价资源正是隐藏于这些特定的语言形式和结构之下。语场（field）、语旨（tenor）和语式（mode）是语域的三个变体，亦是译者识别语篇类型的三个重要参量。对上述三个参量的准确认识和把握是确保语篇交际目的和语篇交际场合协调一致的关键所在，亦是提升翻译质量的必要因素。不同类型的语篇在词汇、语法评价资源的选择上具有一定倾向性，译者必须把握不同语域下的源语语篇或目标语语篇所呈现的言语特征，唯有如此才能精确识别暗含其中的评价资源。此外，译者在将源语语篇转换为目标语语篇时还需知晓：同一语篇类型运用于不同的语言时亦会呈现语言结构差异。

（2）态度资源识别

评价系统包括态度、介入和级差三个子系统，态度系统关注话语参与者态度的表达；介入系统涉及话语参与者态度的来源；级差系统探讨态度的强度。态度系统在三个评价子系统中占据中心地位，其他两个评价子系统基于态度系统而存在，并反过来服务于态度系统。在源语语篇的评价资源识别环节，我们仅探讨态度资源的表达问题，关于态度的来源（介入系统）和态度的强度（级差系统）将放至评价资源的分析环节进行分析。

态度系统包括情感、评判和鉴赏三个子系统，也即三种态度资源。情感资源涉及话语参与者对事物产生的情绪和感受（司显柱、徐婷婷，2011）；评判资源指话语参与者基于一定准则对事物做出的评价；鉴赏资源指话语参与者对事物的评定欣赏。这些态度资源散布于整个语篇，或由词汇和语法资源来实现，或由语气、语调系统来传递（Halliday & Matthiessen，1999）。态度资源处于语法的边缘，主要通过词汇选择来实现（Thompson，1996a）。因此，译者借助一些评价性词汇、句式、语气等语言资源来识别源语语篇中的情感、评判和鉴赏资源具有一定可行性。

无论是情感资源，还是评判资源，抑或是鉴赏资源，均有正面和负面之分。但无论是正面的态度资源，还是负面的态度资源均可以通过具体的词汇表达得以体现。下面我们以情感资源为例，做进一步说明。汉语中常见的表达消极情感的词汇有：悲伤、痛苦、焦虑、伤心、气愤、恐慌、害怕、沮丧、压抑、痛彻心扉、悲痛欲绝等；常见的表达积极情感的词汇有：高兴、开心、幸福、满意、兴奋、兴高采烈、快乐等。同样，英语中常见的表达消极情感的词汇有：sad、fear、anxiety、grief、heart-broken、depressed、pain、bitterness 等；常见的表达积极情感的词汇有：happy、satisfaction、glad、delight、pleased、elated、joy 等。在翻译过程中，译者可以通过识别源语语篇中表达情感资源的具体词汇来判断源语作者的情感态度。该方法同样适用于评判资源和鉴赏资源的识别。

除一些词汇资源外，态度资源的表达还可以借助一些特定的语法结构模式。正如 Halliday & Hasan（1987）所言，词汇和语法是传递评价意义的两种主要手段。有不少学者曾探讨过用于传递评价意义的主要句法形式。Martin & White（2005）曾提出判断评判态度资源和鉴赏态度资源的主要句型模式：

识别评判资源的句型模式：

｛It be JUDGEMENT（评判）for somebody/of somebody to do something｝；

｛（for somebody）to do that be JUDGEMENT（评判）｝。

识别鉴赏资源的句型模式：

｛Somebody consider something APPRECIATION（鉴赏）｝；

｛Somebody take something as APPRECIATION（鉴赏）｝。

基于前人的研究，刘世铸、张征（2011）通过实证研究的方法建构了一套更为细致地识别评判资源的语法框架。该框架共计包括12种评判句型结构。以上学者对评价句型模式的探讨对译者识别、把握评价资源具有重要参考价值，不足之处在于均未涉及对表达情感的语法资源的探讨。笔者认为，译者可以借助以下句型模式识别源语语篇中的情感态度资源：

识别情感资源的句型模式：

｛Somebody be AFFECT（情感）that... /to do something｝；

｛It be somebody's AFFECT（情感）that... /to do something｝。

除常见的词汇语法资源外，当所识别的源语语篇为英语语篇时，译者还可以通过英语的语气系统来识别源语语篇中的评价资源。根据英语语气系统，语篇中的句子可以划分为三种类型：陈述句、疑问句和祈使句，其中疑问句又可进一步被划分为一般疑问句和特殊疑问句。这些句子在语篇中行使不同的评价功能，具体如何行使我们将在评价资源的分析环节做详细探讨。

8.4.2 评价资源的分析

（1）语篇的语境分析

语言运用是意义潜势的实例化，受情景语境和文化语境的制约（刘世铸，2012）。语篇作为语言运用的具体实例，其根本目的是进行交际，交际过程依赖于语篇中的评价资源，而评价资源同样受制于具体的情景语境和文化语境。换言之，评价是一个受语境制约的意义系统（刘世铸，2012）。因此，要想准确解读源语语篇的评价资源，实现源语语篇和目标语语篇的评价意义对等，在翻译过程中译者必须将语篇发生的情景语境和文化语境因素考虑在内。

所谓情景语境，即语篇发生的外部环境，包含语场（field）、语旨（tenor）和语式（mode）三个组成部分。同一词汇项目在不同的情景语境下所要传达的意义可能存在显著差异，而语篇中的评价资源主要依靠词汇资源来体现，所以情景语境是影响语篇中评价意义的表达和理解的重要因素。因此，在翻译过程中译者无论采用何种翻译策略，都必须注重把握源语语篇的情景语境，仔细分析观察源语语篇的情景语境配置。唯有如此，在处理源语语篇的过程中译者才能获得某一语言资源在具体语境下所要传达的真正评价意义。当然，在创作目标语语篇的过程中，译者同样要具有情景语境意识。译者可根据具体的情景语境适当调整翻译策略，以求最大限度地与目标语语篇读者产生良性互动，帮助目标语语篇读者更好地理解译文。

所谓文化语境，即语篇发生的社会文化背景，涉及文化习俗和社会规范两个层面，直接影响着言语交际过程中语言符号的意义表达。源语语篇作者在创作源语语篇的过程中，其意识形态难免会受教育、政治、经济、宗教等社会文化环境的影响，这直接影响着源语语篇中思想表达的方式与手段，同时关系着评价资源的体现形式和分布特征。因此，在目标语语篇的创作过程中，译者必须熟知源语语篇发生的文化语境以准确把握源语语篇的真正内涵，并制定可行的翻译对策，在源语文化语境和目标语文化语境之间架起一座文化沟通交流的桥梁，最大限度地实现目标语语篇与源语语篇的评价意义等值。

（2）介入资源分析

介入资源涉及话语参与者的态度来源问题，是语篇中多种"声音"的协商，包括"自言"和"借言"两种形式。"自言"亦被称为"单声"，指语篇只存在一种"声音"，可进一步划分为事实陈述和假定；"借言"亦被称为"多声"，指语篇中多种"声音"并存，可进一步划分为对话性扩展和对话性压缩。在创作源语语篇的过程中，源语作者选择不同的介入手段来呈现态度资源，可以传达不同的评价意义以达到不同的交际效果。翻译过程其实是译者用目标语语篇等效替代源语语篇的过程。理想的翻译要求目标语语篇原汁原味地传达源语语篇中的评价意义，其中便包括介入资源的传达。在传达介入资源的过程中，译者需尽量保持目标语语篇和源语语篇中"单声"和"多声"的一致性。

译者可以借助具体的词汇语法资源来检测识别源语语篇中的介入资源。常见的用以表达介入资源的词汇语法资源有以下几种形式：投射、情态、极性、否定、让步、附加语、言语动词、情态动词、情态隐喻、心理动词投射、证素、修辞问句等（刘世铸，2012）。在检测识别源语语篇中的介入资源之后，译者进入分析介入资源所表达的评价意义环节。在这一环节中，译者需保证分析的客观性，切不可将自身的主观评价掺杂其中。在实际的翻译过程中，译者难免会将带有文化烙印的自我意识形态投入源语介入意义的分析过程。译者的介入主要体现在将自身的价值取向融入对源语评价意义的分析与传达过程（张美芳，2002）。因此，译者不仅在解读源语介入意义的过程中应尽量降低个人评价的参与度，而且在源语介入意义的二次传达过程中，即创作目标语语篇的过程，也应最大限度地减少个人干预。

（3）级差资源分析

级差考察的是态度资源的强度问题，跨越整个评价系统的资源，包括语势和聚焦两个子系统。语势子系统通常用于对具有层级性的评价资源进行分级；聚焦子系统通常用于分析不可分级的评价资源的原型性聚焦程度。理想的语篇翻译要求译者等值传递源语语篇的评价意义。要想实现评价意义对等，不仅要求译者准确区分源语态度资源的类型，而且要求译者综合定位态度资源的来源，准确把握态度资源的强度。唯有如此，译者才能在目标语语篇中精确传达源语语篇的评价资源。

在翻译过程中，译者可以借助相应的词汇语法资源来识别、分析源语级差资源。常见的用于传递级差意义的词汇语法资源有：加强语、分级词、限定词、程度副词、品质形容词、反复结构、比较结构等。此外，语篇作者还可利用隐喻以及一些量化手段来表达级差资源。同一词汇语法形式可以传达不同种类的级差资源，例如：英语中的"extremely"和

"really" 同为程度副词，前者起到强化态度强度的作用，归属于语势范畴；而后者起到提升态度聚焦程度的作用，归属于聚焦范畴。在翻译过程中，译者应保证源语语篇和目标语语篇级差类别的一致性。因此，在识别级差资源之后译者还需对源语级差资源进行分类，看其是归属于语势资源还是聚焦资源，以制定适宜的翻译策略。因源语与目标语属于不同语种，所以两者在语言结构层面可能存在区别性特征，致使源语语篇与目标语语篇无法完全实现形式对等，译者可以在原文的基础上适当改变表达方式来调节语篇中的语势强度和聚焦程度。

8.4.3　评价资源的传达

（1）译者的评价标度

评价资源是一面镜子，反映了评价者/评价主体的价值取向。评价者的价值取向受其所处的社会文化语境制约。针对不同的评价目的和意图，评价者/评价主体在评价过程中通常会采用不同的评价标度。评价标度的选择直接影响着评价资源的传达效果。一般而言，我们认为理想的翻译应当实现原文与译文的评价资源对等，即目标语评价资源在目标语读者身上产生的功效与源语评价资源在源语读者身上产生的功效一致。这便要求译者翻译时在评价标度的选择上与源语作者保持一致，力求忠实于源语作者所要传达的情感、意图，最大限度地在目标语篇中再现源语语篇的评价意义。

在翻译过程中，译者作为评价主体，具有一定的主观能动性。这种主观能动性受译者自身的文化背景、个体经验、知识储备、兴趣爱好等因素的影响，会于无形中干预译者对评价标度的选择。换言之，在传达评价资源的过程中，译者难免会受其自身意识形态的影响，干扰其对评价客体的客观评价。因此，译者在翻译过程中应时刻保持警觉，避免将个体主观因素融入评价过程。除此之外，译者评价标度的选择还受一些其他因素的影响。翻译过程不仅是译者与源语作者交流互动的过程，同时也是译者与目标语受众/读者的交际过程。在翻译时，译者不仅要考虑源语作者的交际意图，还需满足目标语受众/读者的交际需求，为此译者需根据具体情况选择合适的评价标度，适当删减或增加源语评价资源，以求达到最佳的互动效果。

（2）评价资源的表达方式

语篇中的评价资源主要是借助一些词汇语法资源来体现的，源语语篇如此，目标语语篇亦是如此，例如：语篇中的态度资源可以通过一些积极或消极的态度词汇来传递；语篇中的级差资源可以通过一些加强语来实现。目标语语篇作为翻译过程的产物，是源语语篇的替代物。理想的翻译应最大限度地实现目标语语篇与源语语篇在形式和功能两个层面的对等。在功能对等层面，译者应将目标语语篇中的评价资源类型与源语语篇中的评价资源类型保持一致，即目标语语篇中的态度资源对应源语语篇中的态度资源，介入资源对应介入资源，级差资源对应级差资源。在形式对等层面，译者应将目标语语篇中的评价资源表达方式，与源语语篇中的评价资源表达方式保持一致，即源语语篇使用什么类型的词汇语法资源来表达评价意义，目标语语篇也应当采取同等类型的词汇语法资源来表达。

但是，翻译操作的对象通常是两种或两种以上不同种类的语言，不同的语言其语言表现形式亦会有所不同，例如：汉语重意合，英语重形合，英汉两种语言的词汇语法体系存在显著性差异。正如王宗炎（1983）所言，每种语言都有自己的特性，拥有其独特的语法、文学、修辞手法和社会习惯，一种语言无法完全再现另一种语言的内容和形式，故而语言具有不可移植性。因此，在翻译过程中，译者常常会遇到目标语表达评价意义的语言资源不能与源语的语言资源一一对应的问题。针对此类问题，译者不必拘泥于实现源语语篇与目标语语篇在词与词、句与句等语言形式层面的对等，可以适当调整翻译策略，尝试使用不同类型的表现手法来等值再现源语语篇中的评价意义，例如：在英译汉过程中，译者可以使用英语中的语法手段替代汉语中的词汇手段来表达同一评价意义。

词汇语法资源是表达评价意义的典型手段。除词汇语法手段外，译者还可以通过语态、语式、语法隐喻、转喻等方式来实现源语评价资源在目标语语篇中的二次呈现，必要时还可根据需求采用意译、释译等翻译策略，但无论译者最终选用何种表现形式，翻译的根本目的都是将源语评价意义等值赋予目标语语篇。

8.5 小结

本章简单回顾了语篇翻译和评价理论的相关内容，并将评价理论应用于语篇翻译过程，构建了一个识别、分析、表达语篇评价资源的模型。理想的语篇翻译需实现源语语篇与目标语语篇的交际功能、概念功能以及语篇功能的对等。评价理论作为目前最为完善的一套评价资源处理机制，对语篇翻译实现"功能对等"具有重要参考价值。在翻译过程中，评价资源的识别、分析和表达受多重因素的制约，不仅受词汇、语法、语态等语内因素的影响，而且受语境等语外因素的影响。因此，译者若想实现源语语篇与目标语语篇的"形式对等"和"功能对能"，在评价资源的识别、分析和表达过程中就必须综合考虑各方面语内因素和语外因素。唯有如此，译者才能保证与源语作者和目标语读者的互动效果。

第九章　结语

"意义是什么"一直是困扰人们的一大难题。语言学家从不同角度出发，对意义有不同的定义。现代语言学早期，语言学家们致力于语言本体结构的研究，尝试探讨语言符号排列组合的客观规律，努力发现语言形式与其所表达的意义之间的关系。美国结构主义语言学家将语境纳入意义研究，但是忽视了整体意义。Halliday 作为系统功能语言学的代表人物曾根据语言的功能将意义分为三类——人际功能、概念功能与语篇功能(1994)。该划分聚焦于语篇分析将人际功能看成是交际双方就某一话题而展开的一系列互动行为。在此互动过程中，话题参与者借助语篇中的词汇、语法，甚至肢体语言以传递意义。然而系统功能语言学聚焦于语言的功能与结构，以语言的本体结构与规律为出发点，忽略了语言的评价意义。基于人际功能，Martin 从交换结构视角出发对评价语言的意义评定进行了重新划分与界定。他认为人际功能侧重于发掘话语参与者语言背后所隐藏的情感体验，并从三个层面具体分析话语参与者对客观世界的主观判断、体验和感觉，自此评价理论正式问世（1992；2000）。随后，该理论受到学者专家的广泛关注，各语言学家从理论基本内容、发展历程、应用实践及未来发展等各个方面展开激烈讨论。

9.1　总结

本书第一章在全面介绍评价理论的提出背景、基本内容、发展历程与研究现状的基础上，利用语料库的研究方法从理论与实践两个方面将语料库语言学理论、话语分析理论、翻译理论与评价理论相结合，基于大量的真实语言数据对评价性语言进行分析。其中第二章从理论视角提出了语料库语言学理论（局部语法与型式语法）与评价理论相结合的路径和成果——局部评价型式，并从实践方面利用语料库的方法检索真实语言实例分析了化学与教育学学术语篇中的语言评价倾向。第三章至第七章则将话语分析理论与评价理论相结合，利用语料库的研究方法分别分析了学术语篇、新闻语篇和演讲主题评论语言语篇的评价性语言，进一步验证了语料库研究方法在评价语言研究中的可行性与适用性。第八章则将评价理论与语篇翻译相结合，构建了一个识别、分析、表达语篇评价资源的模型，以求实现源语语篇与目标语语篇的"形式对等"和"功能对能"。

第一章详细介绍了 Martin 的评价理论结构划分。从人际功能出发，将其分为态度系统、介入系统、级差系统三个子系统，随后对每个子系统进行更细的分类。态度系统含有三个子系统——情感系统、判断系统及鉴赏系统，这三个子系统通过不同的方式从不同的角度为评价语言的态度判定服务，三者相互依存却又各不相同。情感系统侧重于言语主体的情感表达，有积极和消极之分，此外，我们还可以根据情感的性质类别，将其划分为品质情感（quality affect）、过程情感（process affect）和评注情感（comment affect）三种具体表现形式；判断系统作为评价语言的重要资源，侧重于解释言语主体基于道德规范、法律法规、伦理约束等行为准则对客观世界中具体的人、事物或事件进行的价值判定；鉴赏系统则主要用于解释言语主体根据特定的评价标准对具体的人、事件或者事物进行的美学鉴赏。介入系统关注的焦点是言语主体发表观点、表明立场、表达态度的方式与手段。在日常交际过程中话语双方主要通过两种方式进行语言评价——直言与借言。二者的区别在于"直"与"借"二字，前者指话语一方直接通过语言或肢体动作表达自己的观点、态度或立场，如断言、假设；后者则是话语人利用一些社交或交际手段来间接表明自己的观点态度等，如投射、情态、让步。此外，二者在是否具有对话性方面也存在差异：直言不具有对话性，仅指向话语人自身，反之借言使话语人之间产生联系——话语人对他人声音的包容态度或压制行为。级差系统关注的焦点是对话过程中说话者或作者所表达态度的强度。作为评价系统的重要组成部分，级差系统服务于态度子系统，同时又与介入子系统联系密切，二者共同作用于话语的对话性或主体间性模式。级差系统的运作机制涉及以下两个层面——语势与聚焦（Martin，2000）。语势子系统和聚焦子系统对态度程度的描述方式有所不同。前者主要是从程度强弱和数量多少两个维度来描述态度的强度；而后者则是从范畴的原型性特征或是精确性的视角出发描述态度。

第二章在详细介绍局部语法、型式语法及评价模型的起源、发展、定义、内容及应用的基础上，将三者进行巧妙结合，形成了评价局部语法，该语法由评价模型和局部语法结合型式语法而构成。文中利用语料库的研究方法，以评价局部语法为研究理论，通过两个评价局部语法型式 it v-link adj. to-inf. 和 it v-link adj. that 对比分析教育学和化学两个学科中学术语篇的评价倾向。研究自建教育学库与化学库两个子库，通过"功能标签"中所列的各项评价术语对语料库中的索引行进行描写，参照"评价语义分类"中所列的评价语义探究教育学和化学两个学科语义倾向的异同。研究发现：其一，教育学和化学学术文本评价取向一致，均倾向于表达可能性、必要性、确定性以及困难性，其中表达"合意性"和"困难性"时，教育学学术文本的语义倾向较化学文本更为明显。这说明，尽管教育学和化学分别属于社会科学和自然科学，但其学术文本的语义倾向存在一致性。其二，型式 it v-link adj. to-inf. 常用来表达合意性、充分性、确定性、必要性和困难性，而型式 it v-link adj. that 常用来表示可能性。其三，研究中发现了一些表达评价语义时的常见型式，如可能性：it is likely that、it is/was possible to/that；必要性：it is important/necessary to；困难性：it is difficult to。其四，it v-link adj. that 型式表达可能性时，常与表示递进和让步的词语连用，兼容作者的观点；it v-link adj. to-inf. 表达确定性时，常与表示让步的词语共现，增强介入观点的可接受性。其五，表达充分性时，两个学科常用否定形式，用来说明当下条件的不充分。本章通过探讨教育学与化学学术文本间评价语言的特征差异，可为两个学科的学术论文写作提供借鉴意义。本章为不同学术文本间评价语言特征的研究提供了一种研究思路和方法的同时，也有利于丰富元话语手段，搭建读者和作者之间的沟通桥梁。这是将语料库相关理论及研究方法与评价理论巧妙结合的成果，体现了不同学科间的有机统一。

第三章以评价理论介入系统为理论框架，将评价理论应用于医学学术文本分析中，采用语料库对比的方法考察中西医学术论文中介入资源的使用情况。研究发现：一是中西医论文中介入资源的整体分布具有一致性，多声资源在两个语料库中的使用频率明显高于单声资源。二是在多声资源中，否定、反预期、宣告和支持资源在两个语料库中的使用频率具有明显差异。中医学者使用否定和反预期资源的频率明显低于西医学者；而在使用宣告和支持资源的频率方面明显高于西医学者。其他多声资源（包括确认、承认、引发、中性陈述及疏远性陈述资源）在两个语料库中的使用情况无明显差异。这说明西医学者表达立场时更为开放，协商对话空间得当；而中医论文作者表达立场时态度较为保守，语气稍显僵硬。三是中西医论文中介入资源的使用差异与中西医作者的英语水平、文化背景及中西医专业特点有关。本章通过对比分析中西医医学学术论文中的介入资源，丰富了评价资源介入子系统的实践研究，同时也对中医论文作者的英语论文撰写具有启示意义，即在学术论文撰写过程中，作者需要注意到中西医论文在介入资源使用上的差异，提高语言修辞策略的运用能力以更加符合国际学术规范。

第四章将评价理论与 CARS 理论相结合，对中外学者期刊论文引言部分各语步词块的结构特征以及词块所承担的评价性功能进行了对比分析。研究发现，一是中国学者和本族语学者在学术语篇构建过程中，使用的词块在结构和评价性功能两个方面存在共同点和差异性。二是在结构方面，与本族语学者相比，中国学者更多使用动词性词块，即从句类词块，而较少使用名词性词块。三是在评价功能方面，相对于本族语学者，中国学者较少使用限定词块（级差词块），且不太擅长使用接纳词块和引导词块。这一发现在展示中外学者期刊论文词块使用真实情况的同时，一方面有利于中国学者在进行学术英语写作时及时发现自身存在的问题，以便更加灵活、适当地使用评价性词块来表达自身的立场以及想要传递的信息；另一方面根据中外学者期刊论文的使用差异，可以激励中国学者有意使用接纳词块和引导词块，增强语篇的客观性和协商性，扩大与读者的对话空间，从而使读者在论文的开篇感受到强大的信息量和较强的互动性，以提升学术英语语篇的质量以及中国学者学术英语写作的水平。

第五章采用定量和定性相结合的研究方法，就中国"一带一路"在 *China Daily* 上的宣传文章态度语言进行分析，主要回答"一带一路"新闻语篇中态度资源的总体分布规律、新闻语类结构各部分的分布特征以及具体语篇中的人际意义和其中蕴含的修辞潜势。研究发现：一是态度资源在语篇中的总体特征表现为"鉴赏词汇>情感词汇>判断词汇"，体现了新闻报道的客观性；受新闻语类结构各部分交际功能的影响，态度评价词汇在五个部分中的差异显著。二是开篇部分揭示新闻主题，为新闻事件的情感和态度埋下伏笔，主要通过价值词汇和倾向/非倾向词汇向读者展现"一带一路"建设的重大意义，表达出对"一带一路"发展的美好祝愿；详述部分为读者呈现完整的新闻事件，便于读者接受语篇中潜在的观点，该部分与开篇部分的词汇特征基本相同，同时反应词汇的比例上升明显，展现出"一带一路"建设的无穷魅力，旨在吸引更多主体和国家加入这一进程；解释部分梳理整个新闻事件的前后脉络，通过增加安全/不安全词汇和毅力性词汇，消除读者的困惑，解释社会主体对"一带一路"态度转变的原因和该倡议顺利进行的优势；背景部分补充相关连续事件，为新闻语篇的态度基调提供支持，该部分中情感资源下评价词汇的总体占比增加，表明社会主体更加关注"一带一路"进程中的合作机会；评论部分使用权威话语影响读者的深层思考，强化语篇中的态度基调，该部分突出能力性词汇，肯定新闻事件中各类主体对"一带一路"的贡献和支持，拉近同读者之间的距离。三是从语域特征和新闻语类结构方面分析了该语篇中的文本组织模式、评价特点，即修辞潜势，这有利于增强读者对"一带一路"的认识，使"一带一路"理念更加深入民心，进而实现五通目标。总的来说，本章利用评价理论剖析了新闻记者的立场和态度，揭示了社会主体对"一带一路"的情感和认知，对建设和平、繁荣、开放、创新、文明的"一带一路"具有积极意义。同时，该研究证明了评价理论和新闻语类结构结合的可能性，补充并完善了"一带一路"新闻的话语分析体系，为新闻语篇进行话语分析提供了一种新的研究方法。

第六章以新闻语篇为分析对象，借助语料库方法，对比分析了中美乱港事件新闻报道中转述动词、转述方式、消息来源的使用差异，进而揭示中美双方对乱港事件的态度立场。研究发现：第一，就转述动词的使用而言，中性转述动词被中美媒体广泛使用，两个语料库间差异不显著；在积极转述动词与消极转述动词的使用方面，中美媒体存在差异，中国媒体较多使用积极转述动词，而美国媒体则多使用消极转述动词。第二，从转述方式来看，中国媒体使用的间接引语多于美国媒体，而美国媒体多使用直接引语。第三，从消息来源上看，中美媒体均较多使用明确的消息来源以体现新闻的真实性。中国媒体较多引述政府、专家的话语进行报道，这更能体现报道的可靠性和真实性；而与中国媒体相比，美国媒体则多使用非官方转述言语，其真实性有待考证。研究表明，中国媒体对乱港事件的报道具有客观性，其态度是坚决反对和强烈谴责，而西方媒体的态度则与中方背道而驰。本章证明了转述言语在新闻语篇话语构建中起着不可或缺的作用。同时，不同媒体的转述言语使用差异也反映出不同国家对待新闻事件的态度，因此不同国家新闻语篇潜移默化地受到国家和报道者态度立场的影响，这为读者阅读新闻语篇尤其是西方新闻语篇提供了指导性意义。

　　第七章采用语料库语言学的研究方法，以评价理论为理论框架自建中西方主题演讲评论语言语料库，主要分析了中西方网民对于同一主题演讲——网络暴力的态度与发表自身观点时所采取的策略。研究发现：第一，中英文网络评论对于同一演讲主题的关注点不同，中文评论更多关注的是网络暴力危害，与演讲主题所呼吁的关注网络暴力基本一致。中文评论的主题较多使用判断资源，这是因为网络暴力违反社会道德和社会约束。第二，英文网络评论更多关注 Justin 行为的恰当性，英文评论中回复评论数量占较大比例，这与西方人重视逻辑推理、追求个性的西方文化特点有关。第三，英文评论使用判断资源和鉴赏资源的比例基本持平，这与西方多关注主题与讨论内容有关。第四，从中文评论可以看出，我国网友对网络暴力的危害是认同的。该发现在揭示中西方网民对于同一主题演讲关注点、态度，发表观点态度的方法以及关注点与态度差异的同时，分析了造成这种现象的原因。这一发现有利于为不同主题演讲下的评论语言研究提供新的方法和数据支撑，而且可以为主题演讲中语言态度资源研究提供方法借鉴。

　　第八章首先回顾了语篇翻译的相关内容，然后简要介绍了评价系统运作机制，最后将评价理论运用于语篇翻译研究，试图建构一个在翻译过程中识别、分析和表达评价资源的模型。语篇翻译模式是在传统翻译模式的基础上发展而来的，它弥补了传统翻译模式的一些缺陷，将语篇视为翻译的决策层级，注重语篇产生的情景语境和文化语境，追求源语语篇与目标语语篇的"动态对等"。根据系统功能翻译观，理想的翻译应实现源语语篇与目标语语篇在人际功能、概念功能和语篇功能三个层面的对等。评价理论作为系统功能语言学的新发展，包括态度、介入和级差三个子系统，是目前较为完善的一套评价资源处理机制，为译者实现源语语篇与目标语语篇的功能对等提供了一个可行性方案。基于评价理论，作者构建了一个识别、分析、表达评价资源的模型，以期帮助译者解决语篇中的评价意义处理问题，进而实现源语语篇和目标语语篇的"形式对等"和"功能对等"。

9.2 局限与不足

统观近年来对评价理论的研究，其主要集中在以下两个方面：一是对评价理论本身的研究与完善；二是对评价理论的具体实践应用——话语分析、翻译研究、外语教学、跨文化交际等。就目前而言，研究者们对评价理论展开了大量研究，且取得了丰硕成果，尤以话语分析最为显著。但是也不可否认评价理论研究仍存在一定不足之处。首先，评价理论侧重词汇层面的态度研究，忽视了其他层面的态度影响因素，如：小句、语法、篇章等；其次，运用评价理论进行语篇语言的评价性分析时，研究者对评价资源的判定具有主观性；再次，对介入系统框架下"自言"子系统的研究还不够充分；最后，将态度子系统划分为情感、判断和鉴赏缺乏理据性。

语料库作为大数据时代的代表，本书充分利用语料库的研究方法，一来将局部语法与评价理论相结合，从局部语法、评价模型、型式语法的理论阐释及其三者结合所形成的实践路径两个方面来探讨评价局部语法的研究层面与研究方法的问题。二来将话语分析理论与评价理论相结合，探究学术文本、新闻文本与主题演讲评论文本中的评价语言特征。三来将评价理论的观点与语篇翻译相结合，在借鉴系统功能翻译观与语篇翻译模型的基本观点上构建了新的翻译方法，以期实现翻译作品在形式与功能层面的双重对等。

本书的不足之处在于仅研究了话语分析领域中学术文本、新闻语篇与主题演讲评论文本中的评价语言，未研究其他语篇。此外，文中没有涉及教学、跨文化交际等领域的研究。尽管如此，万变不离其宗，语料库研究方法的广泛适用性以及本文所涉及的研究设计同样适用于上述领域。现如今翻译语料库数量多，语料资源丰富的特点足以满足研究者的需求。即使是那些为数不多或不曾建设的语料库，我们依赖于计算机技术及丰富的数据资源也容易获得所需要的数据库。总之，语料库的研究方法为评价理论的研究提供便利的同时也创造了更多的可能性。

9.3 研究意义与发展前景

本书主要包含两大部分内容：评价理论的内涵与评价理论的应用。第一部分主要包含评价理论起源、基本内容、发展背景与应用实践。该部分为普及性描写，系统的梳理旨在为读者提供评价理论的具体框架，方便其快速了解评价理论的含义、发展与应用领域。第二部分则主要介绍了语料库语言学理论、话语分析理论、翻译理论与评价理论的结合，利用语料库的研究方法进行评价语言研究的可行性与适用性。语料库语言学研究主要提出了局部语法、型式语法与评价理论相结合的路径和成果——局部评价型式，并从实践方面利用语料库的方法检索真实语言实例分析了化学与教育学学术语篇中的语言评价倾向，验证了语料库语言学理论与评价理论相结合的可行性。话语分析研究主要从不同语篇入手，介绍了学术文本语篇、新闻语篇与主题演讲评论语篇中评价语言意义的分析方法和相关研究发现。该部分主要运用语料库语言学的研究方法定量描写语言特征，并定性分析评价语言的态度及意义。翻译理论研究则主要在梳理前人翻译与语篇主要观点的基础上构建新的翻译方法，综合考虑各方面语内因素（词汇、语法、语态）和语外因素（语境）以实现翻译作品的形式–功能双重对等。

在以往的评价理论研究中，学者或集中探讨评价理论的主要内容、系统划分方面的优势与不足，并进一步提出完善的方法和自己的见解，或利用具体的文本信息定性分析语篇背后发话者潜藏的态度、观点以及看法，并对其实现方式进行观察、归类和总结。本书注重介绍评价理论在语料库语言学领域的具体应用与发展。文中作者一则利用语料库的研究方法对于学术文本中特定的局部语法型式进行研究，发现不同学科间评价语义与评价型式的差异，在分析两个学科之间评价语义趋向的基础上为今后的研究提供了新的研究视角——从理工科与文科评价语义、评价型式等方面对比展开评价语言研究。二则利用语料库语言学的研究方法探讨中西医学术论文、中西学术期刊论文特定部分引言的词块使用特点和差异，以便为中国学者提升自己的写作水平和拉近与读者的距离方面提供可参照的方法，具有很强的实用意义。基于此，学者还可以按照文中提及的研究方法和思路研究学术期刊论文其他部分的评价语言，为一系列研究提供了实用性的操作方法和示范。三则利用语料库语言学的研究方法探究了新闻语篇中特定话题如在 *China Daily* 和 *The Washington Post* 中"乱港事件"的转述言语使用情况以及在 *China Daily* 宣传文章中中国"一带一路"的态度语言。研究不仅发现了态度资源的分布规律、新闻语类结构各部分的分布特征以及具体语篇中的人际意义和其中蕴含的修辞潜势，还为新闻类语篇的研究提供了可操作方法。学者可以以此为依托研究当今中国或其他国家热点新闻事件或话题，在揭示规律的同时进一步了解评价理论与语料库语言学。四则利用语料库语言学的研究方法分析研究了演讲语篇中中西方评论文本——"网络暴力的失控"演讲中所有网络评论语言的态度资源。研究在分析中西方评论语言与演讲主题的关系、双方评论语言关注点的异同与造成这一现象的原因的同时，还分析了双方评论语言所使用评价性语言的差异。这不仅为揭示演讲语篇中网民对于不同主题事件的态度以及开展评价性语言研究提供了可操作性方法，还为中西方网民就同一主题事件发表各自观点所采取的评价性语言研究提供数据与方法支撑。五则在梳理前人系统功能翻译观与语篇翻译模型的基础上构建新的翻译方法，综合考虑各方面语内因素（词汇、语法、语态）和语外因素（语境）以实现翻译作品的形式-功能双重对等。总之，该书主要介绍了评价理论与语料库语言学相结合的一系列可操作性研究及研究发现，利用具体数据和结果验证了二者结合的合理性，同时为评价理论的研究提供了新的方向。

今后，将语料库语言学的研究方法与评价理论相结合的研究将层出不穷。这类研究不仅可以通过定量描写如实地反映语言事实，还可以定性地分析评价语言的意义及语言评价意义的具体方法和手段。大数据时代的快速发展为语料库的创建提供大量的数据资源和优质的技术支撑，日新月异的语料库数据提取、筛选、整理和分析软件及工具为语言的评价意义分析带来极大的方便。研究者们可以根据需求建立不同体裁的数据库，以Martin 的评价理论为理论框架，利用语料库的分析软件和方法，既可以从理论层面将不同领域的理论相结合，还可以对不同体裁的语篇开展话语分析、态度、翻译、跨语言交际、外语教学等各方面的研究。

参考文献

Allen, C. M. (2005). *A Local Grammar of Cause and Effect : A Corpus-Driven Study* [D]. Birmingham: University of Birmingham.

Ansary, H. & Babaii, E. (2005). The Generic Integrity of Newspaper Editorials: A Systemic Functional Perspective [J]. *RELC Journal*, (3): 271-295.

Anthony, L. (1999). Writing research article introductions in software engineering: How accurate is a standard model? [J]. *IEEE Transactions on Professional Communication*, (42): 38-46.

Arnaudet, M. L. & Barrett, M. E. (1984). *Approaches to Academic Reading and Writing* [M]. Englewood Cliffs: Prentice Hall.

Artemeva, N. (2008). Toward a unified social theory of genre learning [J]. *Journal of Business and Technical Communication*, 22 (2): 160-185.

Bakhtin, M. M. (1981). *The Dialogic Imagination* [M]. Austin: University of Texas Press.

Bakhtin, M. M. (1986). *Speech Genres and Other Late Essays* [M]. In V. McGee, C. Emerson & M. Holquist (trans.). Austin: University of Texas Press.

Baptista, J. (1998). A local grammar of proper nouns [J]. *Seminários de Linguística*, (2): 21-37.

Barnbrook, G. (2002). *Defining Language : A Local Grammar of Definition Sentences* [M]. Amsterdam: John Benjamins Publishing Company.

Barnbrook, G. & Sinclair, J. (2001). Specialised corpus, local and functional linguistics [A] . In M. Ghadessy, A. Henry & R. L. Roseberry (eds.) . *Small Corpus Studies and ELT : Theory and Practice* [C] . Amsterdam: John Benjamins Publishing Company.

Bawarshi, A. (2000) . The genre function [J] . *College English*, 62: 335–360.

Bawarshi, A. (2003) . *Genre and the Invention of the Writer : Reconsidering the Place of Invention in Composition* [M] . Logan: Utah State University Press.

Bazerman, C. (2004) . Speech acts, genres, and activity systems: How texts organize activity and people [A] . In C. Bazerman & P. Prior (eds.) . *What Writing Does and Hote It Does It : An Introduction to Analyzing Texts and Tertual Practices* [C] . New Jersey: Lawrence Erlbaum Associates.

Bednarek, M. (2006) . *Evaluation in Media Discourse* [M] . London: Continuum.

Bednarek, M. (2007) . Local grammar and register variation: Explorations in broadsheet and tabloid newspaper discourse [J] . *ELR : The English Language Review*, (1): 1–20.

Bednarek, M. (2008) . *Emotion Talk across Corpora* [M] . London & New York: Palgrave Macmillan.

Bednarek, M. (2014) . "An astonishing season of destiny!" Evaluation in blurbs used for advertising TV series [A] . In G. Thompson & L. Alba-Juez (eds.) . *Evaluation in Context* [M] . Amsterdam: John Benjamins Publishing Company.

Bell, A. 1991. *The Language of News Media* [M] . Oxford: Oxford University Press.

Bhatia, V. K. (1993) . *Analysing Genre : Language Use in Professional Settings* [M] . London: Longman.

Bhatia, V. K. (1997) . Genre – mixing in academic introductions [J] . *English for Specific Purposes*, 16 (3): 181–195.

Biber, D. (2006) . Stance in spoken and written university registers [J] . *Journal of English for Academic Purposes*, 5 (2): 97–116.

Biber, D. , Connor, U. & Upton, T. (2007) . *Discourse on the Move : Using Corpus Analysis to Describe Discourse Structure* [M] . Amsterdam: John Benjamins Publishing Company.

Biber, D. & Conrad, S. (2009) . *Register, Genre, and Style* [M] . Cambridge: Cambridge University Press.

Biber, D. , Conrad, S. & Cortes, V. (2004) . If you look at...: Lexical bundles in university teaching and textbooks [J] . *Applied Linguistics*, 25 (3): 371-405.

Biber, D. & Finegan, E. (1989) . Styles of stance in English: Lexical and grammatical marking of evidentiality and affect [J] . *Text (Special Issue on the Pragmatics of Affect)*, 9 (1): 93-124.

Biber, D. , Johanson, S. , Leech, G. , Conard, S. & Finegan, E. (1999) . *Longman Grammar of Spoken and Written English* [M] . Harlow: Pearson.

Bird, E. & Dardenne, R. (1988) . Myth, chronicle, and story—Exploring the narrative quality of news [A] . In J. W. Carey (ed.) . *Media, Myths, and Narratives—Television and the Press* [C] . California: Sage Publications.

Boyatzis, R. E. , Stubbs, E. C. & Taylor, S. N. (2002) . Learning cognitive and emotional intelligence competences through graduate management education [J] . *Academy of Management Journal on Learning and Education*, 1 (2): 150-162.

Brett, P. A. (1994) . Genre analysis of the results section of sociology articles [J] . *English for Specific Purposes*, (1): 47-59.

Bühler, K. (1934) . *Sprachtheorie* [M] . Oxford: Fischer.

Chafe, W. L. (1982) . Integration and involvement in speaking, writing and oral literature [A] . In D. Tannen (ed.) . *Spoken and Written Language : Exploring Orality and Literacy* [C] . Norwood, NJ: Ablex.

Charles, M. (2006) . Phraseological patterns in reporting clauses used in citation: A corpus-based study of theses in two disciplines [J] . *English for Specific Purposes*, (3): 310-331.

Chen, Y. & Baker, P. (2010). Lexical bundles in L1 and L2 academic writing [J]. *Language Learning and Technology*, (2): 30–49.

Cheng, W. & Ching, T. (2016). Not a guarantee of future performance: The local grammar of disclaimers [J]. *Applied Linguistics*, (3): 263–301.

Cheng, W., Greaves, C. & Warren, M. (2006). From N-gram to skipgram to concgram [J]. *International Journal of Corpus Linguistics*, (4): 411–433.

Cortes, V. (2004). Lexical bundles in published and student disciplinary writing: Examples from history and biology [J]. *English for Specific Purposes*, (23): 397–423.

Cortes, V. (2013). The purpose of this study is to: Connecting lexical bundles and moves in research article introductions [J]. *Journal of English for Academic Purposes*, (1): 33–43.

Coulmas, F. 1985. Direct and indirect speech: General problems and problems of Japanese [J]. *Journal of Pragmatics*, (9): 41–63.

Crespo-Fernández, E. (2013). Words as weapons for mass persuasion: Dysphemism in Churchill's wartime speeches [J]. *Text & Talk*, 33 (3): 311–330.

Dan, O. (2013). School bullying: Development and some important challenges [J]. *Annual Review of Clinical Psychology*, (1): 751–780.

Dressen, D. (2003). Geologists implicit persuasive strategies and the construction of evaluative evidence [J]. *Journal of English for Academic Purpose*, 2 (4): 273–290.

Dudley-Evans, T. & Henderson, W. (eds.). (1990). *The Language of Economics: The Analysis of Economic Discourse* [M]. London: Modern English Publications/British Council.

Dunham, G. (1986). The role of syntax in the sublanguage of medical diagnostic statements [A]. In R. Grishman & R. Kittredge (eds.). *Analyzing Language in Restricted Domains: Sublanguage Description and Processing* [M]. Hillsdale, NJ: Lawrence Erlbaum.

Eggins, S. (2004). *Introduction to Systemic Functional Linguistics* [M].

London: Pinter.

Eggins, S. & Slade, D. (1997). *Analysing Casual Conversation* [M]. London: Cassell.

Fairclough, N. (1992). *Discourse and Social Change* [M]. Cambridge: Policy Press.

Fairclough, N. (1995). *Media Discourse* [M]. London: Edward Arnold.

Firth, J. R. (1930). *Speech* [M]. London: Ernest Benn Limited.

Firth, J. R. (1957). Personality and language in society [A]. In R. F. John (ed.). *Papers in Linguistics (1934-1951)* [C]. London: Oxford University.

Firth, J. R. (1968). Descriptive linguistics and the study of English [A]. In F. R. Palmer (ed.). *Selected Papers of J. R. Firth 1952-1959* [C]. Bloomington: Indiana University Press.

Fishman, M. (1981). *Manufacturing the News : The Social Organization of Media News Production* [M]. Austin: University of Texas Press.

Fitzpatrick, E., Bachenko, J. & Hindle, D. (1986). The status of telegraphic sublanguages [A]. In R. Grishman & R. Kittredge (eds.). *Analyzing Language in Restricted Domains : Sublanguage Description and Processing* [M]. Hillsdale, NJ: Lawrence Erlbaum.

Flowerdew, J. (1999). Problems in writing for scholarly publication in English: The case of Hong Kong [J]. *Journal of Second Language Writing*, 8 (3): 243-264.

Floyd, A. (2000). The reporting verbs and bias in the press [J]. *Revista Alicantina de Estudios Ingleses*, (13): 43-52.

Fowler, R. (1991). *Language in the News : Discourse and Ideology in the Press* [M]. Abingdon: Routledge.

Francis, G. (1993). A corpus-driven approach to grammar principles, methods and examples [A]. In M. Baker, G. Francis & E. Tognini-bonelli (eds.). *Text and Technology : In Honour of John Sinclair* [M]. Amsterdam: John Benjamins Publishing Company.

Francis, G. (1995) . Corpus-driven grammar and its relevance to the learning of English in a cross – cultural situation [A] . In A. Pakir (ed.) . *English in Education: Multicultural Perspectives* [C] . Singapore: Unipress.

Francis, G., Hunston, S. & Manning, E. (1998) . *Collins COBUILD Grammar Patters* 2: *Nouns and Adjectives* [M] . New York: HarperCollins.

Friedman C. (1986) . Sublanguage text processing—Application to medicalnarrative [A] . In R. Grishman & R. Kittredge (eds.) . *Analyzing Language in Restricted Domains: Sublanguage Description and Processing* [M] . Hillsdale, NJ: Lawrence Erlbaum.

Gamallo, P. & López, I. G. (2011) . A grammatical formalism based on patterns of Part of Speech tags [J] . *International Journal of Corpus Linguistics*, 16 (1): 45-71.

Geis, M. (1987) . *The Language of Politics* [M] . New York: Springer-Verlag.

Genette, G. (1997) . *Paratexts. Threshold of Interpretation* [M] . Cambridge: Cambridge University Press.

Ghoulam, A., Fatiha B., Ghalem B. & Farid, M. (2015) . Using local grammar for entity extraction from clinical reports [J] . *International Journal of Artificial Intelligence and Interactive Multimedia*, 3 (3): 16-24.

Goldberg, A. E. (2003) . Constructions: A new theoretical approach to language [J] . *Journal of Foreign Languages*, (3): 1-11.

Grishman, R. & Kittredge, R. (1986) . *Analyzing Language in Restricted Domains: Sublanguage Description and Processing* [M] . Hillsdale, NJ: Lawrence Erlbaum.

Groom, N. (2005) . Pattern and meaning across genres and disciplines: An exploratory study [J] . *Journal of English for Academic Purposes*, (4): 257-277.

Gross, M. (1993) . Local grammars and their representation by finite automata [A] . In M. Hoey (ed.) . *Data, Description, Discourse* [M] . London: Harper Collins, 26-38.

Halliday, M. A. K. (1978) . *Language as a Social Semiotic : Social Interpretation of Language and Meaning* [M] . London: Arnold.

Halliday, M. A. K. (1989) . *Spoken and Written Language* [M] . Oxford: Oxford University Press.

Halliday, M. A. K. (1994) . *An Introduction to Functional Grammar* [M] . London: Edward Arnold. /Beijing: Foreign Language Teaching and Research Press.

Halliday, M. A. K. & Hasan, R. (1976) . *Cohesion in English* [M] . London: Longman.

Halliday, M. A. K. & Hasan, R. (1985) . *Language, Context, and Text : Aspects of Language in a Social – Semiotic Perspective* [M] . Australia: Deakin University Press.

Halliday, M. A. K. & Hasan, R. (1987) . The grammarian's dream: Lexis as more delicate grammar [A] . In M. A. K. Halliday & R. P. Fawcett (eds.) . *New Developments in Systemic Linguistics (Vol. 1) : Theory and Description* [C] . London: Pinter.

Halliday, M. A. K. & Matthiessen, C. M. I. M. (1999) . *Construing Experience Through Meaning : A Language–Based Approach to Cognition* [M] . London: Cassell.

Halliday, M. A. K & Matthiessen, C. M. I. M. (2004) . *An Introduction to Functional Grammar* [M] . London: Edward Arnold.

Halliday, M. A. K. , McIntosh, A. & Strevens, P. (1964) . *The Linguistics Sciences and Language Teaching* [M] . London: Longman.

Harris, Z. (1968) . *Mathematical Structures of Language* [M] . New York: Interscience Publishers.

Harris, Z. (1988) . *A Theory of Language and Information : A Mathematical Approach* [M] . New York: Columbia University Press.

Hasan, R. (1977) . Text in the systemic – functional mode [A] . In W. Dressler (ed.) . *Current Trends in Text Linguistics* [C] . Berlin: Walter de Gruyter.

Hasan, R. (1996). *Ways of Saying : Ways of Meaning* [M]. London: Cassell.

Haswell, R. H. (1991). *Gaining Ground in College Writing : Tales of Development and Interpretation* [M]. Dallas: Southern Methodist University Press.

Hirano, E. (2009). Research article introductions in English for specific purposes: A comparison between Brazilian Portuguese and English [J]. *English for Specific Purposes*, 29 (4): 240-250.

Hoey, M. (1983). *On the Surface of Discourse* [M]. London: George Allen & Unwin.

Holmes, R. (1997). Genre analysis and the social sciences: An investigation of the structure of research article discussion sections in three disciplines [J]. *English for Specific Purposes*, (4): 321-337.

Hood, S. & Martin, J. R. (2007). Invoking attitude: The play of graduation in appraising discourse [A]. In J. Webster, C. Matthiessen & R. Hasan (eds.). *Continuing Discourse on Language* [C]. London: Equinox, 739-764.

Hornby, A. S. (1954). *A Guide to Patterns and Usage in English* [M]. Oxford: Oxford University Press.

Hou, Y. B., Jiang, T. L. & Wang, Q. (2017). Socioeconomic status and online shaming: The mediating role of belief in a just world [J]. *Computers in Human Behavior*, 76: 19-25.

Hu, G. & Cao, F. (2011). Hedging and boosting in abstracts of applied linguistics articles: A comparative study of English and Chinese-medium journals [J]. *Journal of Pragmatics*, (11): 2795-2809.

Huang, C., Chen, M., Huang, S. & Chang, J. S. (2011). EdIt: A Broad-coverage Grammar Checker Using Pattern Grammar [OL]. http: // www. aclweb. org/anthology/P11-4005.

Hunston, S. (1999). *Local Grammars : The Future of Corpus-Driven Grammar?* [C]. The 32nd BAAL Annual Meeting.

Hunston, S. (2003). Frame, phrase or function: A comparison of frame semantics and local grammars [A]. In D. Archer et al. (eds.). *Corpus*

Linguistics 2003 ［C］. University of Lancaster, UK: University Centre for Computer Corpus Research on Language, 342-358.

Hunston, S. (2008). Starting with the small words: Patterns, lexis and semantic sequences ［J］. *International Journal of Corpus Linguistics*, 13 (3): 271-295.

Hunston, S. (2011). *Corpus Approaches to Evaluation : Phraseology and Evaluatiove Language* ［M］. New York: Routledge.

Hunston, S. & Francis, G. (2000). *Pattern Grammar : A Corpus-Driven Approach to the Lexical Grammar of English* ［M］. Amsterdam: John Benjamins Publishing Company.

Hunston, S. & Sinclair, J. (2000). A local grammar of evaluation ［A］. In S. Hunston & G. Thompson (eds.). *Evaluation in Text : Authorial Stance and the Construction of Discourse* ［C］. Oxford: Oxford University Press.

Hunston, S. & Su, H. (2017). Patterns, constructions, and local grammar: A case study of "evaluation" ［J］. *Applied Linguistics*, 46: 1-28.

Hunston, S. & Thompson, G. (eds.). (2000). *Evaluation in Text : Authorial Stance and the Construction of Discourse* ［M］. Oxford: Oxford University Press.

Hyland, K. (2000). *Disciplinary Discourse : Social Interactions in Academic Writing* ［M］. Harlow: Longman.

Hyland, K. (2002). *Teaching and Researching Writing* ［M］. Harlow: Pearson Education.

Hyland, K. (2004). Representing readers in writing: Student and expert practices ［J］. *Linguistics and Education*, (16): 363-377.

Hyland, K. (2005). Stance and engagement: A model of interaction in academic discourse ［J］. *Discourse Studies*, (7): 173-192.

Hyland, K. (2008). Academic clusters: Text patterning in published and postgraduate writing ［J］. *International Journal of Applied Linguistics*, (1): 41-62.

Hyland, K. (2014). *Academic Written English* ［M］. Shanghai: Shanghai

Foreign Language Education Press.

Hyland, K. & Jiang, F. K. (2016). "We must conclude that…": A diachronic study of academic engagement [J]. *Journal of English for Academic Purposes*, 24: 29-42.

Hyland, K. & Tse, P. (2004). Metadiscourse in academic writing: A reappraisal [J]. *Applied Linguistics*, 25 (2): 156-177.

Hymes, D. (1972). On communicative competence [A]. In J. B. Pride & J. Holmes (eds.). *Sociolinguistics* [C]. London: Penguin, 269-293.

Inya, O. (2012). Generic structure potential of Christian apologetics [J]. *Linguistik Online*, (5): 75-88.

Jakobson, R. (1964). Concluding statement: Linguistics and poetics [A]. In T. A. Sebeok (ed.). *Style in Language* [C]. Cambridge & Massachusetts: MIT Press, 340-377.

Jefferson, G. (1988). On the sequential organization of troubles-talk in ordinary conversation [J]. *Social Problems*, 35 (4): 418-441.

Kowalski, R. M., Gmetti, G. W., Schroeder, A. N. & Lattanner, M. R. (2014). Bullying in the digital age: A critical review and meta-analysis of cyberbullying research among youth [J]. *Psychological Bulletin*, (4): 1073-1137.

Kuno, S. (1987). *Functional Syntax: Anaphora, Discourse and Empathy* [M]. Chicago: The University of Chicago Press.

Labov, W. (1972). *Language in the Inner City: Studies in the Black English Vernacular* [M]. Philadelphia: University of Pennsylvania Press.

Lackoff, G. (1987). *Women, Fire and Dangerous Things: What Categories Reveal about the Mind* [M]. Chicago: Chicago University Press.

Langendoen, D. T. (1968). *The London School of Linguistics: A Study of the Linguistic Theories of B. Malinowski and J. R. Firth* [M]. Cambridge: MIT Press.

Langos, C. (2012). Cyberbullying: The Challenge to Define [J]. *Cyberpsychology Behavior and Social Networking*, (6): 285-289.

Leech, G. (1974). *Semantics* [M]. London: Penguin Books.

Leech, G. (1991). The state of art in corpus linguistics [A]. In K. Aijmer & B. Alternberg (eds.). *English Corpus Linguistics* [M]. London: Longman.

Leech, G. & Short, M. (1981). *Style in Fiction* [M]. London: Longman.

Léon, J. (2005). Claimed and Unclaimed Sources of Corpus Linguistics [OL]. https://www.researchgate.net/publication/228707954.

Lewis, M. (1993). *The Lexical Approach : The State of ELT and a Way Forward* [M]. Hove, England: Language Teaching Publications.

Liardéta, C. & Black, S. (2019). "So and so" says, states and argues: A corpus-assisted engagement analysis of reporting verbs [J]. *Journal of Second Language Writing*, 44: 37-50.

Liu, G. B. & Yang, Y. F. (2021). A diachronic study of multi-disciplinary metadiscourse in research articles [C]. *ICDEL 2021: 2021 the 6th International Conference on Distance Education and Learning*, 121-132.

Malinowski, B. (1935). *Coral Gardens and Their Magic* [M]. London: Allen and Unwin.

Martin, J. R. (1984). Language, register and genre [A]. In E. Christie (ed.). *Children Writing : A Reader* [C]. Geelong, Vic: Deakin University Press, 21-29.

Martin, J. R. (1985). Process and text: Two aspects of semiosis [A]. In J. D. Benson & W. S. Greaves (eds.). *Systemic Perspectives on Discourse (Vol. 1) : Selected Applied Papers from the 9th International Systematic Workshop* [C]. Norwood: Ablex, 248-274.

Martin, J. R. (1992). *English Text : Structure and System* [M]. Amsterdam: John Benjamins Publishing Company.

Martin, J. R. (1995). Reading positions/positioning readers: JUDGMENT in English [J]. *Prospect : A Journal of Australian TESOL*, 10 (2): 27-37.

Martin, J. R. (1997). Analysing genre: Functional parameters [A]. In F. Christie & J. R. Martin (eds.). *Genre and Institutions : Social Processes in the Workplace and School* [C]. London, UK: Cassell.

Martin, J. R. (1998). *MA Lectures of Academic Register and Genre* [Z]. Department of Linguistics, University of Sydney.

Martin, J. R. (2000). Beyond exchange: APPRASIAL systems in English [A]. In S. Hunston & G. Thompson (eds.). *Evaluation in Text : Authorial Stance and the Construction of Discourse* [C]. Oxford: Oxford University Press.

Martin, J. R. (2009). Genre and language learning: A social semiotic perspective [J]. *Linguistic and Education*, 25: 549−583.

Martin, J. R. (2017). The discourse semantics of attitudinal relations: Continuing the study of lexis [J]. *Russian Journal of Linguistics*, (1): 22−47.

Martin, J. R. & Rose, D. (2003). *Working with Discourse : Meaning beyond the Clause* [M]. London & New York: Continuum.

Martin, J. R. & White, P. (2005). *The Language of Evaluation* [M]. Basingstoke & New York: Palgrave Macmillan.

Mason, O. (2004). Automatic processing of local grammar patterns [C]. *Proceedings of the 7th Annual CLUK Research Colloquium*, 166−171.

Mason, O. & Hunston, S. (2004). The automatic recognition of verb patterns: A feasibility study [J]. *International Journal of Corpus Linguistics*, 9 (2): 253−270.

Maton, K. (2014). *Knowledge and Knowers* [M]. New York: Routledge.

Mayers, H. J. (1989). Modality in science texts [J]. *In Special Language/ Fachsprache*, 11: 127−134.

Miller, C. R. (1984). Genre as social action [J]. *Quarterly Journal of Speech*, 70 (2): 151−167.

Miller, C. R. (1994). Rhetorical community: The cultural basis of genre [A]. In A. Freedman & P. Medway (eds.). *Genre and the New Rhetoric* [C]. London: Taylor and Francis, 67−78.

Morley, G. D. (1985). *An Introduction to Systemic Grammar* [M]. London: Macmillian Publishers Ltd.

Mukherjee, J. (2001). Principles of pattern selection [J]. *Journal of English Linguistics*, 29 (4): 295-314.

Munday, J. (2015). Engagement and graduation resources as markers of translator/interpreter positioning [J]. *Target-International Journal of Translations Studies*, 27 (3): 406-421.

Myrick, J., Major, L. & Jankowski, S. (2014). The sources and frames used to tell stories about depression and anxiety: A content analysis of 18 years of national television news coverage [J]. *Electronic News*, (8): 49-63.

Nandhini, B. S. & Sheeba, J. I. (2015). Online social network bullying detection using intelligence techniques [J]. *Procedia Computer Science*, 45: 485-492.

Nattinger, J. R. & DeCarrico, J. S. (1992). *Lexical Phrases and Language Teaching* [M]. Oxford: Oxford University Press.

Neimeyer, R. A., Fontana, D. J. & Gold, K. (1983). A manual for content analysis of death constructs [J]. *Death Education*, 7 (2-3): 299-320.

Neubert, A. & Gregory, M. S. (1992). *Translation as Text* [M]. Ohio: The Kent State University Press.

Newmark, P. (1991). *About Translation* [M]. Clevedon, North Somerset, UK: Multilingual Matters Ltd.

Nord, C. (1991). *Text Analysis in Translation* [M]. Amsterdam: Rodopi.

Ogden, C. K. & Richards, I. A. (1923). *The Meaning of Meaning* [M]. London: Routledge.

Olweus, D. (2012). Comments on cyber bullying article [J]. *A Rejoinder European Journal of Developmental Psychology*, (5): 559-568.

Otero, P. G. & López, I. G. A. (2011). Grammatical formalism based on patterns of part of speech tags [J]. *International Journal of Corpus Linguistics*, 16 (1): 45-71.

Ozturk, I. (2007). The textual organization of research article introductions in applied linguistics: Variability within a single discipline [J]. *English for Specific Purposes*, 26 (1): 25-38.

Painter, C. (2003). Developing attitude: An ontogenetic perspective on AP-PRAISAL [J]. *TEXT*, 23 (2): 183–210.

Patterson, T. E. (2000). *Doing Well and Doing Good : How Soft News and Critical Journalism Are Shrinking the New Audience and Weakening Democrac—And What News Outlets Can Do about It* (Faculty Research Working Paper Series, RWP01–001) [A]. Cambridge, MA: John F. Kennedy School of Government, Harvard University.

Peter, K. S., Jess, M., Manuel, C. et al. (2008). Cyber bullying: Its nature and impact in secondary school pupils [J]. *Journal of Child Psychology and Psychiatry*, (4): 376–385.

Pomerantz, A. (1984). Agreeing and disagreeing with assessments: Some features of preferred/dispreferred turn shapes [A]. In J. M. Atkinson & J. Heritage (eds.). *Structures of Social Action : Studies in Conversation Analysis* [C]. Cambridge: Cambridge University Press.

Pontrandolfo, G. & Goździ-Roszkowski. (2014). Exploring the local grammar of evaluation: The case of adjectival patterns in American and Italian judicial discourse [J]. *Research in Language*, 12 (1): 71–91.

Prior, M. (2003). Any good news in soft news? The impact of soft news preference on political knowledge [J]. *Political Communication*, 20 (2): 149–171.

Reinemann, C., Stanyer, J., Scherr, S. & Legnante, G. (2012). Hard and soft news: A review of concepts, operationalizations and key findings [J]. *Journalism*, 13 (2): 221–239.

Robin, M. K., Gary, W. G., Amber, N. S. et al. (2014). Bullying in the digital age: A critical review and meta-analysis of cyberbullying research among youth [J]. *Psychological Bulletin*, (4): 1073–1137.

Römer, U. (2009). English in academia: Does nativeness matter [J]. *Anglistik : International Journal of English Studies*, (2): 89–100.

Rothery, J. & Stenglin, M. (2000). Interpreting literature: The role of appraisal [A]. In L. Unsworth (ed.). *Researching Language in Schools and Communities : Functional Linguistic Perspectives* [C]. London:

Cassell.

Sager, N. , Friedman, C. & Lyman, M. (1987) . *Medical Language Processing : Computer Management of Narrative Data* [M] . Boston: Addison-Wesley Longman Publishing.

Samraj, B. (2002) . Introductions in research articles: Variations across disciplines [J] . *English for Specific Purposes*, (1): 1-17.

Samraj, B. (2005) . An exploration of a genre set: Research article abstracts and introductions in two disciplines [J] . *English for Specific Purposes*, (2): 141-156.

Sheldon, E. (2011) . Rhetorical differences in RA introductions written by English L1 and L2 and Castilian Spanish L1 writers [J] . *Journal of English for Academic Purposes*, 10 (4): 238-251.

Shokouhi, H. & Akbarzadeh, F. (2017) . Analysing intersubjective resources in Persian and English newspaper opinion/editorials [J] . *Poznan Studies in Contemporary Linguistics*, 53 (2): 281-303.

Simpson-Vlach, R. & Ellis, N. C. (2010) . An academic formulas list: New methods in phraseology research [J] . *Applied Linguistics*, (4): 487-512.

Sinclair, J. (1991) . *Corpus, Concordance, Collocation* [M] . Oxford: Oxford University Press.

Sinclair, J. (1996) . The search for units of meaning [J] . *Textus*, 9: 75-106.

Sinclair, J. (2008) . Preface [A] . In S. Granger & F. Meunier (eds.) . *Phraseology : An Interdisciplinary Perspective* [C] . Amsterdam: John Benjamins Publishing Company.

Smirnova, A. (2009) . Reported speech as an element of argumentative newspaper discourse [J] . *Discourse & Communication*, (3): 79-103.

Stankiewicz, E. (1964) . Problems of emotive language [A] . In A. S. Thomas, A. S. Hayes & M. C. Bateson (eds.) . *Approaches to Semiotics. Transactions of the Indiana University Conference on Paralinguistics and Kinesic* [C] . The Hague: Mouton & Co, 239-276.

Staples, S., Egbert, J., Biber, D. & McClair, A. (2013). Formulaic sequences and EAP writing development: Lexical bundles in the TOEFL iBT writing section [J]. *Journal of English for Academic Purposes*, (3): 214-225.

Su, H. (2015). *Judgment and Adjective Complementation Patterns in Biographical Discourse: A Corpus Study* [D]. Birmingham: University of Birmingham.

Su, H. (2017a). Local grammars of speech acts: An exploratory study [J]. *Journal of Pragmatics*, (111): 72-83.

Su, H. (2017b). "Thank bloody god it's Friday": A local grammar of thanking [J]. *Corpus Pragmatics*, (1): 83-105.

Su, H. & Wei, N. X. (2018). I'm really sorry about what I said: A local grammar of apology [J]. *Pragmatics*, (3): 439-462.

Sui, X. (2015). *Local Grammars of Movement in Financial English* [D]. Hong Kong: The Hong Kong Polytechnic University.

Swales, J. M. (1990). *Genre Analysis: English in Academic and Research Settings* [M]. Cambridge: Cambridge University Press.

Swales, J. M. (2004). *Research Genres: Explorations and Applications* [M]. New York: Cambridge University Press.

Swales, J. M. & Feak, C. (2004). *Academic Writing for Graduate Students: Essential Tasks and Skills* [M]. Ann Arbor: University of Michigan Press.

Tannen, D. (1986). Introducing constructed dialogue in greek and American conversational and literary narrative [A]. In F. Coulmas (ed.). *Direct and Indirect Speech* [C]. Berlin: Mouton.

Taylor, G. & Chen, T. (1991). Linguistic, cultural, and subcultural issues in contrastive discourse analysis: Anglo-American and Chinese scientific texts [J]. *Applied Linguistics*, (3): 319-336.

Thi, N. P. & Michael, H. (2015). Phraseology used to comment on results in the discussion section of applied linguistics quantitative research articles [J]. *English for Specific Purposes*, 39 (1): 45-61.

Thompson, G. (1996a). *Introducing Functional Grammar* [M]. London:

Edward Arnold.

Thompson, G. (1996b) . Voices in the texts: Discourse perspectives on language reports [J] . *Applied Linguistics*, (17): 501-530.

Thomson, E. A. & White, P. R. R. (2008) . The news story as rhetoric: Linguistic approaches to the analysis of journalistic discourse [A] . In E. A. Thomson & P. R. R. White (eds.) . *Communicating Conflict : Multilingual Case Studies of the News Media* [C] . London: Continuum.

Van Dijk, T. A. (1985) . Structures of news in the press [A] . In T. A. Van Dijk (ed.) . *Discourse and Communication : New Approaches to the Analysis of Mass Media Discourse and Communication* [C] . Berlin: Walter de Gruyter.

Van Dijk, T. A. (1988) . *News Analysis : Cases Studies of International and National News in the Press* [M] . Hillsdale: Lawrence Erlbaum Associates Inc.

Voloshion, V. N. (1995) . *Marxism and the Philosophy of Language*, *Bakhtinian Thought—An Introductory Reader* [M] . In S. Dentith, L. Matejka & I. R. Titunik (trans.) . London: Routledge.

Walker, D. & Amsler, R. (1986) . The use of machine-readable dictionaries in sublanguage analysis [A] . In R. Grishman & R. Kittredge (eds.) . *Analyzing Language in Restricted Domains : Sublanguage Description and Processing* [M] . Hillsdale, NJ: Lawrence Erlbaum.

Wei, N. & Li, J. (2013) . A new computing method for extracting contiguous phraseological sequences from academic text corpora [J] . *International Journal of Corpus Linguistics*, 18 (4): 506-535.

Weissberg, R. & Burker, S. (1990) . *Writing Up Research : Experimental Research Report Writing for Students of English* [M] . Englewood Cliffs, New Jersey: Prentice Hall Regents.

White, P. R. R. (1998) . *Telling Media Tales : The News Story as Rhetoric* [D] . Sydney: University of Sydney.

White, P. R. R. (2005) . Death, disruption and the moral order: The narrative impulse in mass-media hard news reporting ［A］ . In F. Christie & J. R. Martin (eds.) . *Genres and Institutions : Social Processes in the Workplace and School* ［M］ . London: Continuum, 101-133.

White, P. R. R. (2005) . Handout in the 9th Systemic week ［C］ . Henan University, Kaifeng, China.

White, P. R. R. (2012) . Exploring the axiological workings of 'reporter voice' news storie—Attribution and attitudinal positioning ［J］ . *Discourse, Context & Media*, 1 （2-3）: 57-67.

Williams, I. (1999) . Results sections of medical research articles: Analysis of rhetorical categories for pedagogical purposes ［J］ . *English for Specific Purposes*, （18）: 347-366.

Wilss, W. (1982) . *The Science of Translation : Problems and Methods* ［M］ . Germany: Gunter Narr Verlag Tubingen.

Wodak, R. , Cillia, R. et al. (1999) . *The Discursive Construction of National Identity* ［M］ . In A. Hirsch (tran.) . Edinburgh: Edinburgh University Press Ltd.

Wu, G. (2018) . Official websites as a tourism marketing medium: A contrastive analysis from the perspective of appraisal theory ［J］ . *Journal of Destination Marketing & Management*, 10: 164-171.

Xu, J. J. & Jia, Y. L. (2001) . BFSU Qualitative Coder 1. 1 ［CP/DK］ . National Research Center for Foreign Language Education, Beijing Foreign Studies University.

Xu, X. Y. & Nesi, H. (2019) . Evaluation in international research articles: A comparison of the strategies used by Chinese and British authors ［J］ . *Text & Talk*, 39 （6）: 33-53.

Yang, R. & Allison, D. (2003) . Research articles in applied linguistics: Moving from results to conclusions ［J］ . *English for Specific Purposes*, （4）: 365-385.

巴赫金. （1998）. 巴赫金全集（第二卷）［M］. 石家庄: 河北教育出版社.

曹军, 王俊菊. （2008）. 英语语言学书评语篇中态度用语的人际功能分析

[J]．山东外语教学，(2)：40-44.

曾向红．(2016)．"一带一路"的地缘政治想象与地区合作[J]．世界经济与政治，(1)：16-17.

陈代波．(2013)．关于网络暴力概念的辨析[J]．湖北社会科学，(6)：61-64.

陈功，梁茂成．(2017)．型式语法的产生、特点及应用价值[J]．外语学刊，(1)：17-24.

陈令君．(2012)．基于自建英语学术书评语料库的评价参数模型探析[J]．外语与外语教学，(2)：23-27.

陈梅，文军．(2013)．评价理论态度系统视阈下的白居易诗歌英译研究[J]．外语教学，34(4)：99-104.

陈明瑶．(2007)．新闻语篇态度资源的评价性分析及其翻译[J]．上海翻译，(1)：23-27.

程微．(2010)．态度韵律的整体性研究[J]．外语学刊，(3)：68-73.

戴凡．(2005)．《喜福会》的人物话语和思想表达方式——叙述学和文体学分析[J]．外语与外语教学，(9)：56-59.

董连棋．(2020)．评价理论视域下中国英语学习者议论文中的介入性词块研究[J]．解放军外国语学院学报，43(4)：26-34.

董敏．(2017)．局部语法与系统功能语法的互补性初探——以评价子语言为例[J]．外语与外语教学，(2)：38-47.

董希骁．(2018)．从新闻标题看罗马尼亚媒体对"一带一路"的态度[J]．中国外语，(3)：52-58.

杜泽兵．(2016)．基于语料库的中国学术英语词块结构和功能特征研究[J]．外语电化教学，(5)：9-13.

段芸，莫启扬，文旭．(2012)．认知语料库语言学刍议[J]．外语与外语教学，(6)：35-39.

房红梅．(2014)．论评价理论对系统功能语言学的发展[J]．现代外语，(3)：303-311.

房玉玲，曾莉，李文林，邵怡．(2015)．我国5所中医药大学SCI收录科研论文文献计量学分析[J]．医学与社会，28(11)：65-67.

冯彦，赵桂英．（2012）．商业广告语篇中的评价资源研究［J］．外语学刊，（5）：48-51.

付晓丽，付天军．（2009）．英语文学语篇的级差系统分析——以《呼啸山庄》为例［J］．河北师范大学学报（哲学社会科学版），32（3）：115-119.

高霞．（2017）．基于中外学者学术论文可比语料库的词块使用研究［J］．外语与外语教学，（3）：42-52.

高小丽．（2013a）．汉英报纸新闻语篇中转述言语的比较研究［D］．南京：南京师范大学．

高小丽．（2013b）．汉英报纸新闻语篇中转述形式的对比分析——新闻话语系列研究之一［J］．外语学刊，（2）：64-70.

葛林．（2013）．基于语料库的专业翻译评价研究——以联合国粮农组织文献翻译为例［J］．外语电化教学，（4）：41-45.

龚婷．（2015）．“一带一路”：国际舆论反应初探及应对建议［J］．对外传播，（3）：24-26.

郭镇之．（1998）．客观新闻学［J］．新闻与传播研究，（4）：58-66.

韩颖．（2014）．格林童话的教育功能探析——以评价意义为视角［J］．外语与外语教学，（3）：5-10.

何中清．（2011）．评价理论中的“级差”范畴：发展与理论来源［J］．北京第二外国语学院学报，33（6）：10-18.

侯玉波，李昕琳．（2017）．中国网民网络暴力的动机与影响因素分析［J］．北京大学学报（哲学社会科学版），54（1）：101-107.

胡健，张佳易．（2012）．认知语言学与语料库语言学的结合：构式搭配分析法［J］．外国语，35（4）：61-69.

胡美馨，黄银菊．（2014）．《中国日报》和《纽约时报》态度资源运用对比研究——以美军在利比亚军事行动报道为例［J］．外语研究，（4）：24-30.

胡新．（2015）．中外科技论文英文摘要的语步词块特征对比研究［J］．现代外语，38（6）：813-822.

胡元江．（2011）．基于语料库的英语专业高年级学生口语词块结构特征研究［J］．外语研究，（5）：26-30.

胡壮麟．（1994）．语篇的衔接与连贯［M］．上海：上海外语教育出版社．

胡壮麟．（2005）．系统功能语言学概论［M］．北京：北京大学出版社．

胡壮麟．（2009）．语篇的评价研究［J］．外语教学，30（1）：1-6.

胡壮麟，朱永生，张德禄，李战子．（2005）．系统功能语言学概论［M］．
北京：北京大学出版社．

胡壮麟等．（1989）．系统功能语法概论［M］．长沙：湖南教育出版社．

黄芳．（2019）．评价理论视角下死亡主题演讲中英文网络评论的态度比较
研究［J］．解放军外国语学院学报，42（1）：20-28.

江进林，张皎皎．（2018）．从态度系统看西方媒体对中国股市形象的构建
［J］．语料库语言学，5（2）：13-24.

江潇潇．（2018）．斯里兰卡"一带一路"相关报道态度资源研究［J］．
解放军外国语学院学报，（6）：42-48.

姜方炳．（2011）．"网络暴力"：概念、根源及其应对——基于风险社会
的分析视角［J］．浙江学刊，（6）：181-187.

姜望琪．（2008）．Firth 的语篇语义学思想［J］．外国语言文学，（1）：1-8.

姜亚军，赵明炜．（2008）．学位论文英语致谢的语类结构及其语言特点
［J］．中国应用语言学，（1）：94-109.

蒋国东，陈许．（2017）．对外新闻中的"一带一路"——评价理论介入系
统下的话语分析［J］．外语研究，（5）：6-9.

蒋国东，汪娟．（2017）．"一带一路"英汉新闻语类结构对比研究［J］．
杭州电子科技大学学报（社会科学版），13（6）：68-71.

蒋婷．（2006）．论学术英语中的情态模糊限制语———一项基于语料库的研
究［J］．外语电化教学，（4）：47-51.

蒋婷，杨霞．（2018）．英汉法律类学术论文中作者身份构建的对比研
究——以介入系统为视角［J］．西安外国语大学学报，26（4）：8-13.

鞠玉梅．（2004）．体裁分析与英汉学术论文摘要语篇［J］．外语教学，
（2）：32-35.

鞠玉梅．（2016）．《论语》英译文语篇评价系统之判断资源的修辞功能
［J］．当代修辞学，（5）：37-48.

康俊英，李风琴．（2018）．政治新闻语篇中转述动词的批评性分析——以《纽约时报》南海争端报道为例［J］．外语研究，（3）：25-30.

康宁．（2011）．基于语料库的中、英、美网站英语旅游文本中的评价语言对比研究［D］．上海：上海外国语大学.

赖良涛，朱熠凝．（2019）．基于介入系统的修辞策略分析——以名誉侵权涉诉语篇为例［J］．当代修辞学，（6）：62-72.

李成陈，江桂英．（2017）．评价理论态度系统视角下中英学术专著他序对比研究［J］．外语教学，38（05）：43-48.

李发根．（2009）．人际意义与等效翻译［M］．南昌：江西人民出版社.

李晶洁，侯绘丽．（2018）．硬科学论文中 we 的语义指向及话语行为研究［J］．外国语（上海外国语大学学报），41（2）：42-53.

李君．（2017）．突发事件新闻报道中"他者"声音的态度评价研究［J］．外语研究，34（06）：43-47.

李君，张德禄．（2010）．电视新闻访谈介入特征的韵律性模式探索［J］．外语教学，31（4）：6-10.

李梦骁，刘永兵．（2017a）．评价理论视域下中外学者期刊论文评论结果语步词块比较研究［J］．外语与外语教学，（5）：73-80.

李梦骁，刘永兵．（2017b）．中国学习者英语学术论文结论语步的词块特征研究［J］．外语教学，38（1）：34-37.

李琪．（2017）．基于评价视角的习近平讲话稿评价表达研究［D］．广州：暨南大学.

李伟．（2016）．一种基于评价理论和话语历史分析融合的文本解读方法研究——以内贾德联大演讲为例［J］．外国语文，32（6）：94-101.

李运兴．（2001）．语篇翻译引论［M］．北京：中国对外翻译出版公司.

李运兴．（2003）．英汉语篇翻译［M］．北京：清华大学出版社.

李战子．（2001）．学术话语中认知型情态的多重人际意义［J］．外语教学与研究，（5）：353-358+399-400.

李战子．（2004）．评价理论：在话语分析中的应用和问题［J］．外语研究，（5）：1-6.

李战子．（2006）．文体与评价——从语篇潜势到阅读取位［J］．外语与外语教学，（10）：25-28.

李战子，胡明霞．（2016）．基于语义重力说和评价理论的评价重力——以傅莹《中国是超级大国吗?》演讲为例［J］．外语研究，33（4）：1-6.

梁茂成．（2008）．中国大学生英语笔语中的情态序列研究［J］．外语教学与研究，（1）：51-57.

廖传风．（2008）．评价理论与外语阅读教学：解读语篇主题思想的新方法［J］．外语教学，（4）：47-50.

廖福妹．（2019）．英语学术书籍短评的介入资源分析［J］．当代外语研究，（3）：91-98.

刘丹．（2013）．英汉论辩体裁介入系统跨文化对比研究［J］．外语学刊，（3）：31-35.

刘国兵．（2018）．基于衔接特征的英语学习者书面语语篇连贯自动评价研究［M］．北京：外语教学与研究出版社．

刘国兵．（2021）．中西医英语学术论文介入资源对比分析［J］．山东外语教学，（2）：10-18.

刘国兵，常芳玲．（2020）．向心理论应用于英语学习者书面语语篇局部连贯评价的有效性研究［J］．河南师范大学学报（自然科学版），（4）：19-28+2.

刘国兵，华凤丽．（2019）．共选理论视角下英语学习者书面语近义动词短语特征研究［J］．外语与翻译，26（4）：80-86.

刘国兵，彭梦月．（2021）．汉语轻动词构式"进行/加以+动词"的语料库研究［J］．语料库语言学，8（1）：5-15+163.

刘国兵，王凡瑜．（2019）．中外学者学术论文局部语法型式评价取向研究——语料库语言学视角［J］．外语电化教学，（2）：53-60.

刘国兵，王凡瑜，郑冰寒．（2021）．中西方学者学术论文中评价局部语法型式使用特征研究［J］．外语与外语教学，（2）：62-70+149.

刘国兵，张孝莲．（2020）．中国媒体"一带一路"倡议报道中的态度资源分析——以《中国日报》为例［J］．西安外国语大学学报，（2）：15-21.

刘国兵，张孝莲．（2020）．《语料库与学术英语研究》评介［J］．中国ESP研究，（3）：97-101+110.

刘国兵，张孝莲．(2021)．语料库驱动视角下学术英语动词搭配配价研究［J］．外语电化教学，(1)：105-111+17.

刘慧．(2011)．现代汉语评价系统刍论［J］．华文教学与研究，(4)：72-78.

刘立华．(2010)．评价理论研究［M］．北京：外语教学与研究出版社．

刘立华，童可．(2020)．框架理论视角下国家形象的媒体话语建构研究［J］．山东外语教学，41 (3)：39-49.

刘萍，张继东，吴蕾．(2014)．社会科学学术语篇搭配框架 BE * to 的评价功能研究［J］．东华大学学报（社会科学版），(2)：67-73.

刘世铸．(2006)．态度的结构潜势［D］．济南：山东大学．

刘世铸．(2007)．评价的语言学特征［J］．山东外语教学，(3)：11-16.

刘世铸．(2007)．态度的结构潜势［M］．北京：中国社会科学出版社．

刘世铸．(2009)．基于语料库的情感评价意义构型研究［J］．外语教学，(2)：22-25.

刘世铸．(2010)．评价理论在中国的发展［J］．外语与外语教学，(5)：33-37.

刘世铸．(2012)．评价理论观照下的翻译过程模型［J］．山东外语教学，3 (4)：24-28.

刘世铸，张征．(2011)．评判的结构潜势与语义构型［J］．中国外语，8 (1)：22-27+50.

刘晓琳．(2010)．评价系统视域中的翻译研究——以《红楼梦》两个译本对比为例［J］．外语学刊，(3)：161-163.

刘兴兵．(2014a)．Martin 评价理论的国内文献综述［J］．英语研究，12 (20)：6-11.

刘兴兵．(2014b)．评价、语料库、短语学的有益联姻——《使用语料库方法研究评价：短语学与评价性语言》评介［J］．当代外语研究，(1)：71-73.

刘亚奇．(2010)．"网络暴力"事件中传统媒体的角色［J］．新闻窗，(4)：92.

刘运锋．(2018)．产品退货声明的局部语法［J］．语料库语言学，5 (1)：14-33.

吕伊哲．（2019）．中美主流媒体关于亚投行英文报道中的转述言语分析［J］．天津外国语大学学报，（4）：24-35.

罗昕．（2008）．网络舆论暴力的形成机制探究［J］．当代传播，（4）：78-80.

马广惠．（2003）．外国语言学及应用语言学统计方法［M］．陕西：西北农林科技大学出版社．

马伟林．（2007）．评价理论对英语口语教学的启示［J］．外语教学，（6）：37-40.

孟玲，孙铭徽．（2019）．评价理论视角下网友对自杀的态度——"走饭"微博网友反馈考察［J］．外语研究，36（2）：7-11+22.

孟勐．（2007）．基于语料库的中国作者和英语母语作者英文学术论文中评价语言的对比研究［D］．上海：上海外国语大学．

孟勐，李雪．（2010）．中国作者与英语母语作者英语论文中的介入资源［J］．外语学刊，（2）：55-58.

苗兴伟，雷蕾．（2019）．基于系统功能语言学的生态话语分析［J］．山东外语教学，40（1）：13-22.

聂薇．（2018）．从功能语言学看英国主流媒体对"一带一路"倡议的态度变化［J］．解放军外国语学院学报，（6）：34-41.

聂玉景．（2013）．民事判决书的评价策略——基于对话视角的介入分析［J］．西安电子科技大学学报（社会科学版），23（4）：87-92.

潘璠．（2016）．语料库驱动的英语本族语和中国学者期刊论文词块结构和功能对比研究［J］．外语与外语教学，（4）：115-123.

庞超伟．（2013）．伊拉克战争合法性的话语重建——一项基于布什伊战演讲语料库的评价研究［J］．外语研究，（4）：41-48.

庞继贤，叶宁．（2011）．西方语类理论比较分析［J］．浙江大学学报（人文社会科学版），41（2）：160-168.

钱丹凤，潘璠．（2014）．中外应用语言学论文引言部分语步对比研究［J］．外语教育：210-218.

钱宏．（2007）．运用评价理论解释"不忠实"的翻译现象——香水广告翻译个案研究［J］．外国语（上海外国语大学学报），（6）：57-63.

钱家骏，穆从军．（2017）．跨语言学术交际的主体间性——英汉学术期刊论文引言语篇模式与介入资源对比［J］．西安外国语大学学报，25（4）：13-17．

尚必武．（2008）．《灿烂千阳》中的态度系统及其运作：以评价理论为研究视角［J］．山东外语教学，（4）：18-23．

史安斌，钱晶晶．（2011）．从"客观新闻学"到"对话新闻学"——试论西方新闻理论演进的哲学与实践基础［J］．国际新闻界，33（12）：67-71．

石琳．（2015）．历史学术语篇评价意义的批评解读［J］．外语研究，32（5）：31-36．

司显柱．（1999）．论语篇为翻译的基本单位［J］．中国翻译，（2）：14-17．

司显柱，庞玉厚．（2018）．评价理论、态度系统与语篇翻译［J］．中国外语，（1）：96-102．

司显柱，徐婷婷．（2011）．从评价理论看报纸社论的意识形态［J］．当代外语研究，（11）：17-20．

宋成方，李祥云．（2014）．评价意义与人际关系研究综述［J］．外语研究，（5）：25-29．

宋远斌，孟卫东，莫春妍，黄泳．（2011）．中医与西医的比较与联系［J］．中医药管理杂志，19（1）：15-18．

苏杭，卫乃兴．（2017）．评价语言的局部语法研究［J］．中国外语，（3）：28-35．

苏奕华．（2008）．翻译中的意义对等与态度差异［J］．外语学刊，（5）：100-102．

孙凤兰．（2015）．中国学者科研论文中英语词串使用型式研究［J］．外语教学，（1）：69-74．

孙海燕．（2013）．语料库语言学视角下型式与意义的一体性［J］．西安外国语大学学报，21（4）：66-69．

孙铭悦，张德禄．（2015）．评价系统组篇机制研究［J］．现代外语，38（1）：26-36．

唐青叶，史晓云．（2018）．国外媒体"一带一路"话语表征对比研究——一项基于报刊语料库的话语政治分析［J］．外语教学，（5）：31-35．

汪世蓉．（2015）．基于语篇分析的汉英体育新闻报道对比研究［J］．中国社会科学院研究生院学报，（6）：125-129．

王辰玲．（2015）．语法隐喻的级差：概念隐喻与人际隐喻的渐进性研究［J］．外语与外语教学，（5）：49-54．

王芙蓉，王宏俐．（2015）．基于语料库的语言学和工科学术英语词块比较研究［J］．外语界，（2）：16-24．

王国凤．（2017）．政治性新闻语篇翻译中的评价——基于《华盛顿邮报》和《参考消息》中的钓鱼岛事件［J］．外语教学，38（03）：34-39．

王国建．（2008）．应重视医学论文的文字表达［J］．西南国防医药，（3）：468-469．

王雅丽，管淑红．（2006）．小说叙事的评价研究——以海明威的短篇小说《在异乡》为例［J］．外语与外语教学，（12）：9-12．

王雅琳．（2019）．评价理论视域下鲁迅小说《呐喊》文化负载词英译对比研究［D］．大连：大连外国语大学．

王勇．（2008）．行走在语法和词汇之间［J］．当代语言学，（10）：257-266．

王振华．（2001）．评价系统及其运作——系统功能语言学的新发展［J］．外国语（上海外国语大学学报），（6）：13-20．

王振华．（2003）．介入：言语互动中的一种评价视角［D］．开封：河南大学．

王振华，路洋．（2001）．“介入系统”嬗变［J］．外语学刊，（3）：51-56．

王振华，马玉蕾．（2007）．评价理论：魅力与困惑［J］．外语教学，（6）：19-23．

王宗炎．（1983）．对比分析和语言教学［J］．语言研究，（1）：233-243．

卫乃兴．（2002）．词语搭配的界定与研究体系［M］．上海：上海交通大学出版社．

卫乃兴．（2011）．词语学要义［M］．上海：上海外语教育出版社．

卫乃兴．（2016）．学术英语再思考：理论、路径与方法［J］．现代外语，（2）：267-277．

魏晓龙，高原．（2016）．作为评价手段的构式 X+BE+being+ADJ［J］．解放军外国语学院学报，39（1）：62-71．

吴安萍，李发根．（2009）．语篇主题与词汇语法评价模式间的认知研究
　　［J］．江西社会科学，（9）：247-249.

吴安萍，钟守满．（2010）．评价性形容词形式范畴化的语义结构模式研究
　　［J］．外语与外语教学，（5）：29-32.

吴格奇，潘春雷．（2010）．汉语学术论文中作者立场标记语研究［J］．语
　　言教学与研究，（3）：91-96.

吴启竟，张蕾．（2015）．评价理论视角下对语篇荒谬引发幽默的解读——
　　以《生活大爆炸》中幽默为例［J］．西安外国语大学学报，23（2）：
　　39-42.

吴志芳．（2012）．学术语篇和新闻语篇中的评价语言对比——基于语料库
　　的评价局部语法研究［J］．长春理工大学学报（社会科学版），25
　　（7）：132-135.

肖祎，王扬，苏杭．（2013）．少数族裔文学作品中的态度意义研究——基
　　于评价理论的个案分析［J］．外国语文，29（6）：34-38.

辛斌．（1998）．新闻语篇转述引语的批评性分析［J］．外语教学与研究，
　　（2）：9-14.

辛斌．（2006）．《中国日报》和《纽约时报》中转述方式和消息来源的比
　　较分析［J］．外语与外语教学，（3）：1-4.

辛斌．（2014）．汉英报纸新闻中转述言语的对比研究［J］．当代修辞学，
　　（4）：43-50.

辛斌，时佳．（2018）．《人民日报》和《纽约时报》南海仲裁案报道中的
　　中美官方转述言语对比分析［J］．外语教学，（5）：17-20.

辛斌，吴玲莉．（2018）．中美媒体有关"一带一路"倡议报道中的介入资
　　源分析［J］．外语研究，（6）：1-7.

徐珺．（2011）．评价理论视域中的商务翻译研究［J］．解放军外国语学
　　院学报，34（6）：88-91.

徐玉臣．（2013）．中国评价理论研究的回顾与展望［J］．外语教学，34
　　（3）：11-15.

许家金．（2013）．中国学习者英语口头叙事中的话语评价研究［J］．外
　　语教学与研究，（1）：69-79.

许有平, 张杨, 李伟彬. (2011). 评价理论视野下的中美报刊立场浅析
[J]. 外国语文, 27 (1): 47-51.

杨汝福. (2006). 从态度系统看喜剧小品的评价意义 [J]. 外语教学,
(6): 10-13.

杨瑞英. (2006). 体裁分析的应用: 应用语言学学术文章结构分析 [J].
外语与外语教学, (10): 29-34.

姚俊. (2010). 英语论文摘要的语篇模式与作者介入——英语本科毕业论
文摘要的实证研究 [J]. 外语教学, (4): 29-33.

姚银燕, 陈晓燕. (2012). 英语学术书评语篇让步语义资源的介入意义
[J]. 外语教学理论与实践, (1): 39-46.

袁邦株, 李雪. (2013). 语篇评价研究的 4 种视角 [J]. 外语学刊, (5):
41-45.

袁邦株, 徐润英. (2010). 社会科学学术论文中人际意义分析模式探索
[J]. 外语教学, (6): 33-37.

岳颖. (2012). 评价理论中 "级差" 的语篇功能研究概述 [J]. 外语学
刊, (1): 84-88.

岳颖. (2014). "级差" 的来源与发展 [J]. 黑龙江教育学院学报, 33
(8): 108-111.

张大群. (2011). 《评估研究——学术写作中的评价》述评 [J]. 现代外
语, 34 (4): 433-435.

张德禄. (2019). 评价理论介入系统中的语法模式研究 [J]. 外国语
(上海外国语大学学报), 42 (2): 2-10.

张德禄, 刘世铸. (2006). 形式与意义的范畴化——兼评《评价语言——
英语的评价系统》[J]. 外语教学与研究, (6): 423-427.

张德禄, 马磊. (2012). 论实用文体语类结构潜势 [J]. 山东外语教学,
(1): 1-5.

张继东, 陈晓曦. (2016). 社会科学与自然科学学术语篇中介入型式的对
比研究——以 "V+that-clause 介入型式" 为例 [J]. 外语教学与研
究, 48 (6): 828-840.

张继东, 黄雅婷. (2014). 医学学术语篇搭配框架 BE * to 的评价功能研

究 [J]. 解放军外国语学院学报, (2): 54-61.

张继东, 席龙井. (2016). 社会科学学术语篇 it v-link ADJ that / to-inf. 型式评价取向研究 [J]. 西安外国语大学学报, (1): 40-45.

张健. (1994). 新闻英语文体与范文评析 [M]. 上海: 上海外语教育出版社.

张荆欣, 伍思静. (2018). 评价理论视域下香水广告语篇对比研究 [J]. 东北师大学报 (哲学社会科学版), (3): 125-131.

张乐, 卫乃兴. (2013). 学术论文中篇章性句干的型式和功能研究 [J]. 解放军外国语学院学报, (2): 8-15.

张蕾. (2007). 新闻报道语篇中评价意义研究 [J]. 天津外国语学院学报, (5): 19-23.

张磊, 卫乃兴. (2017). 中外法律学者学术论文评价局部语法型式对比研究 [J]. 解放军外国语学院学报, (3): 10-18.

张磊, 卫乃兴. (2018a). 局部语法的演进、现状与前景 [J]. 当代语言学, 20 (1): 103-116.

张磊, 卫乃兴. (2018b). 中、西学者法学论文评价局部语法对比: 对名词型式的探索 [J]. 当代外语研究, (3): 93-99.

张美芳. (2002). 语言的评价意义与译者的价值取向 [J]. 外语与外语教学, (7): 15-18.

张美芳, 黄国文. (2002). 语篇语言学与翻译研究 [J]. 中国翻译, (3): 5-9.

张瑞孺. (2010). "网络暴力"行为主体特质的法理分析 [J]. 求索, (12): 140-142.

张旺. (2011). "网络暴力"的成因探析 [J]. 新闻世界, (12): 88-89.

张伟年. (2014). 英语教材评价理论框架研究 [J]. 外语研究, (1): 67-73.

张霞. (2010). 基于语料库的中国高级英语学习者词块使用研究 [J]. 外语界, (5): 48-56.

张先刚. (2007). 评价理论对语篇翻译的启示 [J]. 外语教学, (6): 33-36.

赵丽珠. (2018). 中国学者与本族语学者学术语篇评价性词块使用对比研

究〔J〕. 当代外语研究,（1）：31-35.

赵娜.（2019）. 评价理论视角下的中美儿童死亡教育语篇——"Dealing with Death"和"怎样与孩子谈论死亡和生命"比较〔J〕. 外语研究, 36（2）：12-17.

赵霞, 陈丽.（2011）. 基于评价理论的人际意义研究——以《傲慢与偏见》中 Elizabeth 的话语分析为例〔J〕. 江苏大学学报（社会科学版）, 13（6）：54-57.

赵小晶, 张斌.（2019）. 转述言语与新闻话语动态分析框架建构〔J〕. 外语学刊,（5）：37-42.

赵雅莹, 郭继荣, 车向前.（2016）. 评价理论视角下英国对"一带一路"态度研究〔J〕. 情报杂志, 35（10）：37-41.

甄凤超, 杨枫.（2015）. 语料库驱动的学习者英语动词配价研究：以 CONSIDER 为例〔J〕. 外国语（上海外国语大学学报）, 38（6）：57-67.

郑洁.（2013）. 律师代理词的隐性说服研究——以"介入系统"为视角〔J〕. 西南交通大学学报（社会科学版）, 14（4）：128-133.

周凯.（2015）. 全球化背景下"一带一路"建设的对外传播〔J〕. 对外传播,（3）：18-20.

朱桂生, 黄建滨.（2016）. 美国主流媒体视野中的中国"一带一路"战略——基于《华盛顿邮报》相关报道的批评性话语分析〔J〕. 新闻界,（17）：58-64.

朱炜.（2017）. 语言评价性研究发展轨迹梳理及探究〔J〕. 牡丹江师范学院学报（哲学社会科学版）,（6）：104-110.

左飚.（2001）. 环性与线性：中西文化特性比较〔J〕. 社会科学,（12）：68-72.

附录 1　中国学者期刊论文引言部分语料库词块列表

序号	词块	频率	文本数	序号	词块	频率	文本数
1	in the field of	26	25	58	the relationship between the	7	6
2	in the process of	24	19	59	a wide range of	6	6
3	as a foreign language	24	24	60	an increasing number of	6	5
4	English as a foreign	22	22	61	been conducted in the	6	5
5	on the other hand	19	18	62	have been carried out	6	6
6	from the perspective of	17	15	63	in a variety of	6	6
7	of English as a	17	10	64	in foreign language learning	6	6
8	on the basis of	16	15	65	in other words the	6	6
9	as well as the	14	13	66	in view of the	6	6
10	in the Chinese context	14	9	67	investigate the effects of	6	6
11	of the present study	14	9	68	is based on the	6	6
12	as a second language	13	11	69	of the target language	6	6
13	studies have been conducted	13	12	70	present study attempts to	6	5
14	is one of the	12	12	71	the basis of the	6	6
15	it is necessary to	12	10	72	the present study attempts	6	5
16	in terms of the	11	10	73	the purpose of the	6	6
17	native speakers of English	11	10	74	this study is to	6	6
18	one of the most	11	11	75	to a large extent	6	5
19	Chinese learners of English	10	8	76	to address the following	6	6
20	in second language acquisition	10	10	77	to investigate the following	6	6

续表

序号	词块	频率	文本数	序号	词块	频率	文本数
21	in the case of	10	10	78	which refers to the	6	6
22	in the present study	10	10	79	with the development of	6	5
23	it is important to	10	10	80	zone of proximal development	6	5
24	the end of the	10	6	81	it is believed that	6	6
25	the present study was	10	9	82	our understanding of the	6	6
26	this study aims to	10	10	83	has been conducted in	6	5
27	a better understanding of	9	8	84	aims to explore the	5	5
28	at the end of	9	6	85	are more likely to	5	5
29	at the same time	9	9	86	attention has been given	5	5
30	English as a second	9	9	87	been conducted on the	5	5
31	in the form of	9	8	88	due to the fact	5	5
32	on the one hand	9	9	89	following research questions what	5	5
33	the ministry of education	9	8	90	in spite of the	5	5
34	the nature of the	9	6	91	in the second language	5	5
35	to find out the	9	7	92	it is argued that	5	5
36	to the fact that	9	8	93	learners of English as	5	5
37	the extent to which	9	8	94	little attention has been	5	5
38	a large number of	8	8	95	most of the studies	5	5
39	by Chinese EFL learners	8	5	96	of teaching and learning	5	5
40	for the purpose of	8	8	97	on the effect of	5	5
41	in the context of	8	8	98	shed light on the	5	5
42	of this study is	8	8	99	study aims to explore	5	5
43	over the past two	8	8	100	study was designed to	5	5
44	present study aims to	8	8	101	that most of the	5	5
45	research has been conducted	8	7	102	that the use of	5	5
46	the present study aims	8	8	103	the acquisition of English	5	5
47	the present study is	8	8	104	the current study aims	5	5
48	there has been a	8	7	105	the field of second	5	5
49	a number of studies	7	6	106	the influence of the	5	5
50	as one of the	7	7	107	the meaning of the	5	5

续表

序号	词块	频率	文本数	序号	词块	频率	文本数
51	few studies have been	7	7	108	the needs of the	5	5
52	have been conducted on	7	7	109	the process of learning	5	5
53	in accordance with the	7	6	110	the understanding of the	5	5
54	number of empirical studies	7	6	111	this study focuses on	5	5
55	of second language acquisition	7	7	112	to answer the following	5	5
56	purpose of this study	7	7	113	with a view to	5	5
57	the purpose of this	7	7	114	with the aim of	5	5

附录 2　本族语学者期刊论文引言部分语料库词块列表

序号	词块	频率	文本数	序号	词块	频率	文本数
1	the extent to which	27	7	54	of English as a	7	6
2	on the other hand	23	16	55	on the use of	7	7
3	English for academic purposes	22	16	56	our understanding of the	7	7
4	in the context of	21	17	57	research has focused on	7	6
5	in the field of	21	17	58	the context of the	7	5
6	the ways in which	19	17	59	the use of a	7	7
7	in the United States	19	17	60	to shed light on	7	5
8	as well as the	17	17	61	a better understanding of	6	6
9	English as a second	17	16	62	an overview of the	6	6
10	as a second language	16	15	63	and the use of	6	6
11	native speakers of English	16	11	64	as part of a	6	6
12	a wide range of	15	12	65	despite the fact that	6	6
13	English for specific purposes	15	13	66	field of second language	6	6
14	at the same time	14	13	67	in a range of	6	5
15	in the U. S.	14	10	68	in English for specific	6	6
16	a number of studies	13	8	69	in the area of	6	5
17	in terms of the	13	9	70	in the process of	6	5
18	of second language writing	13	11	71	in the second language	6	5
19	in the case of	12	10	72	little is known about	6	6
20	non native speakers of	12	9	73	of the journal of	6	6

序号	词块	频率	文本数	序号	词块	频率	文本数
21	one of the most	11	11	74	on the basis of	6	5
22	the purpose of this	11	11	75	play an important role	6	6
23	an important role in	10	9	76	purpose of this study	6	6
24	can be used to	10	8	77	shed light on the	6	5
25	in relation to the	10	8	78	that there is a	6	6
26	in the use of	10	7	79	the field of second	6	6
27	it is important to	10	9	80	the present study is	6	6
28	the nature of the	10	10	81	the question of whether	6	6
29	a large number of	9	9	82	there is a need	6	5
30	as a result of	9	8	83	with the exception of	6	5
31	journal of second language	9	8	84	a discussion of the	5	5
32	of second language acquisition	9	9	85	as the ability to	5	5
33	of the present study	9	7	86	as the use of	5	5
34	the focus of the	9	6	87	growing body of research	5	5
35	to be able to	9	7	88	has been devoted to	5	5
36	an understanding of the	8	6	89	in the form of	5	5
37	at the end of	8	5	90	is known about the	5	5
38	in second language writing	8	7	91	issue of the journal	5	5
39	in this article we	8	7	92	of English for academic	5	5
40	in this paper we	8	8	93	research has shown that	5	5
41	number of studies we	8	6	94	special issue of the	5	5
42	of this study is	8	8	95	studies have focused on	5	5
43	the degree to which	8	6	96	the focus of this	5	5
44	the journal of second	8	7	97	the linguistic features of	5	5
45	this study is to	8	8	98	the results of the	5	5
46	a growing number of	7	6	99	the use of the	5	5
47	as a foreign language	7	5	100	there has been a	5	5
48	as well as in	7	5	101	to better understand the	5	5
49	as an additional language	7	5	102	the focus on the	5	5
50	English as an additional	7	5	103	to the development of	5	5

续表

序号	词块	频率	文本数	序号	词块	频率	文本数
51	has the potential to	7	5	104	with a focus on	5	5
52	in this paper I	7	6	105	within the context of	5	5
53	is one of the	7	6				

附录 3 语料库及索引软件列表

序号	名称	类别
1	Bank of English（BOE）	语料库
2	Corpus of Western Medicine（CWM）	自建语料库
3	Corpus of Traditional Chinese Medicine（CTCM）	自建语料库
4	China Daily Corpus（CDC）	自建语料库
5	TED English Chinese Parallel Corpus of Speeches 1.0	语料库
6	Washington Post Corpus（WPC）	自建语料库
7	AntConc 3.5.8	索引软件
8	BFSU Qualitative Coder 1.2	索引软件
9	Pattern Builder 1.0	索引软件
10	Tree Tagger for Windows 2.0（Multilingual Edition）	索引软件
11	UAM Corpus Tool 3	索引软件

注："自建语料库"是指为了完成研究，该书作者团队创建的语料库。

后　　记

　　2003 年还在攻读硕士研究生期间，笔者有幸听了一场讲座，了解到了 Martin 教授的评价理论。当时突发奇想，如果这个理论与语料库语言学结合起来，岂不是会有更为广阔的应用空间？这之后的七八年时间内，我一直在想这件事儿，但因种种原因，没有对其进行更为深入的学习和了解。直到 2013 年博士毕业回河南师范大学工作，我才有了系统学习和研究评价理论的大块时间。在我的带领下，近几年我所指导的研究生，也有几位加入了评价理论视角下的语料库语言学研究行列。

　　本书从策划到形成初稿，前后经历到了将近八年时间。起初所涉范围较广，内容也较繁杂，不成体系。后来随着研究的推进，框架逐渐明晰，删除了很多不必要的内容。最后定稿时，本书重点涵盖了两大部分内容：评价理论的阐释与评价理论的应用。前半部分主要包括评价理论的起源、基本内容、发展背景与应用实践。该部分为普及性描写，用了较大篇幅对评价理论进行系统梳理，旨在为读者介绍评价理论的研究框架，方便其快速了解评价理论的主要内容、发展概况与应用领域。后半部分主要介绍了语料库语言学理论、话语分析理论、翻译理论等与评价理论的结合，探讨了基于语料库语言学的研究方法对评价语言进行研究的可行性与适用性。通过阅读该书，读者既可以系统了解评价理论的基本内容，同时也可掌握如何利用语料库来研究英语的语言特征。

　　做研究不容易，但这些年来，我痛并快乐着。感谢河南师范大学为我提供了这么好的平台，研究得到了河南省基础教育教师发展研究创新团队建设计划（〔2022〕41 号）、河南省高等教育教学改革研究与实践项目（2021SJGLX056Y、2021SJGLX107）资助；感谢外国语学院同事们给我的诸多支持和鼓励，能够让我数年如一日，专注于自己喜欢的研究工作；同时也感谢我的团队成员张茹昕、张君兰、张孝莲、彭梦月等，她们帮我搜集资料、整理文献，投入了大量的时间与精力。不管假期还是周末，不约而同，我们总能在外语楼碰见彼此的身影。从她们身上，我看到了年轻一代对学术研究的热爱与执着。

需要特别感谢的是我的父母、妻子还有两个儿子。多年来，早出晚归早已成了我工作习惯，晚上十二点到家也是家常便饭。总的算来，我在学院的时间远远多于在家的时间。他们没有任何怨言，默默地承担起照顾家庭的重任，并对我的工作给予充分的理解与大力的支持。这成为我多年来无畏前行的强大动力。

在此书即将付梓之际，我想说，"道阻且长，行则将至；行而不辍，未来可期"。以此自勉。

刘国兵

2022 年国庆节于河南师范大学外语楼 A308